HISTORIA

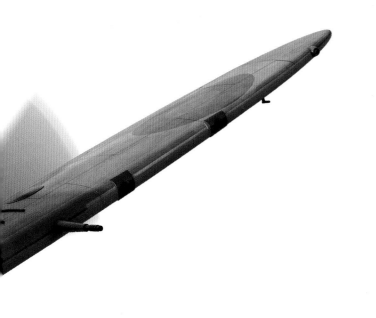

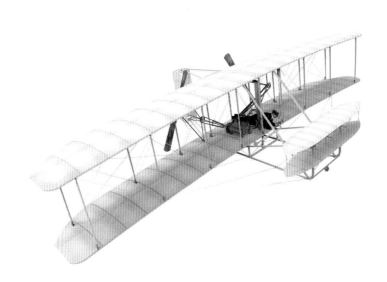

DK HISTORIA

Edición de arte sénior Smiljka Surla
Edición sénior Sam Atkinson, Shaila Brown
Diseño Mik Gates, Joe Lawrence, Mark Lloyd
Edición del proyecto Claire Gell, Francesco Piscitelli, Amanda Wyatt
Consultoría Philip Parker
Redacción Peter Chrisp, Alexander Cox, Susan Kennedy, Sally Regan
Ilustración 3-D Art Agency (artists: Barry Croucher, Jean-Michel Girard, Claudia Saraceni), Peter Bull Art Studio, KJA Artists, Arran Lewis, Brendan McCaffrey, Sofian Moumene, SJC Illustration
Ilustraciones adicionales Beehive, Peter Bull Art Studio, Gus Scott, Mohd Zishan
Cartografía Ed Merritt
Archivo gráfico DK Romaine Werblow
Documentación gráfica Nic Dean, Myriam Megharbi
Edición ejecutiva Lisa Gillespie
Edición ejecutiva de arte Owen Peyton Jones
Producción, preproducción Andy Hilliard
Producción sénior Meskerem Berhane
Diseño de maquetación Nand Kishor Acharya, Syed Md Farhan
Diseño de la cubierta Surabhi Wadhwa-Gandhi, Tanya Mehrotra
Dirección de desarrollo del diseño de cubiertas Sophia MTT
Diseño sénior de maquetación de cubiertas Harish Aggarwal
Coordinación editorial de cubiertas Priyanka Sharma
Edición de cubiertas Emma Dawson
Dirección editorial Andrew Macintyre
Dirección de arte Karen Self
Subdirección de prublicaciones Liz Wheeler
Dirección de diseño Phil Ormerod
Dirección de publicaciones Jonathan Metcalf

Servicios editoriales Tinta Simpàtica
Traducción Ruben Giró Anglada

Publicado originalmente en Gran Bretaña en 2019
por Dorling Kindersley Ltd, 80 Strand, Londres, WC2R 0RL

Parte de Penguin Random House

Copyright © 2019 Dorling Kindersley Ltd
© Traducción española: 2020 Dorling Kindersley Ltd

Título original: *Knowledge Encyclopedia History!*

Primera edición: 2020

ISBN: 978-1-4654-9690-4

Impreso y encuadernado en Dubái

UN MUNDO DE IDEAS
www.dkespañol.com

CONTENIDOS

EL MUNDO ANTIGUO

EL MUNDO MEDIEVAL

LA EDAD DE LA EXPLORACIÓN

LA EDAD DE LA REVOLUCIÓN

EL MUNDO MODERNO

EL MUNDO ANTIGUO

Los humanos evolucionaron en África hace unos 300 000 años, desde donde se diseminaron por todo el planeta 100 000 años después. Hacia el 9000 a. C., algunos desarrollaron la agricultura y la ganadería y fundaron las primeras ciudades, que se convirtieron en las grandes civilizaciones del mundo. Las primeras se fundaron en Oriente Medio y Egipto; más adelante se formaron otras en Europa, la India y China.

268-232 a. C.: Asóka el Grande
Asóka amplió el Imperio Maurya en la India y ordenó la construcción de muchos monumentos budistas.

CAPITEL DE UN PILAR DE ASÓKA DE UN MONASTERIO EN SARNATH

221-210 a. C.: Qin Shi Huangdi
El rey de Qin unió los estados de China por primera vez y se nombró «Qin Shi Huangdi» («primer emperador de Qin»). Fue enterrado con miles de estatuas de soldados conocidos como los guerreros de terracota.

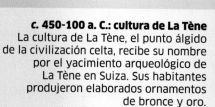

206 a. C.-220 d. C.: dinastía Han
La dinastía Han gobernó China durante más de 400 años, durante los cuales los chinos inventaron el papel, la carretilla y la brújula.

CARRETILLA CHINA

336-323 a. C.: imperio de Alejandro
Alejandro Magno de Macedonia unió Grecia bajo su mando antes de conquistar el Imperio persa e invadir la India. Su imperio se desintegró tras su muerte el 323 a. C.

ALEJANDRO MAGNO

c. 450-100 a. C.: cultura de La Tène
La cultura de La Tène, el punto álgido de la civilización celta, recibe su nombre por el yacimiento arqueológico de La Tène en Suiza. Sus habitantes produjeron elaborados ornamentos de bronce y oro.

ESCUDO DE BATTERSEA

Cronología del mundo antiguo

Los primeros humanos vivían en pequeños grupos y se desplazaban de aquí para allá en busca de alimentos, pero con el desarrollo de la agricultura y la ganadería, muchos grupos empezaron a asentarse en áreas fértiles y a formar grandes comunidades.

Los primeros pueblos y ciudades se fundaron en Mesopotamia (actual Irak) y a lo largo del Nilo en Egipto hace más de 5000 años. Unos siglos más tarde prosperaron las culturas griega, fenicia y romana a orillas del Mediterráneo. En Asia surgieron civilizaciones en las aguas del golfo Pérsico, alrededor del río Indo en el actual Pakistán y a lo largo del río Yangtze en China. Las regiones antiguas comerciaban entre ellas, pero también competían por el territorio y sus recursos, lo que les llevó a la guerra y la aparición de los primeros imperios del mundo.

ESTATUAS DE RAMSÉS II EN ABU SIMBEL

c. 1550-1069 a. C.: Imperio Nuevo
Los faraones egipcios del Imperio Nuevo fueron enterrados en tumbas ocultas en el Valle de los Reyes. El faraón Ramsés II del Imperio Nuevo gobernó Egipto durante 66 años y ordenó la construcción de muchas estatuas con su imagen.

2055-1710 a. C.: Imperio Medio
Tras un período de división, los faraones del Imperio Medio unieron Egipto. Gran parte de lo que sabemos del día a día de Egipto es gracias al arte de este período.

ESTATUILLA FUNERARIA DEL IMPERIO MEDIO

SAHELANTHROPUS TCHADENSIS

Hace 7-6 millones de años: *Sahelanthropus tchadensis*
El primer antepasado humano que caminó erguido fue el *Sahelanthropus tchadensis* y pasaba tanto tiempo en las ramas como en el suelo.

Hace 1,89 millones de años: *Homo erectus*
Los *Homo erectus* fueron los primeros ancestros humanos con cuerpo y extremidades parecidos a los de los humanos modernos. Usaban el fuego y creaban herramientas y hachas de mano.

HOMO ERECTUS

Hace 200 000-18 400 millones de años: los humanos se extienden.
Los humanos modernos salieron de África oriental y acabaron llegando a todos los continentes, salvo la Antártida.

A LA CAZA DE UN MAMUT EN NORTEAMÉRICA

27 a. C.: Imperio romano
Augusto se convirtió en el primer emperador romano. En su momento de máximo esplendor, el 117 d. C., el Imperio romano abarcaba desde España y Gran Bretaña hasta la actual Siria y el mar Rojo.

EMPERADOR AUGUSTO

9 d. C.: derrota de Roma ante las tribus germánicas
Una alianza de tribus germánicas bajo el mando del jefe Arminio derrotó a las tropas romanas en la batalla del bosque de Teutoburgo.

ARMINIO

476 d. C.: caída del Imperio romano de Occidente
El 286 d. C., el Imperio romano se había dividido en dos mitades: la de Occidente y la de Oriente. En 476 d. C. un rey germánico derrocó a Rómulo Augústulo, el último emperador romano de Occidente.

RÓMULO AUGÚSTULO

492-479 a. C.: guerras médicas
Darío I del Imperio persa y su hijo Jerjes I realizaron incursiones en Grecia. El ejército ateniense derrotó a Darío, mientras que una alianza de ciudades estado venció a Jerjes.

GUERREROS PERSAS Y GRIEGOS

c. 500-336 a. C.: Grecia clásica
Los griegos de la Época Clásica hicieron grandes avances en filosofía, política y ciencia; también crearon los primeros teatros. La cultura griega clásica llegó a todos los rincones del Mediterráneo.

SOLDADO ROMANO

c. 1200 a. C.: fenicios
La civilización fenicia, con sus ávidos marinos situados en el actual Líbano, Oriente Medio, empezaron a dominar el comercio por todo el Mediterráneo.

BARCO MERCANTE FENICIO

559-330 a. C.: Imperio persa
Los persas de Oriente Medio conquistaron varios territorios; su imperio abarcaba desde Egipto al noroeste de la India. Los pueblos que conquistaban podían mantener sus costumbres y religiones propias.

c. 510 a. C.: República romana
Los romanos derrocaron a su rey y fundaron la República romana, gobernada por funcionarios electos y el Senado, un consejo de nobles. Durante la República, Roma se convirtió en una gran potencia por todo el Mediterráneo.

FRESCO DE UNA TAUROCATAPSIA, CNOSOS

A partir de c. 2500 a. C.: comercio del Indo con Mesopotamia
Los pueblos de la civilización del valle del Indo, en la antigua India, crearon rutas comerciales con otras culturas, como la sumeria de Mesopotamia.

ESTATUA DE UN TORO DEL INDO

2900-1450 a. C.: civilización minoica
Los minoicos fundaron la primera civilización europea. Erigieron palacios como el de Cnosos en Creta, su isla madre, y establecieron puntos comerciales por todo el Mediterráneo.

KEFRÉN

c. 9000 a. C.: primeros campesinos
Algunos grupos empezaron a asentarse y producir su propia comida en lugar de cazarla y recolectarla: cultivaban plantas para comer y domesticaban animales por su carne y para trabajar la tierra.

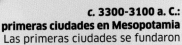

ANTIGUA HACHA DE CAMPESINO

c. 3300-3100 a. C.: primeras ciudades en Mesopotamia
Las primeras ciudades se fundaron en Mesopotamia, en Oriente Medio. Los mesopotámicos desarrollaron el gobierno, la religión y la escritura cuneiforme, que se realizaba sobre tablillas de arcilla.

TABLILLA CUNEIFORME

2686-2181 a. C.: Imperio Antiguo
Durante el período conocido como Imperio Antiguo, los egipcios erigieron pirámides para alojar tumbas y otros monumentos para sus faraones (los soberanos del antiguo Egipto). Las tres pirámides más grandes fueron las tumbas de los faraones Keops, Kefrén y Micerino.

10 el mundo antiguo ∘ **ANCESTROS HUMANOS**

El **cerebro humano** mide casi **el doble que el de nuestros ancestros**, los *Homo habilis*.

SAHELANTHROPUS TCHADENSIS

Región: África

Período: hace 7-6 millones de años

Los primeros simios que caminaban erguidos, los *Sahelanthropus tchadensis*, vivían en África central occidental, en una región de lagos, junglas y bosques. Aunque podían caminar de pie, puede que pasaran tanto tiempo encaramados a los árboles como en el suelo.

AUSTRALOPITHECUS AFARENSIS

Región: África

Período: hace 3,85-2,95 millones de años

Como sus ancestros *Sahelanthropus*, *Australopithecus afarensis* aún podía encaramarse a los árboles, pero estaba mejor adaptado a la vida en las praderas de África oriental. Con su mejor posición erguida corría más y veía a predadores y presas a campo abierto.

HOMO HABILIS

Región: África

Período: hace 2,4-1,4 millones de años

Homo habilis («hombre hábil») tenía un cerebro un 50 % más grande que *Australopithecus*. Fabricaba simples herramientas de piedra para cortar haciendo chocar guijarros contra otras piedras para obtener un borde afilado.

Ancestros humanos

Los humanos modernos son los únicos supervivientes de una familia de simios capaces de caminar erguidos, conocidos como homininos, que evolucionaron en África hace unos 7 millones de años.

Los homininos se diferenciaron de los otros primates que acabarían evolucionando en el ser vivo más cercano al humano: el chimpancé. Hubo diversas especies de homininos, aunque solo algunas son antepasadas de los humanos modernos. A lo largo de millones de años empezaron a caminar sobre dos piernas, evolucionaron cerebros cada vez más grandes, comenzaron a crear herramientas y aprendieron a controlar el fuego. Estas adaptaciones, junto con muchas otras, se transmitieron a los humanos modernos.

De pie
Homo erectus podía tenerse en pie como los humanos actuales.

Piernas largas
Homo erectus podía huir de los predadores gracias a sus largas piernas.

Ojos
Homo erectus pudo evolucionar el blanco de los ojos, la esclerótica, lo que mejoraría su visión.

Carne cocida
Homo erectus comía carne y quizá también la cocía; aumentó así la ingestión de energía y potenció el crecimiento del cerebro.

Frescor
Homo erectus era capaz de conservar mejor el frescor, ya que tenía menos pelo corporal y mayores glándulas sudoríparas.

Fuego
El fuego ofrecía calor, luz y protección contra los predadores.

HOMO ERECTUS
Región: África, Asia
Período: hace 1,89 millones de años-143000 años

Homo erectus («hombre de pie») fue el primer hominino con cuerpo y tamaño de extremidades parecidos a los de los humanos modernos. Aprendió a controlar el fuego e inventó un nuevo tipo de herramienta de piedra: un hacha de mano con una hoja en forma de rombo.

Cría
Homo erectus tenía una infancia corta: a los 12 años llegaba a la pubertad.

Herramienta para cavar
Homo erectus quizá usaba palos para desenterrar raíces y tubérculos para comer.

Mandíbula potente
Los potentes músculos de la boca de *Homo erectus* masticaban la dura comida.

Herramienta de mano
Homo erectus usaba útiles en forma de rombo para desollar a las presas.

Esculturas
Los científicos modernos han descubierto que *Homo erectus* esculpía figuras de piedra.

HOMO HEIDELBERGENSIS
Región: Europa, África
Período: hace 700000-200000 años

Homo heidelbergensis se llama así por Heidelberg, Alemania, donde se hallaron sus primeros restos en 1908. Cazaba grandes animales, como elefantes, con la ayuda de lanzas. Fueron los primeros homininos que se adaptaron a climas fríos y construyeron refugios.

HOMO NEANDERTHALENSIS
Región: Europa, Asia
Período: hace 400000-40000 años

Los neandertales, los más cercanos a los humanos de hoy, se llaman así por el valle de Neander, Alemania, donde se hallaron sus fósiles en 1856. Los neandertales creaban útiles interesantes, vestían pieles de animal, pintaban en cuevas y enterraban a sus muertos.

HOMO SAPIENS
Región: todo el planeta
Período: hace 300000 años-actualidad

Nuestra especie, *Homo sapiens* («hombre sabio»), es el hominino más versátil. Con origen en África, hemos proliferado por todo el planeta, hasta sustituir al resto de las especies de homininos. Desarrollamos el lenguaje y la escritura, lo que nos permitió comunicarnos y formar grandes grupos para colaborar.

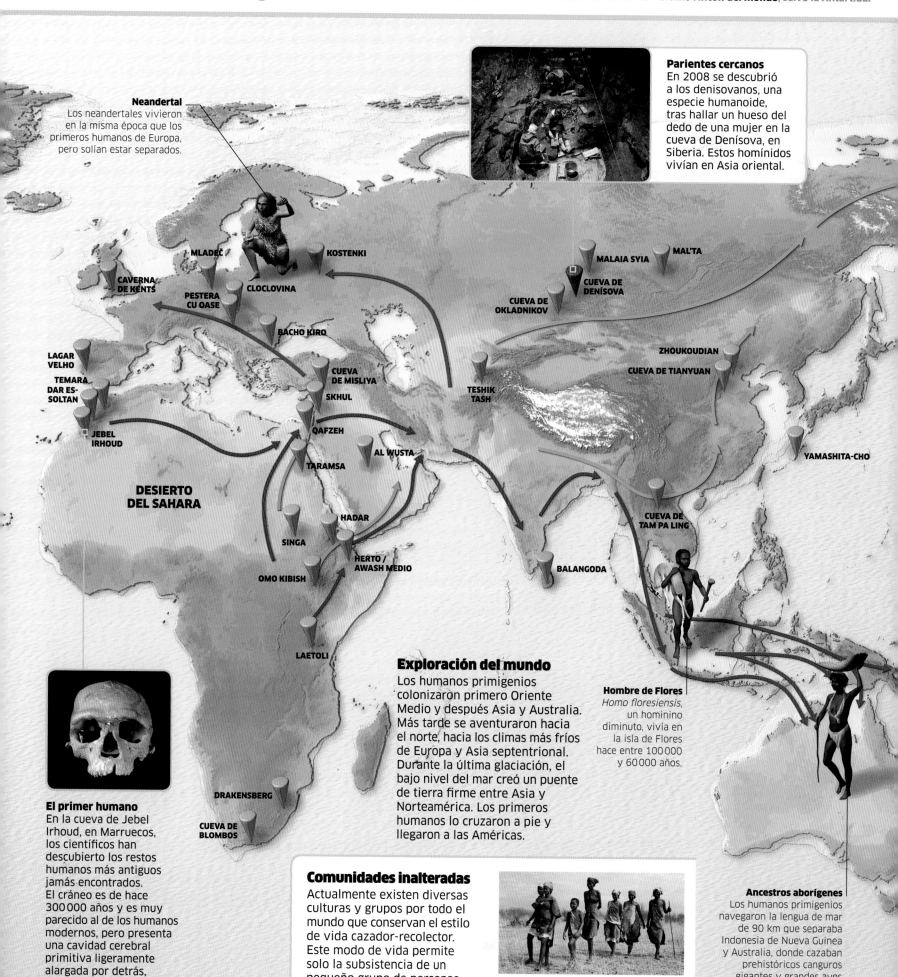

Parientes cercanos
En 2008 se descubrió a los denisovanos, una especie humanoide, tras hallar un hueso del dedo de una mujer en la cueva de Denísova, en Siberia. Estos homínidos vivían en Asia oriental.

Neandertal
Los neandertales vivieron en la misma época que los primeros humanos de Europa, pero solían estar separados.

MLADEČ
KOSTENKI
MALAIA SYIA
MAL'TA
CUEVA DE DENÍSOVA
CAVERNA DE KENTS
CLOCLOVINA
PESTERA CU OASE
CUEVA DE OKLADNIKOV
BACHO KIRO
ZHOUKOUDIAN
CUEVA DE TIANYUAN
LAGAR VELHO
CUEVA DE MISLIYA
TEMARA DAR ES-SOLTAN
SKHUL
TESHIK TASH
JEBEL IRHOUD
QAFZEH
AL WUSTA
YAMASHITA-CHO
TARAMSA

DESIERTO DEL SAHARA

HADAR
CUEVA DE TAM PA LING
SINGA
HERTO / AWASH MEDIO
BALANGODA
OMO KIBISH

Hombre de Flores
Homo floresiensis, un hominino diminuto, vivía en la isla de Flores hace entre 100 000 y 60 000 años.

LAETOLI

Exploración del mundo
Los humanos primigenios colonizaron primero Oriente Medio y después Asia y Australia. Más tarde se aventuraron hacia el norte, hacia los climas más fríos de Europa y Asia septentrional. Durante la última glaciación, el bajo nivel del mar creó un puente de tierra firme entre Asia y Norteamérica. Los primeros humanos lo cruzaron a pie y llegaron a las Américas.

DRAKENSBERG

El primer humano
En la cueva de Jebel Irhoud, en Marruecos, los científicos han descubierto los restos humanos más antiguos jamás encontrados. El cráneo es de hace 300 000 años y es muy parecido al de los humanos modernos, pero presenta una cavidad cerebral primitiva ligeramente alargada por detrás.

CUEVA DE BLOMBOS

Comunidades inalteradas
Actualmente existen diversas culturas y grupos por todo el mundo que conservan el estilo de vida cazador-recolector. Este modo de vida permite solo la subsistencia de un pequeño grupo de personas, normalmente compuesto por clanes familiares.

Bosquimanos san de Sudáfrica
Las tribus de los bosquimanos san viven en el desierto del Kalahari desde hace unos 20 000 años.

Ancestros aborígenes
Los humanos primigenios navegaron la lengua de mar de 90 km que separaba Indonesia de Nueva Guinea y Australia, donde cazaban prehistóricos canguros gigantes y grandes aves incapaces de volar.

Los humanos navegaron hasta Australia en balsas de bambú.

Los primeros humanos llegaron a algunas grandes islas, como las actuales Gran Bretaña y Japón, caminando por puentes de tierra firme.

13

Caza
Los primeros humanos cruzaron a pie un puente de tierra firme de Asia a Norteamérica, quizá a la zaga de algún rebaño de animales.

Salida de África

Los primeros humanos evolucionaron en África hace 300 000 años. Cuando el clima del desierto del Sahara, infranqueable hasta el momento, se volvió un poco más húmedo 100 000 años más tarde, empezaron a explorar otros territorios.

Cuando los humanos migraron de África, compartieron el planeta con diferentes especies humanoides conocidas como homininos. Los más comunes eran los neandertales en Europa y Asia occidental y los denisovanos en Asia oriental. Todos los humanos primigenios eran cazadores-recolectores y se desplazaban de un lugar a otro buscando nuevas fuentes de comida. Gracias a este estilo de vida los primeros humanos eran unos grandes viajeros. Su capacidad para desplazarse y adaptarse a los cambios en el entorno se tradujo en su supervivencia cuando se extinguieron el resto de los homininos hace unos 40 000 años. A lo largo de muchas generaciones, estos humanos primigenios cada vez viajaban más y más lejos. Hace 15 000 años, los humanos llegaron a colonizar todos los continentes (salvo la Antártida).

Uso de herramientas
Los primeros norteamericanos que se conocen fueron el pueblo clovis. Fabricaban útiles y sus típicas hojas de corte en forma de rombo.

CALGARY
MANIS
CHICO ANZICK
CUEVAS DE PAISLEY
COMPLEJO DE BUTTERMILK CREEK
MEADOWCROFT
CUEVAS DE YUCATÁN
HUACA PRIETA
PEDRA FURADA
CUNCAICHA
CUEVA BAUTISTA
MONTE VERDE

Clave
Hace entre 194 000 y 88 000 años
Hace entre 120 000 y 45 000 años
Hace entre 80 000 y 40 000 años
Hace entre 50 000 y 25 000 años
Hace entre 18 000 y 15 000 años
Tierra en períodos de bajo nivel del mar
Fósiles de humanos primigenios

Mezcla de poblaciones
Los científicos han comparado el ADN de los humanos modernos y el obtenido de restos de otras especies de homininos y han descubierto que compartimos muchos genes con ellos. Cuando los humanos primigenios salieron de África y contactaron con otros homininos, se aparearon entre ellos. Los humanos modernos somos el producto de este apareamiento entre especies.

NEANDERTAL   HUMANA

Primeros humanos

Hace entre 60 000 y 40 000 años, en la Tierra había una glaciación. Los humanos primigenios que vivían en Europa y el norte de Asia durante esa época experimentaron un clima frío y seco; las estepas (praderas sin árboles) cubrían gran parte de Europa y Asia.

Los primeros humanos vivían en pequeños grupos de 25 a 50 individuos. Eran nómadas, se desplazaban continuamente y vivían en refugios temporales. Nadie les lideraba y hombres y mujeres tenían la misma importancia: mientras ellos cazaban grandes animales, ellas recolectaban vegetales para comer y cuidaban las crías. Los primeros humanos crearon una gran variedad de herramientas, como agujas de hueso para coser y arpones para pescar. Como iban de aquí para allá, tenían contacto con muchos tipos de comida y, por lo tanto, seguían una dieta variada. También se adaptaban muy bien a los cambios climáticos.

Caza de mamuts lanudos

Durante la glaciación, los humanos primigenios cazaban mamuts lanudos y otros grandes mamíferos por las estepas de Europa y Asia. Los mamuts les daban carne, pieles para vestirse y huesos y colmillos para crear refugios y lanzas.

Cabaña
Algunos de los primeros humanos construían cabañas con huesos y pieles de mamut.

Lanza
Estos individuos primigenios fabricaban lanzas con puntas de colmillo de mamut.

Indumentaria
Los primeros humanos vestían ropajes gruesos que obtenían cosiendo cuero y piel de animal.

ARTE RUPESTRE

Hace unos 40 000 años que los humanos primigenios empezaron a pintar animales en las cuevas. Se ha encontrado arte rupestre en cuevas de Europa, África y Australia. Los primeros humanos pintaban con los dedos untados en ocre rojo (arcilla) y palos mojados en carbón vegetal. El arte prehistórico demuestra su capacidad de imaginar y crear.

Pinturas rupestres de Lascaux
La cueva de Lascaux, Francia, contiene estas pinturas de caballos y uros (un tipo de ganado salvaje) de hace 20 000 años.

73 000 años **tiene la ilustración más antigua descubierta** hasta el momento.

Los parientes cercanos de los **humanos**, los **neandertales**, también **pintaban arte rupestre**.

15

Colmillos
Los mamuts usaban sus colmillos, que podían llegar a tener una longitud de 5 m, para defenderse de los ataques de los humanos.

Pelo
Los mamuts tenían una cobertura de pelo largo sobre una gruesa capa de grasa.

En 2012 se hallaron en Alemania unas flautas de marfil y hueso hechas hace 43 000 años. Son los instrumentos musicales **más antiguos**.

Joyería
Los primeros humanos llevaban collares hechos con huesos y dientes de animal, conchas de mar o cuentas. Se han encontrado collares con conchas marinas lejos del mar, lo que muestra que los primeros humanos viajaron enormes distancias.

Cazadores
Para capturar grandes animales, los primeros humanos cazaban en grupo.

INDUMENTARIA

Los humanos primigenios vestían ropas de piel y cuero animal cosidas con agujas de hueso. El ropaje servía para ostentar, pero también para protegerse del frío. Un hombre enterrado hace 30 000 años cerca de la actual Sunghir, en Rusia, tenía unas 3000 cuentas de marfil de mamut cosidas en su indumentaria. También llevaba un casquete decorado con dientes de zorro.

LENGUAJE

Los humanos cuentan con el hueso hioides, que es el que sostiene la lengua, lo que les permite emitir una amplia gama de sonidos vocales. Los neandertales también lo tenían. Aunque ambas especies fueran capaces de hablar, lo más probable es que los primeros humanos usaran el lenguaje de manera más compleja.

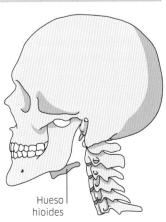

Hueso hioides

Los primeros campesinos

Hacia el 9000 a. C. la manera de vivir de los humanos había empezado a cambiar: en lugar de ir siempre de un lugar a otro, cazando animales salvajes y recolectando plantas silvestres, empezaron a producir sus propias fuentes de alimentos con la agricultura y la ganadería.

Los humanos comenzaron a plantar semillas en suelos fértiles y cultivar. También aprendieron a domesticar (domar y criar) animales, como ovejas y cabras, para comérselos o ayudar en los cultivos: así nació la agricultura y la ganadería. Con este avance se obtenía mucha más comida que cazando y recolectando, por lo que muchos humanos empezaron a asentarse en aldeas permanentes para estar cerca de sus cultivos. Si los campesinos producían más comida de la que necesitaban, la guardaban para consumirla en momentos de escasez; así, con la agricultura y la ganadería producían comida de manera más fiable que con la caza y la recolección.

CAMBIO EN LA DIETA

Aunque la agricultura fuera más productiva que la caza y la recolección, los campesinos pasaron a tener una dieta menos variada. Los primeros campesinos sobrevivían con unos pocos cultivos básicos, como cereales, sin vitaminas y minerales importantes. Estos primeros campesinos eran propensos a enfermedades por malnutrición.

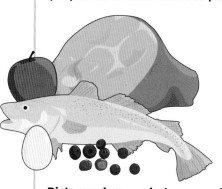 

Dieta cazadora-recolectora
Los cazadores-recolectores tenían una dieta variada, con carne roja, pescado y plantas ricas en nutrientes.

Dieta campesina
Los campesinos tenían un limitado abanico de alimentos, como los cereales, que comían a diario.

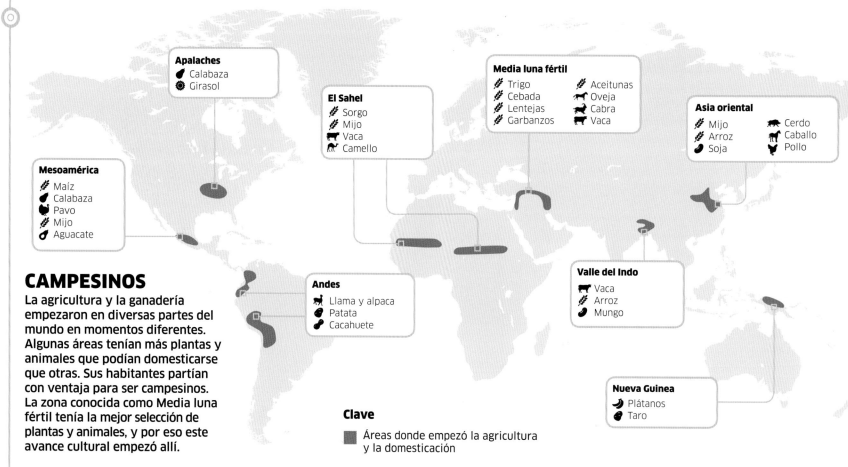

Apalaches
- Calabaza
- Girasol

El Sahel
- Sorgo
- Mijo
- Vaca
- Camello

Media luna fértil
- Trigo
- Cebada
- Lentejas
- Garbanzos
- Aceitunas
- Oveja
- Cabra
- Vaca

Asia oriental
- Mijo
- Arroz
- Soja
- Cerdo
- Caballo
- Pollo

Mesoamérica
- Maíz
- Calabaza
- Pavo
- Mijo
- Aguacate

Andes
- Llama y alpaca
- Patata
- Cacahuete

Valle del Indo
- Vaca
- Arroz
- Mungo

Nueva Guinea
- Plátanos
- Taro

CAMPESINOS

La agricultura y la ganadería empezaron en diversas partes del mundo en momentos diferentes. Algunas áreas tenían más plantas y animales que podían domesticarse que otras. Sus habitantes partían con ventaja para ser campesinos. La zona conocida como Media luna fértil tenía la mejor selección de plantas y animales, y por eso este avance cultural empezó allí.

Clave

■ Áreas donde empezó la agricultura y la domesticación

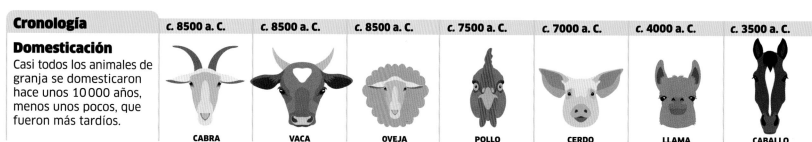

Cronología	c. 8500 a. C.	c. 8500 a. C.	c. 8500 a. C.	c. 7500 a. C.	c. 7000 a. C.	c. 4000 a. C.	c. 3500 a. C.
Domesticación Casi todos los animales de granja se domesticaron hace unos 10 000 años, menos unos pocos, que fueron más tardíos.	CABRA	VACA	OVEJA	POLLO	CERDO	LLAMA	CABALLO

La mayoría de los **animales salvajes** no se pueden domar.
Las cebras son muy **agresivas** y **las gacelas** son muy asustadizas.

4 millones de km²: **área de superficie terrestre cubierta** hoy **por el trigo**.

17

HERRAMIENTAS

Al vivir en un sitio fijo, se pudieron usar herramientas más pesadas, pues no había que transportarlas. Se empezó a producir cerámica, que era demasiado frágil y pesada para que la transportaran las tribus nómadas. Los primeros campesinos afilaban piezas de sílex para hacer hoces y hachas.

Cerámica
Con la cerámica podían hervir la comida, hacer estofados y almacenar alimentos.

Hoz
Los agricultores cosechaban los cereales con hoces de sílex.

Hacha
Se usaban hachas de piedra para talar árboles y limpiar la tierra para plantar.

Molinillo
Los cereales se molían con dos piedras, conocidas juntas como molinillo de mano.

MEDIR EL TIEMPO

Los campesinos necesitaban saber cuándo tenían que plantar. Medían el paso de las estaciones observando el Sol y las estrellas. En Egipto la agricultura dependía de la crecida anual del río Nilo. Los campesinos egipcios sabían que cuando veían la salida de Sirio, una estrella brillante, en agosto, al cabo de poco llegaría la crecida del Nilo.

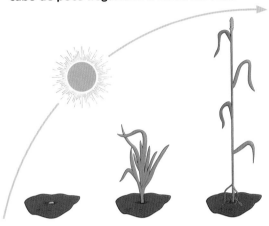

OVEJA SALVAJE

OVEJA DOMÉSTICA

Cría selectiva

Los granjeros elegían a los animales más fáciles de cuidar para criarlos. Así, los animales domesticados fueron perdiendo tamaño y agresividad respecto de sus ancestros salvajes. Los granjeros también buscaban determinadas cualidades en sus animales: escogían para criar a las ovejas salvajes con el pelo más espeso y los cuernos más pequeños. Con el paso del tiempo, los descendientes de las ovejas salvajes acabaron con espesos pelajes de lana y cuernos aún más pequeños.

ASENTAMIENTOS

Las aldeas campesinas crecieron hasta convertirse en pueblos. El primer pueblo apareció hace 10 000 años en Asia occidental. Los habitantes de estos primeros pueblos criaban ovejas, cabras y vacas y cultivaban trigo, cebada y legumbres. Los pueblos también eran centros de artesanía, donde se fabricaban telas, cerámica y joyas.

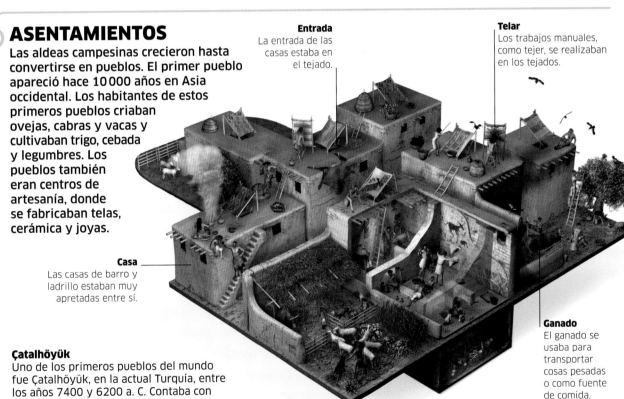

Entrada
La entrada de las casas estaba en el tejado.

Telar
Los trabajos manuales, como tejer, se realizaban en los tejados.

Casa
Las casas de barro y ladrillo estaban muy apretadas entre sí.

Ganado
El ganado se usaba para transportar cosas pesadas o como fuente de comida.

Çatalhöyük
Uno de los primeros pueblos del mundo fue Çatalhöyük, en la actual Turquía, entre los años 7400 y 6200 a. C. Contaba con una población de varios miles de personas.

Aumento de la población

La población aumentó cuando las personas se asentaron en aldeas y empezaron a producir más alimento del que podían consumir.

Cooperación

Los granjeros tuvieron que aprender a colaborar entre sí: se producía más comida si había muchas personas colaborando en grandes granjas.

Guerras

Hubo un marcado aumento de conflictos violentos porque los diferentes grupos luchaban para defender sus alimentos y tierras.

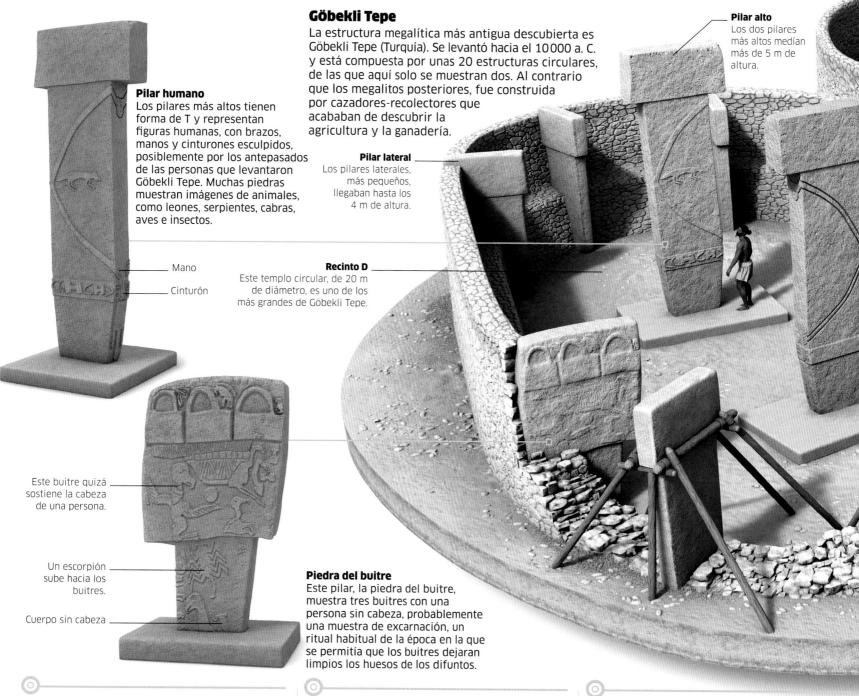

Göbekli Tepe

La estructura megalítica más antigua descubierta es Göbekli Tepe (Turquía). Se levantó hacia el 10 000 a. C. y está compuesta por unas 20 estructuras circulares, de las que aquí solo se muestran dos. Al contrario que los megalitos posteriores, fue construida por cazadores-recolectores que acababan de descubrir la agricultura y la ganadería.

Pilar alto
Los dos pilares más altos medían más de 5 m de altura.

Pilar humano
Los pilares más altos tienen forma de T y representan figuras humanas, con brazos, manos y cinturones esculpidos, posiblemente por los antepasados de las personas que levantaron Göbekli Tepe. Muchas piedras muestran imágenes de animales, como leones, serpientes, cabras, aves e insectos.

Pilar lateral
Los pilares laterales, más pequeños, llegaban hasta los 4 m de altura.

Mano

Cinturón

Recinto D
Este templo circular, de 20 m de diámetro, es uno de los más grandes de Göbekli Tepe.

Este buitre quizá sostiene la cabeza de una persona.

Un escorpión sube hacia los buitres.

Cuerpo sin cabeza

Piedra del buitre
Este pilar, la piedra del buitre, muestra tres buitres con una persona sin cabeza, probablemente una muestra de excarnación, un ritual habitual de la época en la que se permitía que los buitres dejaran limpios los huesos de los difuntos.

CARNAC
Ubicación: Francia
Fecha: 4500-3300 a. C.

En Carnac, los primeros moradores levantaron más de 3000 menhires en filas de varios kilómetros de longitud. Estas piedras miden entre 0,9 m y 2,4 m de altura. Todavía se desconoce su objetivo, pero es posible que cada menhir represente a un antepasado, cuyo espíritu se consideraba que vivía en el interior de la piedra.

GGANTIJA
Ubicación: Malta
Fecha: c. 3600-3200 a. C.

Los primeros pueblos erigieron el templo de Ggantija en Malta de manera que la estructura quedase alineada con la salida del Sol durante los equinoccios (cuando el día y la noche duran lo mismo). Por estas fechas, en marzo y en septiembre, la salida del Sol ilumina la cámara central del templo.

NEWGRANGE
Ubicación: Irlanda
Fecha: c. 3200 a. C.

Newgrange contiene un largo pasadizo subterráneo que lleva a la cámara funeraria central. El diseño de Newgrange es muy preciso y en el solsticio de invierno (el día más corto del año) el Sol ilumina todo el pasadizo y sus rayos llegan hasta la cámara funeraria al alba.

Pared interior
El recinto disponía de una pared adicional.

Entrada
Los primeros moradores entraban en el recinto a través de un corto pasadizo.

Troncos redondos
Se trasladaron las piedras hasta este sitio quizá con la ayuda de troncos. A pesar de la proximidad de la cantera, llegaban por una empinada y complicada cuesta rocosa.

Escultor
Se esculpieron y grabaron diseños en todos los pilares antes de colocarlos.

Paredes
Igual que los pilares, las paredes se levantaron con bloques de piedra caliza local y mortero de arcilla.

Megalitos antiguos

Hace unos 12 000 años que los humanos empezaron a levantar los primeros grandes monumentos del mundo, los megalitos («gran piedra» en griego).

Encontramos megalitos por todo el mundo. En Europa y Asia occidental se erigieron a modo de tumbas comunitarias y alineaciones de menhires, cuya finalidad continúa siendo un misterio. Otros quizá eran templos. Son los primeros casos de estructuras permanentes. Es probable que las primeras personas fueran muy conscientes de sus ancestros, de quienes se quería notar su presencia tras la muerte. Es posible que los menhires se levantaran para honrarles o alabarles. Los constructores a veces alineaban los megalitos con la salida o la puesta del Sol de ciertos días del año, aunque se desconoce por qué lo hacían.

RUJM EL-HIRI
Ubicación: Siria / Israel
Fecha: 3000-2700 a. C.

Rujm el-Hiri está compuesto por cinco círculos de piedra que rodean otra pared; el más grande tiene un diámetro de 160 m. Su propósito continúa siendo un misterio, aunque algunas de sus características se alinean con la salida del Sol en días concretos del año. Los primeros pueblos construyeron más adelante un túmulo en el centro.

STONEHENGE
Ubicación: Inglaterra
Fecha: 3000-2000 a. C.

Los constructores de Stonehenge erigieron un círculo de trilitos, dos piedras verticales y una superior horizontal, con descomunales piedras de canteras locales y otro círculo en su interior, con piedras más pequeñas, que se cree que venían de Gales, a cientos de kilómetros. Igual que Newgrange, en el solsticio de invierno se alinea con la salida del Sol.

DÓLMENES DE COREA
Ubicación: Corea del Norte y Corea del Sur
Fecha: c. 700-200 a. C.

Un dolmen es una tumba compuesta por tres o más piedras enormes dispuestas en forma de mesa y a menudo cubiertas por un montículo de tierra. Aunque los dólmenes más antiguos se encuentran en Europa occidental, en Corea se levantaron muchos más. El viento y la lluvia han barrido los montículos de tierra que antes cubrían los dólmenes.

20   el mundo antiguo ○ **MESOPOTAMIA**

La **primera ciudad del mundo** fue
Uruk, en el sur de Mesopotamia.

El dios Asur
El principal templo dedicado
al mayor dios de los asirios,
Asur, se levantó en Assur, la
ciudad homónima que había
sido la primera capital del
imperio. Asur se representaba
a veces como un arquero
dentro de un disco alado.

ASSUR

NÍNIVE

Caza real
El palacio del rey asirio
Asurbanipal en Nínive estaba
decorado con relieves en los que
aparecía él cazando leones. Matar
leones se consideraba una manera
de demostrar el poder del rey.

Código de Hammurabi
En 1754 a. C. el rey Hammurabi
de Babilonia hizo esculpir su
famoso código de leyes en
una estela (una losa de piedra),
en cuya parte superior
aparece el rey recibiendo las
leyes de manos de Shamash,
dios de la justicia.

BABILONIA

ACAD

ÉUFRATES

Mesopotamia

**La palabra Mesopotamia significa «la tierra entre dos
ríos» en griego antiguo y actualmente se emplea para
referirse a la región del antiguo Oriente Medio alrededor
de los ríos Tigris y Éufrates, en el actual Irak. Hace más de
5000 años sus habitantes construyeron las primeras
ciudades del mundo.**

Los habitantes de la primera Mesopotamia no eran un pueblo
unificado. Las primeras ciudades se levantaron en Sumeria, una
región del sur de Mesopotamia. Los sumerios fueron conquistados
más adelante por los imperios del norte: los acadios, los asirios
y los babilonios. Gracias a estos conflictos los mesopotámicos
crearon los primeros ejércitos y también inventaron muchas
de las características fundamentales de la civilización, como la
monarquía y la religión organizada.

Sargón de Acad
Los historiadores creen
que esta cabeza de cobre
representa a Sargón de
Acad, el primer soberano
del Imperio acadio, o quizá
a su nieto, Naram-Sin.

Cronología

Historia de Mesopotamia
Una serie de conflictos durante
miles de años provocaron la
aparición de diversos imperios
en la antigua Mesopotamia. Las
ciudades luchaban entre sí por el
dominio de la región y llegaron
invasores de otros pueblos. Los
persas protagonizaron la última
de estas invasiones, se hicieron
con el control de la región y
la convirtieron en parte de
su imperio.

c. 6000–4000 a. C.
Primeros granjeros
Los pueblos agrícolas del norte
de Mesopotamia se desplazaron
hacia el sur, a las llanuras
meridionales de Sumeria.
Cooperaron entre ellos para
construir canales, diques y
embalses para almacenar agua
para el cultivo de regadío. Con
el paso del tiempo crecieron
las aldeas y algunas personas
empezaron a especializarse en
un único comercio u oficio. Por
el 4500 a. C. los mesopotámicos
ya habían desarrollado el
torno de alfarero.

c. 3300–3100 a. C.
Aparición de la ciudad estado
Aparecieron una docena de ciudades
en Sumeria, cada una gobernada por
su *ensi* (soberano), que afirmaba
reinar en nombre del dios local. Los
sumerios desarrollaron un sistema
de escritura conocido hoy como
cuneiforme («en forma de cuña»),
compuesto
por marcas
impresas en
tablillas de
arcilla.

**TABLILLA
CUNEIFORME**

c. 3000 a. C.
Bronce sumerio
Los sumerios descubrieron que
mezclando dos metales blandos,
el cobre y el estaño, se creaba un
metal más duro, el bronce, que
usaron para fabricar herramientas,
armas y cazos, y también para
crear esculturas. La tierra de
Mesopotamia no disponía de
metales, por lo que el estaño y
el cobre necesarios para producir
bronce se tenían que importar de
minas de otros territorios.

c. 2325 a. C.
El Imperio acadio
El rey Sargón de Acad
conquistó toda Sumeria y
fundó el Imperio acadio.
El idioma de los acadios,
un pariente del árabe y
hebreo modernos, reemplazó
lentamente al sumerio.
Incluso los dioses sumerios
recibieron nuevos nombres
acadios. Por ejemplo, Nanna,
el principal dios de Ur, pasó
a denominarse Sin.

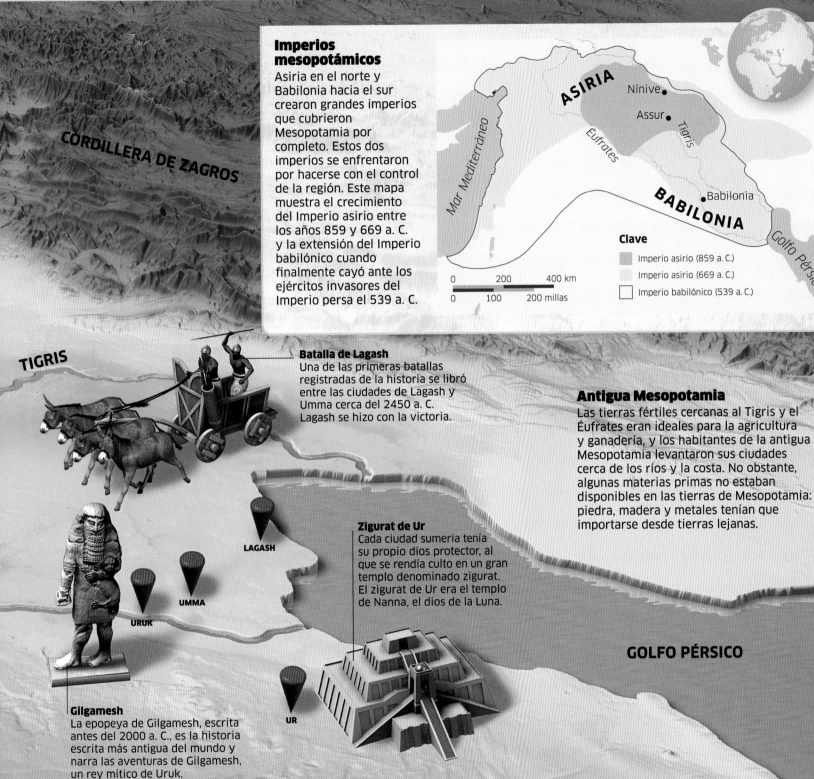

Imperios mesopotámicos

Asiria en el norte y Babilonia hacia el sur crearon grandes imperios que cubrieron Mesopotamia por completo. Estos dos imperios se enfrentaron por hacerse con el control de la región. Este mapa muestra el crecimiento del Imperio asirio entre los años 859 y 669 a. C. y la extensión del Imperio babilónico cuando finalmente cayó ante los ejércitos invasores del Imperio persa el 539 a. C.

ASIRIA
Nínive
Assur
Mar Mediterráneo
Éufrates
Tigris
Babilonia
BABILONIA
Golfo Pérsico

Clave
Imperio asirio (859 a. C.)
Imperio asirio (669 a. C.)
Imperio babilónico (539 a. C.)

0   200   400 km
0   100   200 millas

CORDILLERA DE ZAGROS

TIGRIS

Batalla de Lagash
Una de las primeras batallas registradas de la historia se libró entre las ciudades de Lagash y Umma cerca del 2450 a. C. Lagash se hizo con la victoria.

LAGASH

UMMA

URUK

Gilgamesh
La epopeya de Gilgamesh, escrita antes del 2000 a. C., es la historia escrita más antigua del mundo y narra las aventuras de Gilgamesh, un rey mítico de Uruk.

UR

Zigurat de Ur
Cada ciudad sumeria tenía su propio dios protector, al que se rendía culto en un gran templo denominado zigurat. El zigurat de Ur era el templo de Nanna, el dios de la Luna.

Antigua Mesopotamia

Las tierras fértiles cercanas al Tigris y el Éufrates eran ideales para la agricultura y ganadería, y los habitantes de la antigua Mesopotamia levantaron sus ciudades cerca de los ríos y la costa. No obstante, algunas materias primas no estaban disponibles en las tierras de Mesopotamia: piedra, madera y metales tenían que importarse desde tierras lejanas.

GOLFO PÉRSICO

---

c. 1900 a. C.

El Imperio babilónico
Los amorreos, un pueblo de los desiertos occidentales, conquistaron gran parte de Mesopotamia. Gobernaban desde la ciudad de Babilonia; el imperio que crearon se conoce como Imperio babilónico. Incluso después de que la dinastía amorrea perdiera el trono en 1595 a. C. Babilonia continuó siendo una ciudad importante.

c. 1595–1530 a. C.

HITITAS EN CARRO

Hititas y casitas
Dos pueblos forasteros, los hititas y los casitas, invadieron Babilonia e introdujeron rápidos carros tirados por caballos. Los casitas gobernaron Babilonia durante unos 500 años.

c. 911–609 a. C.

ESTATUA GUARDIANA DE UN PALACIO REAL ASIRIO EN DUR-SHARRUKIN

El Imperio asirio
Los aguerridos asirios del norte conquistaron Mesopotamia y crearon un imperio que abarcaba desde Egipto hasta el actual Irán. Hablaban arameo, que se convirtió en el idioma estándar de todo Oriente Medio.

612 a. C.

La caída de Asiria
La crueldad de los asirios condujo a rebeliones generalizadas contra su dominio. Al final fueron derrocados por Nabopolasar, el soberano de Babilonia, que se alió con los medas del este de Mesopotamia. En el 612 a. C. Nabopolasar arrasó las ciudades asirias. Babilonia se convirtió en la capital de un segundo Imperio babilónico.

539 a. C.

Conquista de Babilonia
El rey Ciro el Grande de Persia conquistó el Imperio babilónico. Ciro se nombró «rey de Babilonia, rey de Sumeria y Acad, rey de los cuatro extremos del mundo». Bajo su dominio Babilonia continuó siendo la ciudad mesopotámica más importante.

Antiguo Egipto

Hace 5000 años el pueblo del antiguo Egipto creó el primer país unificado del mundo. Inventaron la escritura, crearon preciosas obras de arte y erigieron tumbas y templos, algunos de los cuales continúan en pie.

El antiguo Egipto fue la civilización más longeva y más estable del mundo: durante más de 3000 años sus habitantes hablaron el mismo idioma, veneraron a los mismos dioses y se vistieron con indumentarias similares de lino. Durante todo este tiempo los faraones fueron sus soberanos, que eran considerados los representantes de los dioses en la Tierra. La vida en Egipto seguía un patrón ordenado de trabajo y festivales religiosos; el ciclo del año egipcio estaba regido por la crecida anual del río Nilo.

IMPERIO EN EL NILO

Los antiguos egipcios levantaron su imperio en el desierto siguiendo el curso del río Nilo. Durante casi toda su historia, el paisaje desierto protegió a los egipcios de las invasiones forasteras. Al principio estaba compuesto por dos países: el Alto Egipto en el sur y el Bajo Egipto en el norte. Mucho tiempo después de la unificación de Egipto todavía se conocía al faraón como el «señor de las dos tierras», hecho que simbolizaba llevando una corona doble.

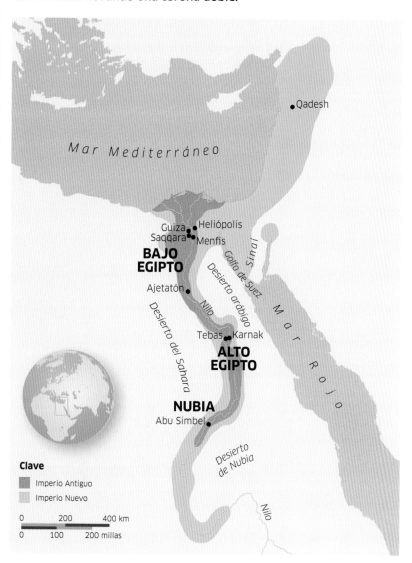

Mar Mediterráneo

Qadesh

Guiza · Heliópolis
Saqqara · · Menfis
BAJO EGIPTO
Golfo de Suez
Ajetatón ·
Desierto arábigo
Desierto del Sahara
Nilo
Tebas · Karnak
ALTO EGIPTO
Mar Rojo
NUBIA
Abu Simbel ·
Desierto de Nubia
Nilo

Clave
■ Imperio Antiguo
■ Imperio Nuevo

0   200   400 km
0   100   200 millas

FARAONES PODEROSOS

Cada faraón quería ser recordado tras su muerte y para ello mandaba construir estatuas suyas y llenar los templos con relieves en los que se lo veía en ceremonias religiosas o al frente de sus ejércitos. Una vez fallecidos se les veneraba como dioses.

Kefrén
El faraón Kefrén (2558-2532 a. C.) erigió la Gran Esfinge: una estatua de un león con la propia cara del faraón.

TUMBAS DE LOS FARAONES

Los faraones del Imperio Antiguo eran enterrados en grandes tumbas de piedra denominadas pirámides; los del Imperio Nuevo, en tumbas subterráneas ocultas.

Primeras pirámides

La primera pirámide se erigió para el faraón Zoser hacia el 2650 a. C. Su diseño se atribuye a Imhotep, el visir (ministro) de Zoser.

IMHOTEP

Pirámide de Zoser
Esta pirámide, construida en niveles escalonados, se considera la primera gran estructura del mundo hecha de piedra en lugar de ladrillos de barro.

Faraón significa «**casa grande**» y era una manera respetuosa de referirse al rey.

146 m de altura tiene la **pirámide** del faraón **Keops**.

23

Mentuhotep II

Tras reunificar Egipto tras un período conflictivo, Mentuhotep II (2055-2004 a. C.) fundó el Imperio Medio.

Hatshepsut

La poderosa reina Hatshepsut (1473-1458 a. C.) fue faraona de pleno derecho.

Tutmosis III

El rey guerrero Tutmosis III (1479-1426 a. C.) conquistó un imperio en Asia.

Gran pirámide de Keops

Después de Zoser, los faraones levantaron pirámides con los laterales lisos; la más grande fue la pirámide de Keops en Guiza, que continúa siendo la mayor construcción de piedra del mundo. También es la única pirámide con la cámara funeraria en la parte superior de la estructura y no en el suelo.

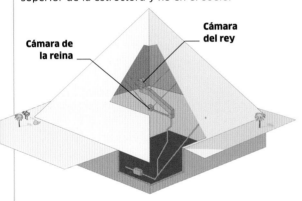

Cámara de la reina

Cámara del rey

La pirámide por dentro

La pirámide de Keops tiene una compleja estructura interna: cuenta con, como mínimo, tres cámaras, una enorme galería y dos misteriosos respiraderos.

El Valle de los Reyes

Los restos funerarios de los faraones del Imperio Nuevo acababan en el Valle de los Reyes, en el desierto al oeste de la capital, Tebas. Los tesoros de casi todas las tumbas fueron saqueados durante la antigüedad.

Tesoros de Tutankamón

La única tumba sin profanar fue la de Tutankamón, un faraón del siglo XIV a. C., que descubrió el arqueólogo británico Howard Carter en 1922, todavía repleta de tesoros.

MÁSCARA FUNERARIA DE TUTANKAMÓN

JEROGLÍFICOS

Hacia el 3300 a. C. los egipcios inventaron el primer sistema de escritura del mundo, los jeroglíficos. Usaban signos dibujados que significaban ideas, sonidos y palabras, que también se podían componer combinando signos. Los escribas podían escribir de izquierda a derecha o al revés. Los jeroglíficos se leían en la dirección en que miraban los rostros de los símbolos: si miraban hacia la derecha, se leían de derecha a izquierda.

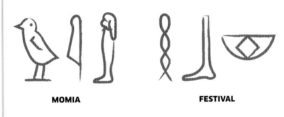

MOMIA   **FESTIVAL**

RÍO

TUMBA   **SACERDOTE**

Cartucho

Un cartucho es un óvalo con una línea horizontal en un extremo. Los cartuchos servían para indicar que el texto de su interior contenía un título real; en este caso, el nombre del faraón Ramsés II.

Historia del antiguo Egipto

La gran historia de Egipto se divide en tres períodos principales: los imperios Antiguo, Medio y Nuevo. Los historiadores del antiguo Egipto conservaban los nombres de los faraones y confeccionaban listas de dinastías numeradas.

c. 3100 a. C.

Egipto unido

Esta paleta conmemora al faraón Narmer, el primero que unificó Egipto, antes compuesto por dos reinos, con las coronas del Bajo y el Alto Egipto.

PALETA DE NARMER

2686-2181 a. C.

El Imperio Antiguo

En el Imperio Antiguo, los faraones gobernaron desde Menfis y erigieron pirámides y monumentos en Guiza. Un gran número de personas levantaron las pirámides.

GRAN ESFINGE DE GUIZA

2055-1710 a. C.

El Imperio Medio

Tras un período de división de 26 años, los faraones del Imperio Medio reunificaron Egipto. Esta época se recuerda por su precioso arte y poesía, gran parte del cual ilustraba el día a día del país.

1650 a. C.

Invasión del imperio

Los hicsos penetraron en el norte de Egipto desde Asia occidental y destruyeron el Imperio Medio. Gobernaron en el norte; los faraones conservaron el poder en el sur.

c. 1550 a. C.

Fundación del Imperio Nuevo

Amosis, soberano de Tebas, expulsó a los hicsos, reunificó Egipto y fundó el Imperio Nuevo. El dios de Tebas Amón se convirtió en el principal dios de Egipto.

1352-1336 a. C.

Culto al sol

El faraón Akenatón introdujo una nueva religión que hizo que los egipcios veneraran a Atón, el disco solar. Levantó una nueva capital, Ajetatón, con templos al aire libre para rendir culto al Sol.

CULTO AL SOL

1279-1213 a. C.

El gran faraón

El legado de Ramsés II es espectacular: 66 años en el poder y unos 100 descendientes. Es famoso por librar una batalla en Qadesh contra los hititas que aseguró haber ganado él solo montado en su carro.

664-332 a. C.

Baja Época

El poder de Egipto se fue desvaneciendo tras ser conquistado por una serie de potencias extranjeras. El año 332 a. C. acabaron 3000 años de soberanía egipcia con la conquista de Egipto por parte de Alejandro Magno.

24 el mundo antiguo ○ **RELIGIÓN EGIPCIA**

El nombre **Ramsés** significa «**hijo de Ra**», otro nombre para referirse a Re, el dios del Sol.

Dioses y diosas de Egipto

Los egipcios tenían muchos dioses, que se representaban de formas diferentes, como humanos, animales o una mezcla de ambos. Con el paso del tiempo se combinaron algunos dioses para crear otros nuevos. En el Imperio Nuevo, por ejemplo, Ra, el dios del Sol, se unió a Horus para convertirse en Ra-Horajty.

Osiris
Representado normalmente en forma de momia, la piel verde del rey de la muerte representaba la nueva vida.

Isis
Era una diosa protectora, maga y madre, e iba coronada con un disco solar o cuernos de vaca.

Set
El dios del desierto, las tormentas y el desorden se representaba con la cabeza de un animal.

Anubis
Con su cabeza de chacal, protegía las tumbas y la momificación.

Tot
El dios de la escritura tenía la cabeza de un ibis, ave cuyo pico parecía una caña de junco.

Bastet
Diosa protectora con cabeza de gato, el animal que acababa con las plagas domésticas.

El más allá en Egipto

Los egipcios creían que podían volver a vivir en el reino de Osiris tras la muerte, pero para ello sus almas continuaban precisando un cuerpo físico, en una tumba, para vivir. Por ello los que podían permitírselo hacían momificar sus cuerpos para conservarlos.

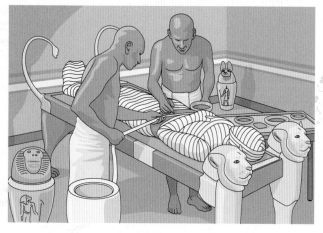

Conservación de los muertos
Tras retirar los órganos internos, el cuerpo se secaba con natrón (una sal), se llenaba y envolvía de vendas.

Ra-Horajty
Una estatuá de Ra-Horajty preside el dintel sobre la entrada.

Familia real
El faraón tiene pequeñas estatuas de su mujer, madre e hijos por las piernas.

Boda real
Un grabado en una piedra ilustra la boda de Ramsés con una princesa hitita.

Abu Simbel

En el sur de Egipto, en Nubia, el faraón Ramsés II hizo esculpir un gran templo en roca sólida, que dedicó a los dioses Ptah, Amón y Ra-Horajty, y a él mismo, al faraón, que fue venerado entre los demás. Reclamando el mismo estatus que los dioses, Ramsés quería impresionar a los nubios con su increíble poder.

2000 Número mínimo de **dioses venerados** por los antiguos egipcios.

20 m de altura tienen cada una de las **cuatro estatuas de Ramsés**.

25

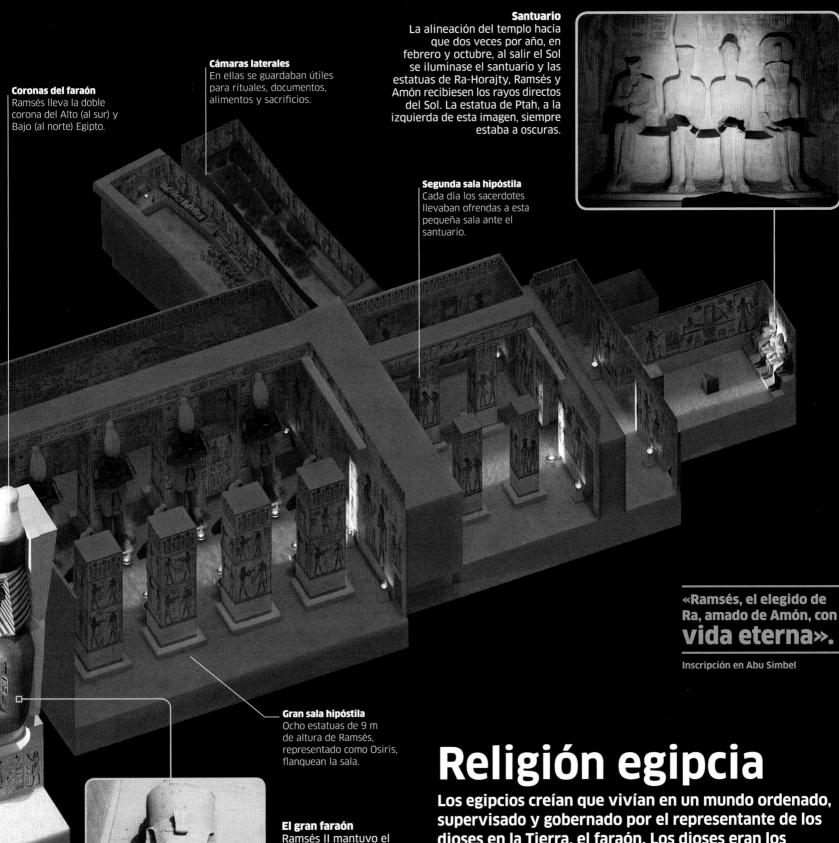

Santuario
La alineación del templo hacía que dos veces por año, en febrero y octubre, al salir el Sol se iluminase el santuario y las estatuas de Ra-Horajty, Ramsés y Amón recibiesen los rayos directos del Sol. La estatua de Ptah, a la izquierda de esta imagen, siempre estaba a oscuras.

Cámaras laterales
En ellas se guardaban útiles para rituales, documentos, alimentos y sacrificios.

Coronas del faraón
Ramsés lleva la doble corona del Alto (al sur) y Bajo (al norte) Egipto.

Segunda sala hipóstila
Cada día los sacerdotes llevaban ofrendas a esta pequeña sala ante el santuario.

> «Ramsés, el elegido de Ra, amado de Amón, con **vida eterna»**.
>
> Inscripción en Abu Simbel

Gran sala hipóstila
Ocho estatuas de 9 m de altura de Ramsés, representado como Osiris, flanquean la sala.

El gran faraón
Ramsés II mantuvo el poder de Egipto durante 66 años, por lo que tuvo tiempo de encargar más estatuas de él mismo que cualquier otro faraón. Su deseo de ser recordado era tal que incluso hizo esculpir su nombre sobre los monumentos de soberanos anteriores. No es de extrañar que acabara siendo conocido como Ramsés el Grande.

Religión egipcia

Los egipcios creían que vivían en un mundo ordenado, supervisado y gobernado por el representante de los dioses en la Tierra, el faraón. Los dioses eran los responsables de la crecida del Nilo, la salida del Sol y el crecimiento de las plantas en los campos.

Se consideraba al faraón como el hijo de los dioses del cielo, así como la forma terrestre de Horus, el dios celeste. Tras su muerte, se reunía con Osiris, dios de los muertos. Como gran sacerdote, el faraón se aseguraba de que los dioses continuasen observando Egipto. Cada dios tenía su propio centro de culto. Ptah, el dios creador, tenía su templo en Menfis, mientras que en Heliópolis se rendía culto a Ra, el dios del Sol.

El ciclo del Nilo

Las lluvias de verano en Etiopía, al sur de Egipto, provocaban la crecida anual del Nilo. La crecida dejaba un lodo negro ideal para cultivar plantas. Los agricultores no necesitaban abono porque año tras año tenían tierra nueva. El año se dividía en tres estaciones: *ajet* (inundación), *peret* (siembra) y *shemu* (recolección).

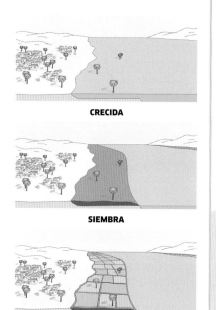

CRECIDA

SIEMBRA

RECOLECCIÓN

Moda egipcia
Durante casi toda la historia del antiguo Egipto las personas vistieron sencilla ropa blanca de lino. Los hombres vestían un *shenti* (una falda corta) y las mujeres llevaban vestidos. La indumentaria decorada se puso de moda en el Imperio Nuevo, pero solo los ricos se la podían permitir.

Espacios en el tejado
Las casas egipcias tenían el tejado plano, donde dormían las familias cuando hacía mucho calor.

Telar
La planta del lino se usaba para obtener lino que tejían con un telar horizontal.

Horno
La cerámica se cocía en el horno con carbón vegetal.

Cerámica
Los alfareros, normalmente hombres, creaban cerámica con un torno que giraba lento.

Vida diaria en Egipto

La mayor parte de los antiguos egipcios eran agricultores que vivían en pueblos a orillas del Nilo. Por lo general cultivaban enormes extensiones de terreno, propiedad del faraón, los sacerdotes del templo o los nobles.

La agricultura de Egipto dependía del río Nilo, que cada verano realizaba una crecida e inundaba los campos. Cuando llegaba la época de lluvias, muchos campesinos se iban del pueblo para trabajar en los proyectos de construcción del faraón. Cuando bajaba el nivel de agua del Nilo, volvían para sembrar y labrar los campos. La época de más trabajo de los campesinos era durante la temporada de cosecha, cuando todos trabajaban de sol a sol recogiendo los cultivos.

Alimentación y bebida
Los hombres de esta estatuilla de una tumba egipcia hacen pan, mientras que las mujeres están haciendo cerveza. Los antiguos egipcios también comían pescado, cebollas y legumbres de manera habitual.

34 años: **esperanza de vida** de los **egipcios**; la de las **egipcias** era de **30**.

Los antiguos egipcios **creían** que incluso en el **más allá** les tocaría trabajar **duro**. **27**

Recuento del grano
Había graneros de dos tipos: redondos o rectangulares. En este modelo de granero rectangular, los escribas, unos funcionarios, registran la cantidad de cereales que traen los campesinos.

Palomar
Estas torres de ladrillos de barro alojaban pichones y palomas, dos importantes fuentes de carne.

Cigoñal
El agua se sacaba con un cigoñal, pértiga basculante con un contrapeso en uno de sus extremos.

Animales de tiro
El ganado egipcio tiraba del arado y aportaba carne, cuero y leche.

Trillado
Los agricultores hacían caminar al ganado por encima de la cosecha de cereales para separar el grano de la cáscara.

Pesca
Los egipcios pescaban con redes y usaban arpones y sedales con anzuelos.

Materiales de construcción
Los templos y las tumbas se construían de piedra; las casas, en cambio, con ladrillos de barro, que se hacían mezclando barro húmedo y paja en moldes de madera y dejándolos secar al sol.

Botes de junco
Se construían pequeños botes uniendo haces de juncos de papiro.

Vida a orillas del Nilo
Las aldeas egipcias ocupaban una estrecha franja de tierra entre el Nilo y el desierto, con los campos en medio. Las casas eran pequeñas, de dos o tres habitaciones, y con pocos muebles: se sentaban en el suelo o en taburetes bajos y dormían en camas de paja. Aparte de las casas, los edificios más importantes eran los graneros, en los que se guardaba el grano tras la cosecha.

2500 km²: tamaño de la **ciudad estado de Atenas.**

DELFOS

El Tholos de Delfos
En este templo se creía que Apolo aconsejaba por medio de su sacerdotisa, conocida como el oráculo.

OLIMPIA

Los Juegos Olímpicos
Los Juegos Olímpicos clásicos se celebraban cada cuatro años en Olimpia para honrar a Zeus, rey de los dioses. Los atletas competían en carreras a pie y en carro, y también celebraban competiciones de boxeo, lucha y lanzamiento de disco.

ESPARTA

Daremos ocasión
de ser admirados a los hombres de ahora y a los venideros.

Pericles, político ateniense, en un discurso ante el pueblo de Atenas el 430 a. C.

Hoplita espartano
Los soldados de las polis griegas se conocían como hoplitas. Los hoplitas espartanos empezaban a entrenarse muy jóvenes y eran los guerreros más temibles de Grecia.

Grecia antigua

Hace más de 2500 años los griegos antiguos crearon una de las civilizaciones más influyentes del mundo. El punto álgido de la cultura griega se conoce como Época Clásica, que duró más o menos entre el 500 a. C. y el 336 a. C.

Los griegos no eran un único pueblo unido, sino que se dividían en más de 1000 polis, o ciudades estado, rivales, que iban a la guerra entre sí a menudo. Aun así, compartían un sentimiento de identidad común y se unían para defender su patria contra los invasores y para competir en festivales atléticos, como los Juegos Olímpicos. Durante este período los griegos también desarrollaron la filosofía, la política, la ciencia, la historia, la escritura y el teatro. La Época Clásica acabó cuando Alejandro Magno de Macedonia unificó el pueblo de Grecia y conquistó el vecino Imperio persa.

Ciudades estado del centro y sur de Grecia.

En la Época Clásica, muchas de las poderosas polis se agrupaban en el centro de Grecia y el Peloponeso, una península del sur de la Grecia continental. Cada polis tenía gobierno, leyes, monedas y calendario propios. Las dos polis principales eran Atenas, centro artístico y gran potencia naval, y Esparta, cuyos ciudadanos varones se dedicaban durante toda su vida a entrenarse para la guerra.

Los griegos fundaron **colonias** por todo el **Mediterráneo** y el **mar Negro**.

1 Número **de pruebas** disputadas en los primeros **Juegos Olímpicos** de la historia.

2918 m: **altura del monte Olimpo**, que los antiguos griegos creían que era la **morada de los dioses**.

29

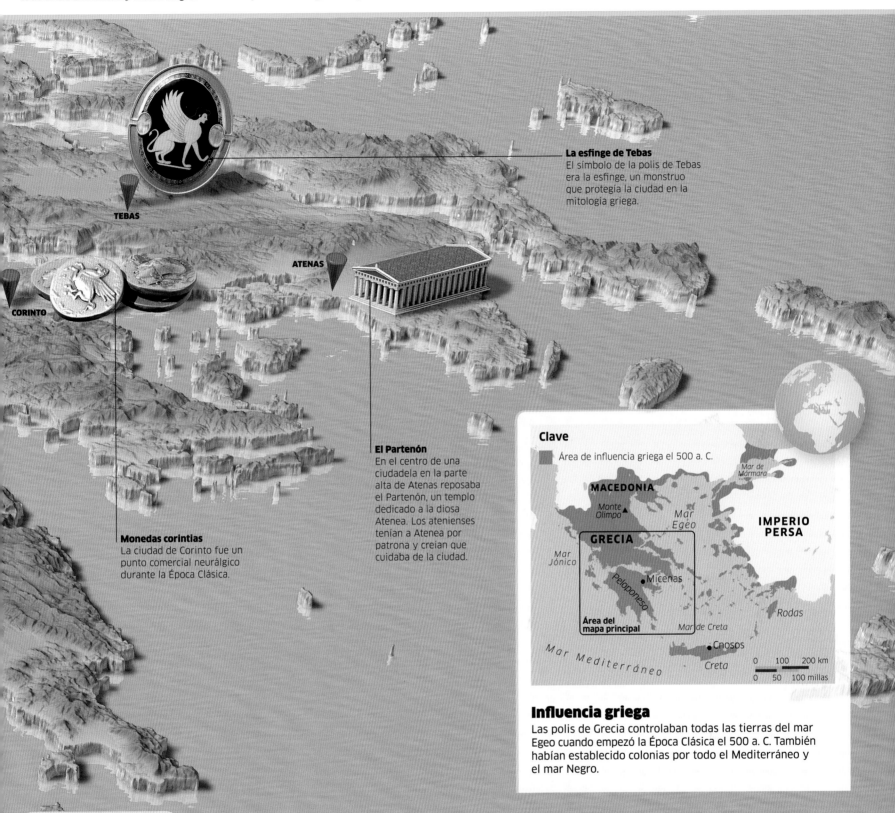

La esfinge de Tebas
El símbolo de la polis de Tebas era la esfinge, un monstruo que protegía la ciudad en la mitología griega.

TEBAS

ATENAS

CORINTO

El Partenón
En el centro de una ciudadela en la parte alta de Atenas reposaba el Partenón, un templo dedicado a la diosa Atenea. Los atenienses tenían a Atenea por patrona y creían que cuidaba de la ciudad.

Monedas corintias
La ciudad de Corinto fue un punto comercial neurálgico durante la Época Clásica.

Clave

Área de influencia griega el 500 a. C.

Mar de Mármara

MACEDONIA

Monte Olimpo ▲

Mar Egeo

IMPERIO PERSA

GRECIA

Mar Jónico

Peloponeso

● Micenas

Rodas

Área del mapa principal

Mar de Creta

Mar Mediterráneo

● Cnosos

Creta

0 100 200 km

0 50 100 millas

Influencia griega

Las polis de Grecia controlaban todas las tierras del mar Egeo cuando empezó la Época Clásica el 500 a. C. También habían establecido colonias por todo el Mediterráneo y el mar Negro.

Cronología

Épocas de la Grecia antigua

Unas influyentes culturas griegas primigenias emergieron en la isla de Creta y en la ciudad de Micenas, pero ambas civilizaciones se desintegraron con el tiempo. Siglos después, la Época Clásica revivió la influencia de Grecia en el Mediterráneo.

2900-1450 a. C.

La época minoica
En la isla de Creta, la civilización minoica erigió grandes palacios decorados con imágenes de toros, un animal sagrado en la religión minoica. También creó asentamientos comerciales en todo el Mediterráneo oriental.

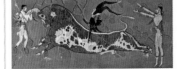

MURAL MINOICO DE UNA TAUROCATAPSIA

1600-1200 a. C.

Época micénica
La civilización micénica floreció en la Grecia continental. Los micénicos eran guerreros y, alrededor del 1450 a. C., conquistaron Creta y se convirtieron en la principal potencia del Mediterráneo oriental.

MÁSCARA FUNERARIA MICÉNICA

1200-800 a. C.

Edad oscura
La civilización micénica cayó alrededor del 1200 a. C. cuando unos enemigos desconocidos destruyeron sus palacios principales. Grecia entró en una «edad oscura», en la que se olvidó la escritura y bajó el comercio a larga distancia. El idioma griego se fragmentó en diversos dialectos y se popularizó el conocimiento en metalurgia.

800-500 a. C.

Época Arcaica
La Época Arcaica («antigua») fue un período en el que la civilización griega se recuperó lentamente de la edad oscura. Se creó un nuevo alfabeto, se revivió el comercio y los griegos fundaron varias colonias por todo el Mediterráneo.

500-336 a. C.

Época Clásica
En la Época Clásica la cultura griega alcanzó su máximo esplendor. Atenas y Esparta unieron fuerzas para hacer truncar dos invasiones del Imperio persa los años 490 y 480 a. C. Del 431 al 404 a. C., ambas ciudades libraron una larga guerra entre sí en la que casi toda Grecia tomó partido. Esparta salió victoriosa.

Cultura griega antigua

Durante la Época Clásica de Grecia, aproximadamente entre el 500 y el 336 a. C., las ciudades estado griegas conocieron algunos de los políticos, filósofos y autores más brillantes de la historia. Las reflexiones e ideas de estas figuras cruciales continúan siendo importantes hoy en día.

A medida que Grecia prosperaba, sus ciudadanos divisaban nuevas maneras de ver el mundo. Los filósofos se hacían más preguntas, los poetas y artistas empezaron a hablar de lo que veían y los astrónomos intentaban dar sentido al universo. Incluso al cabo de 2500 años los cimientos de determinadas disciplinas, como la ciencia, las matemáticas y la arquitectura, se basan en las obras de estos grandes eruditos.

DEMOCRACIA

Hacia el 508 a. C. la ciudad de Atenas desarrolló un nuevo sistema de gobierno conocido como democracia («poder del pueblo»). En la democracia ateniense, los ciudadanos podían votar qué leyes nuevas entraban en vigor en la ciudad. Sin embargo, no todos estaban dentro de esta democracia: solo podían votar los hombres adultos libres (que no eran esclavos). Las mujeres griegas no consiguieron su derecho a votar hasta 1952.

El Pnyx
Los atenienses se reunían en el Pnyx, una colina cerca de la acrópolis. Aquí aparece Pericles, un famoso político, en pleno discurso.

Votaciones para el destierro

Clístenes, un legislador ateniense, presentó una nueva ley conocida como ostracismo hacia el año 506 a. C., diseñada para evitar que ningún individuo acaparase demasiado poder. Si recibía el voto a favor de suficientes ciudadanos, se podía enviar a alguien diez años al exilio, si bien este no perdía ni la ciudadanía ateniense ni sus propiedades.

Piedras para votar
Para votar por el ostracismo se escribía el nombre del desafortunado en unos fragmentos de cerámica denominados *ostraka*, que después se contaban.

MITOLOGÍA GRIEGA

Los mitos griegos son una gran recopilación de historias que se han usado para explicar el mundo desde el punto de vista de los griegos antiguos. Algunos explicaban los comportamientos correctos, e incorrectos, de las personas; otros revelaban cómo se habían creado las cosas y los lugares, y cómo los dioses influían en el porvenir de las personas. Con su colección de héroes, dioses y monstruos, un sinfín de autores han vuelto a usar muchos de estos mitos a lo largo de miles de años, y aún hoy apelan a nuestra imaginación.

Zeus
Zeus era el «rey de los dioses» y también el padre de muchos dioses y diosas menores y figuras heroicas, como Afrodita, Perseo, Apolo y Helena de Troya.

FILOSOFÍA GRIEGA

Los pensadores griegos, conocidos como filósofos, querían dar sentido al mundo que les rodeaba: desde el comportamiento de las personas hasta el paso de las estaciones o el movimiento de las estrellas. Ávidos de más conocimientos y sabiduría, acabaron creando nuevas maneras de pensar y demostrar las ideas. Algunos de los filósofos más importantes crearon escuelas que ayudaron a diseminar sus ideas más allá de su ciudad.

«EL CONOCIMIENTO ES EL ALIMENTO DEL ALMA»
PLATÓN, *PROTÁGORAS*, SIGLO V A. C.

LITERATURA Y TEATRO

Las primeras obras de la literatura griega no se escribían, sino que se representaban; la tradición oral se encargaba de transmitirlas de generación en generación. En el siglo VI a. C. algunos autores, como la poetisa Safo, empezaron a dejar sus poemas por escrito. Las obras de ficción dominaron la literatura del siglo V; los primeros historiadores, sobre todo Heródoto, empezaron a escribir también en esta época. Todos estos escritores crearon formas de literatura que todavía usamos hoy.

Homero

El poeta griego más famoso fue Homero, que vivió durante el siglo VIII a. C. No sabemos nada del cierto sobre su vida, pero la tradición nos dice que era ciego. Al principio, sus largas epopeyas, la *Ilíada* y la *Odisea*, se aprendían de memoria y se transmitían oralmente, y no se fijaron por escrito hasta cientos de años más tarde.

Poseidón
Poseidón era el hermano de Zeus. Además de ser el dios del mar, se le consideraba el responsable de los terremotos y otras catástrofes naturales.

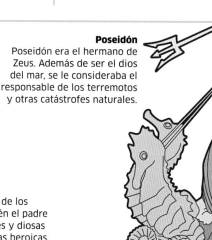

30000 Número **aproximado de ciudadanos atenienses** con derecho a **voto**, de una población aproximada de 250 000.

90 Número **estimado de obras** escritas por **Esquilo**. Solo siete de ellas han llegado a nuestros días.

31

Tales
Tales fue uno de los primeros filósofos griegos. Se las ingenió para calcular la altura de las pirámides de Egipto y creía que el agua era la sustancia primigenia de la que surgía todo lo demás.

Demócrito
Las investigaciones del mundo natural por parte de Demócrito facilitaron la vida a los primeros científicos. Una de sus teorías era que todas las cosas que existen están compuestas por minúsculas partículas indivisibles.

Sócrates
Sócrates creía que la mejor manera de descubrir la verdad era formulando preguntas, aunque afirmase no conocer las respuestas. No dejó nada escrito y gran parte de lo que conocemos de su obra se debe a Platón, su discípulo.

Platón
Platón fundó su propia academia, o escuela, en Atenas el 367 a. C. Se han conservado varios escritos suyos, que han tenido una enorme influencia, muy especialmente en los ámbitos de la religión y de la política.

Aristóteles
Igual que su mentor, Platón, Aristóteles también fundó una escuela: el Liceo. Teorizó sobre varios temas diferentes, sobre el dinero, la música, la poesía, la naturaleza, el lenguaje y la política, y lo dejó por escrito. Fue tutor de Alejandro Magno.

La influencia de Homero
Las historias de Homero se han contado millones de veces, al principio en cerámicas y cuadros, y actualmente en películas.

Teatro griego
Las obras griegas se representaban sobre un escenario redondo. El público se sentaba en las gradas construidas en las laderas de colina alrededor del escenario. A mediados del siglo V a. C. se añadió un «telón de fondo» tras el escenario, donde los actores se cambiaban de ropa.

Teatro
El teatro griego llegó a su apogeo durante el siglo V a. C. con las tragedias de Esquilo, Sófocles y Eurípides, y las comedias de Aristófanes. Por desgracia se han perdido casi todas sus obras. Las representaciones tenían lugar en enormes teatros al aire libre con capacidad para miles de personas. Los arquitectos conocían la acústica (cómo viaja el sonido) y por ello incluso los que estaban sentados lejos del escenario oían a los actores.

Atenea
Atenea, la diosa de la sabiduría, se suele representar con un casco y un escudo. No nació, sino que salió totalmente formada de la cabeza de su padre, Zeus.

Artemisa
Artemisa, representada a menudo con un ciervo salvaje y con un arco o una aljaba de flechas, era la diosa de la caza y la Luna. También protegía a los jóvenes.

Heracles
Este forzudo ataviado con su piel de león es el más grande de los héroes griegos; es famoso por realizar doce «trabajos» como castigo por matar a su mujer e hijos.

32 el mundo antiguo ∘ **LOS FENICIOS**

12 000 Número de **caracoles murex** necesarios para obtener 1,4 g de **púrpura de Tiro**.

Comercio fenicio

Los mercaderes fenicios navegaban por todo el Mediterráneo buscando nuevos mercados para sus productos. Fundaron muchos núcleos comerciales y algunos se convirtieron en grandes ciudades, como Cádiz y Cartagena, en España, y Palermo, en Sicilia. De otras, como Citio, en Chipre, solo quedan las ruinas.

Hacia Gran Bretaña
ESPAÑA Córcega Roma
Gades Cerdeña **ITALIA** **IMPERIO PERSA**
GRECIA
Hacia Cartago Biblos
África Sidón
occidental **NORTE DE ÁFRICA** Leptis Tiro
EGIPTO

Clave
Ruta comercial fenicia
Patria de los fenicios

Alfabeto fenicio

El alfabeto de los fenicios fue la base de todos los sistemas de escritura occidentales por su facilidad de aprendizaje; contaba tan solo con 22 signos consonantes. Los griegos lo adaptaron añadiéndole signos para las vocales.

aleph · bet · gaml · delt · he · wau
zai · het · tet · yod · kap · lamd
mem · nun · semk · ain · pe · sade
qop · ros · sin · tau · **ALFABETO FENICIO**

El Imperio cartaginés

Cartago, ciudad del norte de África, se liberó del dominio fenicio hacia el 650 a. C. y se convirtió en el centro del Imperio cartaginés, que controlaba Sicilia occidental, Córcega, Cerdeña y el sur de España. La rivalidad de Cartago y Roma desembocó en tres guerras, que los romanos llamaron guerras púnicas.

Cronología

Primera guerra púnica

Durante la primera guerra púnica, Cartago se enfrentó a Roma por el control de la isla de Sicilia. Cartago perdió y Roma se convirtió en una gran potencia naval.

264-241 a. C.

Segunda guerra púnica

El general cartaginés Aníbal lideró un ejército, con elefantes incluidos, de España a Italia. Tras tres grandes victorias, finalmente Roma le derrotó y se convirtió en la gran potencia del Mediterráneo.

ANÍBAL, EN UNA MONEDA CARTAGINESA

218-201 a. C.

Tercera guerra púnica

Los romanos conquistaron y destruyeron Cartago. Tomaron el control de todo el territorio cartaginés y esclavizaron o mataron a toda la población.

149-146 a. C.

Los fenicios

La civilización fenicia surgió en las ciudades portuarias del actual Líbano, en Oriente Medio. A pesar de no disponer de imperio terrestre, los fenicios se convirtieron en los principales mercantes marinos del Mediterráneo a partir del 1200 a. C.

Las ciudades fenicias más importantes eran Biblos, Tiro y Sidón, cada una con su propio monarca. Los habitantes de estas ciudades no se consideraban miembros de un único país, sino que fueron los griegos los que les denominaron fenicios, a partir de *phoinos*, rojo oscuro, quizá por su producto más caro, un tinte conocido como púrpura de Tiro. Los fenicios fueron los más grandes navegantes del mundo antiguo. Además de sus viajes por el Mediterráneo, exploraron la costa atlántica de Europa y la costa occidental de África.

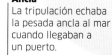

Cabeza de caballo
El mascarón de proa podía ser en honor a Yam, el dios fenicio del mar. Igual que Poseidón, el dios griego del mar, Yam también era venerado como el dios de los caballos.

Recipiente de agua
Esta gran ánfora (jarro de cerámica) contenía agua para la tripulación.

Colmillos de marfil
Los artesanos fenicios creaban esculturas de marfil, obtenido de los colmillos de los elefantes del norte de África, para producir paneles decorativos.

Telas
Se tejían y teñían rollos de tela en los talleres fenicios.

Ancla
La tripulación echaba la pesada ancla al mar cuando llegaban a un puerto.

Según la Biblia, se usó **madera de cedro fenicia** para el tejado del **templo de Salomón en Jerusalén**.

El explorador cartaginés **Hannón el navegante** exploró la **costa oeste de África** en el siglo V a. C.

33

Púrpura de Tiro
Este vívido tinte de color púrpura era una de las exportaciones más preciadas de los fenicios.

Barco mercante fenicio

Con sus grandes y anchos cascos redondos, los barcos mercantes fenicios podían transportar grandes cantidades de carga. Eran lentos pero estables y podían navegar a vela o, si cesaba el viento, a fuerza de remos. Algunos relieves de Asiria en Oriente Medio antiguo muestran estos barcos con una cabeza de caballo como mascarón de proa. Los griegos llamaban *hippoi* (caballos) a estos barcos.

Vela cuadrada
Con una única vela, era complicado navegar con el viento de cara.

Timón de espadilla
Dos remos, o espadillas, en la popa del barco (la parte posterior) servían para cambiar de dirección.

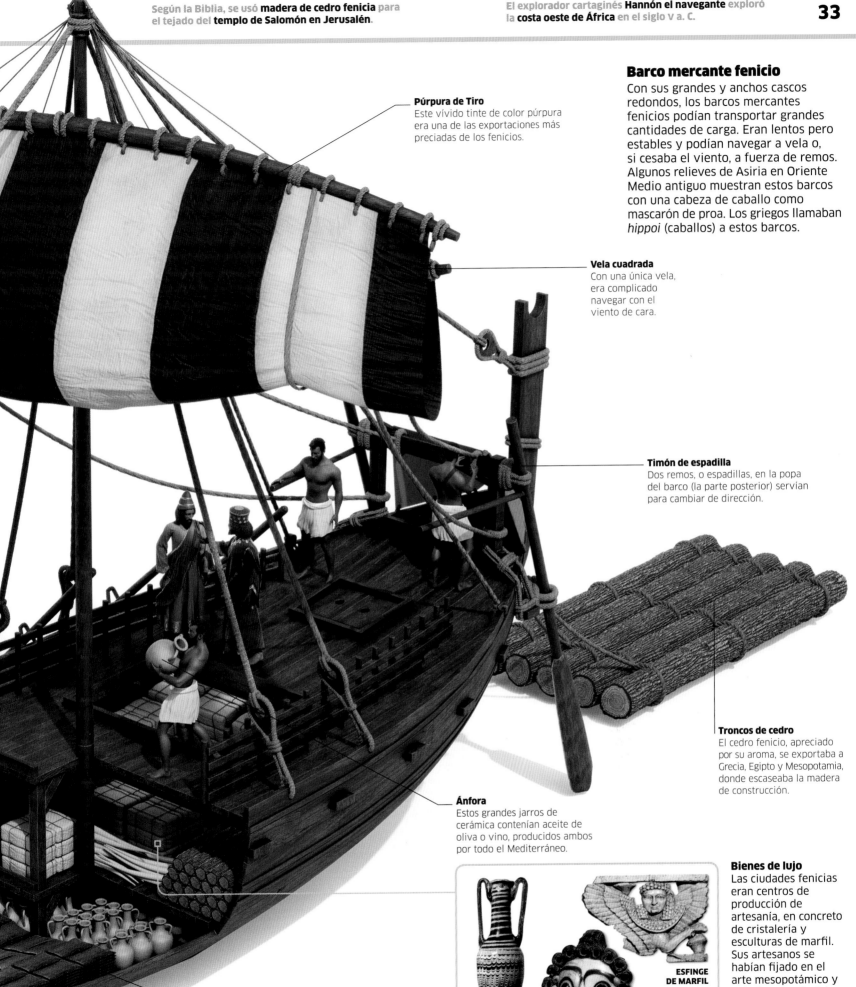

Troncos de cedro
El cedro fenicio, apreciado por su aroma, se exportaba a Grecia, Egipto y Mesopotamia, donde escaseaba la madera de construcción.

Ánfora
Estos grandes jarros de cerámica contenían aceite de oliva o vino, producidos ambos por todo el Mediterráneo.

Bienes de lujo
Las ciudades fenicias eran centros de producción de artesanía, en concreto de cristalería y esculturas de marfil. Sus artesanos se habían fijado en el arte mesopotámico y egipcio, y los fenicios popularizaron estos estilos por todo el Mediterráneo.

ESFINGE DE MARFIL

COLGANTE DE CABEZA BARBUDA

ÁNFORA DE CRISTAL

Lingotes de cobre piel de buey
El cobre, de Chipre, se mezclaba con estaño para crear una pieza de bronce. Con sus asas en las esquinas, la forma del lingote recordaba a una piel de buey.

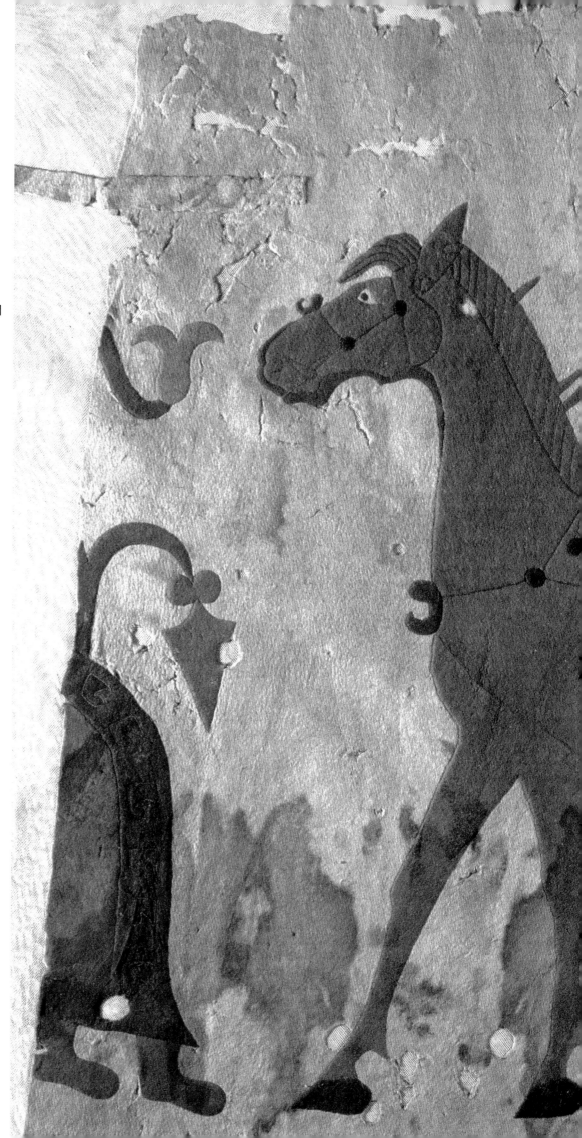

Pueblos de las estepas

En el mundo antiguo, las estepas de Europa y Asia eran el hogar de tribus de nómadas, que vivían moviéndose de un lugar a otro buscando pastos frescos para sus caballos, ovejas, vacas y cabras.

Los habitantes de las estepas solían vivir en pequeñas tribus. La potencia y velocidad de sus caballos hacían de ellos guerreros temibles; por ello, cuando estos grupos de nómadas se unieron, se convirtieron en una gran amenaza para las civilizaciones asentadas en Oriente y Occidente. Los más peligrosos fueron los hunos, que conquistaron grandes áreas de Asia y Europa durante los siglos IV y V d. C.

c. 3500-3000 a. C.
Se domó por primera vez el caballo en las estepas de Asia. Los humanos tenían su primer método de transporte rápido.

215-212 a. C.
El primer emperador de China ordenó la construcción de una barrera a lo largo de la frontera septentrional de China. La Gran Muralla se levantó para evitar ataques de las tribus xiongnu que controlaban gran parte del norte y centro de Asia el siglo III a. C.

c. 370 d. C.
Las primeras noticias de los hunos llegaron a Europa cuando empezaron a conquistar a los pueblos vecinos arrasándolo todo hacia el oeste desde las tierras más allá del río Volga, en la actual Rusia occidental.

c. 900-200 a. C.
Los escitas, un grupo de tribus nómadas que vivían en las estepas al norte del mar Negro, ampliaron su control hacia el este, a través de Siberia en el noreste de Rusia hasta las puertas de China.

Siglo I a. C.
Los kushanes unieron el pueblo nómada yuezhi y crearon un imperio que cubría Afganistán, partes de Asia central y el norte de la India. La dinastía kushán mantuvo el control de estas regiones hasta el siglo III d. C.

441-453 d. C.
El cabecilla de los hunos, Atila, lanzó una serie de ataques para tomar el control de las tierras de Europa central y oriental; No obstante, tras su muerte el 453 d. C., el imperio se desmoronó.

Guerrero montado
Este mural de una tumba escita del valle de Pazyryk en Siberia muestra un jinete con la funda del arco en la pierna. El arco corto era una potente arma para las tribus nómadas de las estepas y se usaba para la guerra y la caza.

36   el mundo antiguo • EUROPA CELTA

4147   Número de **castros** identificados como celtas
hasta el momento en **Gran Bretaña e Irlanda**.

Europa celta

Los antiguos celtas fueron un pueblo que vivía en tribus por toda la Europa continental y las islas británicas. La civilización celta llegó a su apogeo entre los siglos VI y I a. C.

La palabra *celta* viene de «keltoi», el nombre griego de un pueblo que vivía por Europa. Los romanos les denominaban «galli» («bárbaros»), o galos, y de ahí los nombres de algunas de las áreas que ocupaban: Galia (Francia), Galicia (en España) y Galacia (Turquía). Los celtas se dividían en cientos de tribus y no se consideraban un pueblo único. Aun así, compartían creencias religiosas y costumbres; eran unos artistas de talento, capaces de crear piezas de metal de intrincados patrones. Sus idiomas, como el galés y el gaélico, todavía se hablan hoy en día; sus hablantes se consideran celtas.

CULTURAS DE LOS CELTAS

Aunque los celtas eran tribus separadas, compartían costumbres y estilos de arte, que cambiaron con el paso del tiempo para dar paso a nuevas culturas. Todas las culturas celtas eran famosas por su habilidad para trabajar el bronce.

Cultura de los campos de urnas

Las personas de esta cultura (*c.* 1300-750 a. C.) fueron los antepasados de los celtas y vivieron en Europa central y oriental y el norte de Italia. El nombre hace referencia a sus prácticas funerarias: incineraban a los muertos y dejaban sus cenizas en urnas. Las cenizas de los soberanos guerreros se enterraban con armas, armaduras y ornamentos de bronce.

Urna de cerámica
Esta urna de Taranto, Italia, contenía cenizas mortuorias.

Cultura de Hallstatt

La cultura de Hallstatt, la primera cultura celta auténtica según los historiadores modernos, debe su nombre a un antiguo cementerio celta hallado en la actual Austria. El comercio enriqueció a los habitantes de Hallstatt, sobre todo gracias a la sal de sus minas. Esta cultura era famosa por sus armas de bronce y patrones geométricos, y se popularizó por Europa, desde el río Loira en la actual Francia hasta el río Danubio en Europa central. Los Hallstatt no incineraban a sus muertos, sino que los enterraban con ofrendas para los dioses.

Collar de Hallstatt
El patrón lineal de este collar de bronce, hallado en la actual Polonia, es típico de la cultura de Hallstatt. Lo más probable es que sea del siglo VI a. C.

Cultura de La Tène

La metalurgia céltica pasó a partir de *c.* 450 a. C. de los patrones geométricos de la cultura de Hallstatt a usar líneas fluidas y curvas. Esta nueva cultura recibe su nombre por La Tène, en Suiza, donde los celtas tiraron diversos elementos de oro y bronce en un lago como ofrendas. La costumbre de La Tène de ofrecer preciosas piezas de metal al agua era muy habitual. El escudo de Battersea, abajo, se halló en el río Támesis en 1857.

Tapa de un escudo
El escudo de Battersea realmente es solo una tapa: era para colocarse sobre un escudo de madera. Es de bronce y está decorado con cristal rojo.

VIDA CELTA

Las tribus celtas eran lideradas por sus jefes, reyes y reinas. La sociedad celta se dividía en clases, casi toda la tierra era de los guerreros nobles; la mayoría de las personas eran agricultores pobres. También había otros oficios, como bardos (poetas y cantantes), sacerdotes, artesanos y mercaderes. Los prisioneros de guerra se convertían en esclavos de los celtas.

Casas celtas

La típica casa celta era una estructura redonda con tejado de paja, conocida como casa circular, y una única estancia. La diferencia principal entre los ricos y los pobres era el tamaño de la casa circular. En Europa occidental había muchos castros, aldeas de casas redondas rodeadas por fosos, zanjas y empalizadas (murallas de troncos acabados en punta). A partir del siglo III a. C. los celtas de Europa empezaron a construir pueblos más grandes, que los romanos llamaban *oppida*. Gracias a la influencia de los estilos de construcción romanos, muchas de estas *oppida* contaban con casas rectangulares en lugar de redondas.

La casa circular por dentro
Esta casa circular de Castell Henlyss en Gales fue excavada y reconstruida en la década de 1980.

LOS CELTAS Y ROMA

Gran parte de lo que sabemos actualmente de los celtas es gracias a las escrituras de los antiguos romanos, contra quienes lucharon durante siglos para acabar perdiendo casi toda la Europa celta. Los romanos coincidieron con los celtas por primera vez hacia el 390 a. C., cuando un gran número de tribus celtas cruzó los Alpes hasta llegar al actual norte de Italia.

Los galos atacan Roma

El 390 a. C. una de las tribus galas (celtas) de Italia, los senones, infligieron una humillante derrota a Roma. Tras acabar con los romanos en la batalla, los senones capturaron y saquearon la mismísima Roma. Sin embargo, no consiguieron tomar la crucial colina Capitolina porque una bandada de ocas, consagradas por la diosa romana Juno, dieron la alarma. Los romanos ofrecieron oro a los senones para que abandonaran la ciudad.

ESCULTURA ROMANA DE LAS OCAS SAGRADAS DE JUNO

La tierra que los romanos denominaban Galia cubría gran parte de la actual Europa occidental e incluía toda **Francia, Luxemburgo y Bélgica**.

75 000 Número calculado de **romanos y britanos** muertos por los **ejércitos de Boudica**.

37

Religión celta

Los celtas veneraban a cientos de dioses. Cada grupo tenía sus propios dioses, pero algunos se solapaban: por ejemplo, es posible que la inspiración de la diosa irlandesa Badb fuera la diosa gala Catubodua. Los celtas realizaban preciosas ofrendas a sus dioses en ríos, lagos y estanques, que consideraban entradas al más allá. También se sacrificaban animales y personas de maneras muy complejas para ofrecerlos a los dioses. En la Gran Bretaña y la Galia, estos sacrificios iban a cargo de los druidas, unos sacerdotes. El druidismo fue una de las pocas religiones que prohibieron los romanos.

Dios de los animales salvajes
Es posible que el caldero de Gundestrup, un recipiente de plata hallado en un pantano danés, muestre a Cernunnos, el dios cornudo de la naturaleza de los celtas. El diseño del caldero muestra influencias de diversas culturas.

César conquista la Galia

Entre el 58 y el 51 a. C. el general romano Julio César libró una serie de guerras para conquistar la Galia. César también dirigió dos expediciones a través del mar hasta Gran Bretaña los años 55 y 54 a. C. En el libro *La guerra de las Galias* narró la historia de sus campañas y describió la sociedad y costumbres celtas. La victoria definitiva de César sobre el pueblo galo fue la captura del *oppidum* Alesia en la actual Francia, la fortaleza del rey Vercingétorix.

Rendición gala
Vercingétorix se rindió a César en Alesia. César se lo llevó a Roma, donde lo exhibió cargado de cadenas en una triunfal procesión antes de ejecutarlo.

Romanos y britanos

El 43 d. C. un ejército del emperador romano Claudio invadió la Gran Bretaña y conquistó rápidamente su parte sudeste. Por el 84 d. C. los romanos dominaban casi toda la Gran Bretaña, a pesar de la resistencia de los líderes celtas. Al contrario que los galos, que dejaron de hablar sus idiomas, muchos britanos continuaron hablando idiomas celtas en lugar de latín. El estilo de vida celta continuó en Escocia e Irlanda, que quedaron sin conquistar.

Reina guerrera
El 60 d. C. la reina Boudica de la tribu de los icenos, ayudada por sus hijas, lideró un levantamiento contra el dominio romano. Su ejército arrasó tres pueblos romanos antes de ser derrotado.

38 el mundo antiguo ∘ **EL IMPERIO PERSA**

10 000 Número de guerreros en el **ejército de élite persa** conocido como los «**inmortales**».

Tesorería

Sala de las 100 columnas

Apadana (sala de audiencias)

Cuerpo de guardia

Puerta principal

El palacio de Persépolis

El rey Darío I empezó a levantar su palacio en Persépolis hacia el 515 a. C. Su hijo Jerjes lo completó al cabo de 30 años e hizo construir una sala con 100 columnas al lado de la enorme sala de audiencias de su padre.

Torre angular
Puede que las cuatro torres albergaran salas de guardia y escaleras.

Ciro el Grande

El imperio fue fundado por el rey Ciro de Persia (que reinó entre los años 559-530 a. C.), conocido más tarde como Ciro el Grande. Tras conseguir rebelarse contra su señor, el rey Astiages de Media, Ciro y su ejército se dirigieron a la conquista del Imperio babilónico y Lidia, en Asia Menor.

La sala de audiencias de Darío I

La parte más importante del palacio era la Apadana, la sala de audiencias donde Darío recibía las visitas de gobernadores y embajadores de otras tierras. Esta sala, enorme y preciosa, se diseñó para mostrar el poder del rey e impresionar a los visitantes.

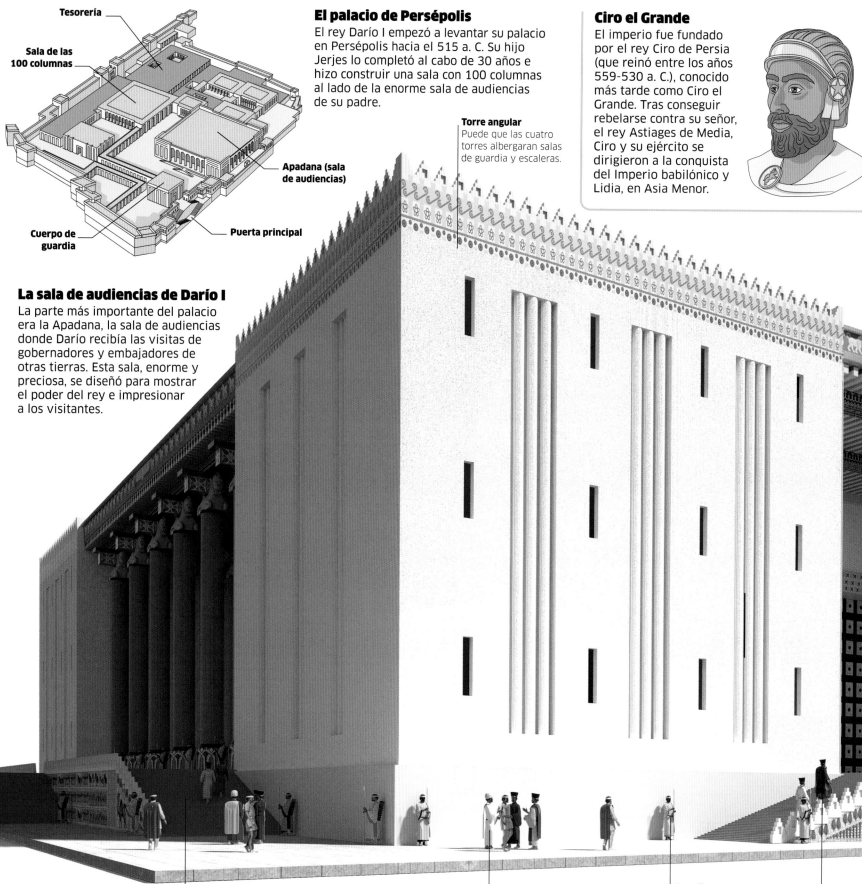

Escaleras de la cara este
Las escaleras del este también estaban decoradas con relieves de procesiones de súbditos visitantes.

«**Que Ahura Mazda**
me proteja a mí y a mi reino»

Darío I, en una inscripción de Persépolis

Portadores de tributos
Los visitantes de todo el imperio traían los regalos tributados para el rey el día de año nuevo.

Guardia persa
La guardia real estaba compuesta por 1000 nobles persas.

Funcionarios persas
Los funcionarios de la corte llevaban sombreros altos para distinguirse.

Persépolis es un nombre griego que significa «**ciudad de los persas**».

330 a. C. Año del **asesinato de Darío III, el último soberano** del Imperio persa.

39

AHURA MAZDA

Religión persa

Los reyes persas aseguraban que gobernaban en nombre del dios supremo, Ahura Mazda («dios sabio»), considerado el protector del rey y el imperio. Su representación artística era un hombre saliendo de un disco alado. La antigua religión persa se denomina zoroastrismo.

Auge del Imperio persa

El hijo de Ciro el Grande, Cambises II (reinó en 529-522 a. C.), conquistó Egipto, y bajo el mando de Darío (reinó en 522-486 a. C.) el Imperio persa se amplió hacia el noroeste de la India y Europa. Darío fue quien organizó el imperio en satrapías, además de fundar la nueva capital, Persépolis. Este mapa muestra el Imperio persa aproximadamente el 500 a. C., durante el reinado de Darío I.

MACEDONIA
TRACIA
Mar Negro
Mar Caspio
JONIA
LIDIA
LICIA
Mar Mediterráneo
MEDIA
• Babilonia
• Jerusalén
EGIPTO
• Persépolis
Mar Rojo

Clave
Imperio persa, c. 500 a. C.

Mar Arábigo

Esculturas de toros
Los pilares tenían esculturas de toros de dos cabezas. La fuerza del toro se asociaba a la monarquía.

Pilares
Las 72 columnas, cada una de 20 m de altura, sostenían las vigas de madera del tejado.

El Imperio persa

Entre los siglos VI y IV a. C. el Imperio persa fue la primera superpotencia del mundo. En su apogeo abarcó tres continentes, desde Egipto al noroeste de la India.

El imperio estaba dividido en 20 satrapías (provincias), cada una con un sátrapa (gobernador), normalmente un noble persa nombrado por el gran rey del imperio. Las provincias pagaban tributos (regalos como oro, marfil o esclavos) al rey, aportaban soldados a los ejércitos y recibían duros castigos si se rebelaban. En caso contrario podían hacer y deshacer a su antojo; los habitantes de las provincias podían conservar su idioma, costumbres y religiones, algo poco usual en un imperio antiguo.

Cronología

Las guerras médicas
Darío gobernó en muchas ciudades griegas. El 499 a. C. se rebelaron contra su dominio gracias a la ayuda de los griegos occidentales, de Atenas y Eretria. Tras aplastar la rebelión, Darío juró conquistar toda Grecia.

492 a. C. Primera invasión griega de Darío
Un ejército persa dirigido por Mardonio, el yerno de Darío, penetró en Europa. Los persas conquistaron Tracia y el reino de Macedonia, al norte de Grecia.

490 a. C. Batalla de Maratón
Darío envió otro ejército por mar para invadir Grecia. Los persas capturaron muchas islas griegas y saquearon Eretria, pero un ejército ateniense les infligió una derrota decisiva en Maratón.

UN PERSA (IZQUIERDA) LUCHA CONTRA UN GRIEGO

480-479 a. C. Segunda invasión de Jerjes
Jerjes I, el hijo de Darío, también intentó conquistar Grecia. Los persas derrotaron a los griegos en las Termópilas y saquearon Atenas, pero perdieron una batalla naval en Salamina y otra terrestre en Platea.

479-448 a. C. Paz de Calias
Una alianza de ciudades griegas marineras lideradas por Atenas se propuso liberar a los griegos orientales del yugo persa. Tras las victorias griegas de Tracia y Jonia, la guerra finalmente acabó con un tratado de paz.

Escena real
Un relieve en las escaleras de la cara norte (que acabó en la tesorería) mostraba a Darío I en su círculo interior.

Muro de los portadores de tributos
Los relieves esculpidos mostraban a los pueblos del imperio, con su vestido nacional, trayendo los regalos. Cuando los portadores de tributos se acercaban a la sala, pasaban ante estas imágenes de ellos mismos.

El mundo heleno

En el siglo IV a. C. las conquistas de Alejandro Magno de Macedonia abrieron un nuevo período en la historia antigua. El período helenístico (de «heleno», griego) vio la popularización de la cultura griega hacia el sur, hasta Egipto, y el este, hasta el actual Afganistán.

En las nuevas ciudades helenas, como Alejandría en Egipto, las personas adoptaban la moda griega y veneraban a los dioses griegos, como Zeus y Poseidón, aunque a veces les daban nombres diferentes. El griego antiguo se convirtió en la lengua común del Mediterráneo oriental y Oriente Medio. La influencia del arte griego llegó aún más lejos: los escultores del subcontinente indio se inspiraron en sus formas artísticas para representar el cuerpo humano.

Luz guía
El faro era la única séptima maravilla del mundo antiguo que suponía un beneficio práctico para las personas: su luz quemó durante siglos y salvó la vida de un sinfín de marinos guiándoles hacia la seguridad del puerto de Alejandría.

Sección cilíndrica
Dentro de esta parte superior del faro, que medía unos 21 m, un sistema de poleas y cuerdas subía el combustible hasta el fuego.

Sección octogonal
Se cree que la sección intermedia del faro era octogonal (de ocho caras) y que medía unos 30 m.

Sirenos
Cada esquina de la sección cuadrada que formaba la base de la torre contaba con una estatua del dios Tritón, el mensajero de las profundidades marinas, que tenía torso humano y cola de pez.

«La primera ciudad del mundo civilizado»

Diodoro de Sicilia sobre Alejandría, *Bibliotheca historica*, siglo I a. C.

Estatua de un dios
Coronando el faro había la estatua de uno de los dioses griegos, quizá Zeus, rey de los dioses; Poseidón, dios del mar, o Helios, dios del Sol.

Señal de espejo
Durante el día un espejo de bronce pulido reflejaba la luz de los rayos del Sol para orientar a las naves.

Cámara para el fuego
Al anochecer se encendía un gran fuego para orientar a los barcos y se mantenía encendido toda la noche.

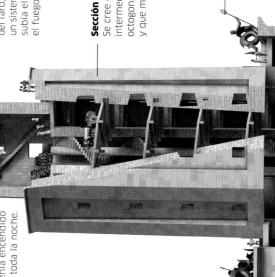

Alejandro Magno
El 336 a. C., con tan solo 20 años, Alejandro se convirtió en el rey de Macedonia, un antiguo reino alrededor de las ciudades estado de Grecia. Tras unir Grecia bajo su mando, Alejandro dirigió un descomunal ejército hacia Asia. En una racha de victorias conquistó el Imperio persa para continuar e invadir la India. El imperio de Alejandro era el mayor que había visto el mundo; aun así, se desintegró rápidamente a su muerte el 323 a. C.

Un héroe griego
Las monedas griegas de Alejandro le muestran con la piel de león de Heracles, héroe de la mitología griega.

Imperio de Alejandro
El legado de Alejandro fue la fundación de más de 30 ciudades nuevas, que creó con griegos y macedonios. De estas, 20 llevaban el nombre de Alejandría en su honor; la mayor de ellas fue la Alejandría de Egipto, una gran ciudad portuaria de la costa mediterránea.

Clave

Imperio de Alejandro
Regiones dependientes
↑ Ruta de Alejandro
■ Ciudad fundada por Alejandro
✕ Batalla importante

Pella
Atenas
Mar Negro
Sardes **334 a. C.** ✕
Gordio
Isos **333 a. C.** ✕
Tiro **332 a. C.** ✕
Damasco
Gaza **332 a. C.** ✕
Alejandría
Mar Mediterráneo
Menfis
Siwa
Mar Rojo

Mar Caspio
Samarcanda
Nínive **331 a. C.** ✕
Ecbatana
Babilonia **331 a. C.** ✕
Susa
Pasargada
Mashhad
Bactria **327 a. C.** ✕
Sangela **326 a. C.** ✕
Battala
Guadar
Mar Arábigo

0   500   1000 km
0   250   500 millas

Cleopatra VII
La última soberana efectiva del Egipto ptolemaico fue Cleopatra VII. A su muerte, el Imperio romano tomó el control de Egipto.

Egipto ptolemaico
Tras la muerte de Alejandro, sus generales fragmentaron el imperio en reinos separados. Ptolomeo, un amigo de Alejandro, se hizo con Egipto y se nombró faraón. Fue el primero de una dinastía de soberanos macedonios, todos bajo el nombre de Ptolomeo, mientras que sus reinas se llamaban Berenice o Cleopatra. En las monedas usadas por todo el reino, los ptolomeos se representaban según el estilo artístico griego, mientras que en las paredes de los templos aparecían como faraones egipcios tradicionales.

Se calcula que el **faro de Alejandría** medía como mínimo **110 m de altura**.

41

El faro de Alejandría

En el siglo III a. C. los soberanos griegos levantaron un enorme faro en la isla de Faro, un islote al lado del puerto de Alejandría. El faro se mantuvo en pie durante más de 1500 años. Era tan famoso que el Imperio romano usó la palabra faro para designar este tipo de construcciones o similares con el mismo propósito.

Sección cuadrada
Se cree que la base de la torre media 61 m de alto y contenía almacenes, dormitorios e incluso un observatorio.

Pasarela
La llegada de suministros al faro se realizaba a través de una pasarela que conectaba la isla con Alejandría.

Base protectora
Una base que se elevaba 6 m por encima de la isla protegía al faro de las tormentas marinas.

Bestia de carga
El interior del faro estaba repleto de rampas para que los animales pudieran tirar de los carros de combustible hasta arriba.

Defensa de la torre
La base del faro contaba con una guarnición de soldados para protegerla de cualquier ataque.

Maravillas antiguas

El faro de Alejandría era una de las siete maravillas del mundo, una lista de vistas y monumentos espectaculares hecha por escritores griegos viajeros durante el siglo II a. C. Todas ellas quedaban dentro de los límites del mundo heleno de Grecia, Egipto y Asia occidental.

Gran pirámide de Guiza
Construida para el faraón Keops en 2589-2566 a. C., la gran pirámide es la única maravilla que ha llegado a nuestros días.

Jardines colgantes de Babilonia
Es posible que este jardín escalonado, una gran obra de ingeniería, no hubiera existido.

Templo de Artemisa en Éfeso
Quedó reducido a cenizas dos veces antes de reconstruirse el 324 a. C. Duplicaba en tamaño a cualquier otro templo griego.

Estatua de Zeus en Olimpia
Hacia el 435 a. C. el escultor griego Fidias creó esta estatua de oro y marfil de 13 m que representaba al padre de los dioses.

Coloso de Rodas
Erigido el 280 a. C., esta estatua de bronce de 33 m de altura del dios del Sol, Helios, se levantaba sobre el puerto de Rodas.

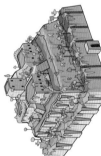

Mausoleo de Halicarnaso
Esta descomunal tumba se construyó para el rey Mausolo de Caria, en el Imperio persa, hacia el 350 a. C.

India antigua

En el sur de Asia, una de las primeras grandes civilizaciones del mundo, los indos, proliferó a partir del 2800 a. C. Al cabo de 2000 años, los Maurya, seguidos siglos después por los Gupta, esculpieron sus propios imperios en la región.

Los habitantes del valle del Indo (actual Pakistán, levantaron las primeras ciudades planificadas del mundo, con sofisticados sistemas de agua corriente y alcantarillas. Sin embargo, hacia el 1800 a. C. la civilización del Indo se había perdido, posiblemente por alguna inundación o la guerra. No fue hasta que surgió el Imperio Maurya cerca del 321 a. C. que se unificó la mayoría de la India por primera vez. Tras la caída de los Maurya, surgió el Imperio Gupta en el siglo IV d. C., y empezó una edad de oro para el arte y la ciencia de la India. En la antigua India nacieron dos de las grandes religiones del mundo: el hinduismo y el budismo.

c. 2500 a. C.
Los habitantes del valle del Indo empezaron a comerciar con los sumerios de Mesopotamia en Oriente Medio.

c. 1500 a. C.
Tras la caída de los indos, un pueblo conocido como indoarios migró de Asia central a la India. Hablaban sánscrito, idioma que se popularizó en toda la región. Los himnos en sánscrito, conocidos como vedas, son los primeros textos hindúes.

321-303 a. C.
Inspirado por la invasión de la India por Alejandro Magno los años 326-325 a. C., Chandragupta Maurya conquistó el norte de la India y fundó el Imperio Maurya.

268-232 a. C.
Tras ampliar el Imperio Maurya, Asoka el Grande, el tercer emperador, abandonó la guerra. Se convirtió al budismo y envió misioneros a diseminar su religión a Sri Lanka y Asia central.

320-330 d. C.
Chandragupta I conquistó el noroeste de la India y fundó el Imperio Gupta. Si bien los Gupta eran hindúes, promovían también el budismo.

380-415 d. C.
Chandragupta II gobernó el Imperio Gupta. Patrocinó la ciencia y el arte; los astrónomos y matemáticos del Imperio Gupta eran los más avanzados del mundo en su tiempo.

Entrada a la gran estupa de Sanchi
Asoka el Grande erigió muchas estupas, montículos sagrados con reliquias de Buda y otros maestros budistas. Otros soberanos posteriores mejoraron las estupas de Sanchi, en la India central. Esta entrada esculpida es de la gran estupa de Sanchi, construida el siglo I a. C.

70 000 trabajadores construyeron la tumba del emperador.

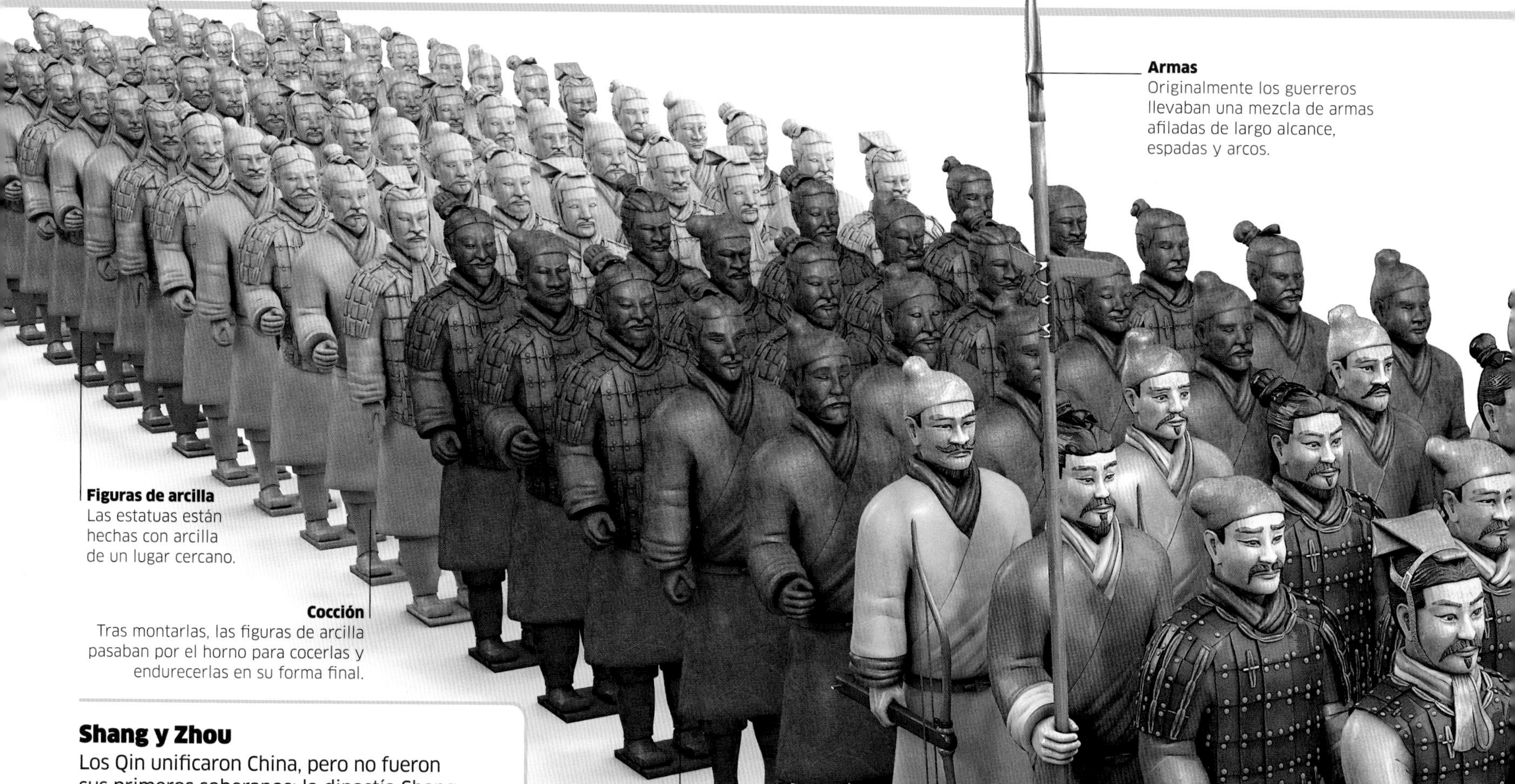
Armas
Originalmente los guerreros llevaban una mezcla de armas afiladas de largo alcance, espadas y arcos.
Figuras de arcilla
Las estatuas están hechas con arcilla de un lugar cercano.
Cocción
Tras montarlas, las figuras de arcilla pasaban por el horno para cocerlas y endurecerlas en su forma final.
Laca negra
Tras la cocción, las estatuas se cubrían con laca, un barniz que les daba una capa base antes de pintarlas.
Figuras pintadas
La última etapa era pintar con vivos colores cada soldado.

Shang y Zhou

Los Qin unificaron China, pero no fueron sus primeros soberanos: la dinastía Shang (*c.* 1600-1046 a. C.) del norte de China desarrolló la primera escritura china; los Zhou (1046-256 a. C.) conquistaron a los Shang y bajo su mando la escritura china se acercó a la escritura actual.

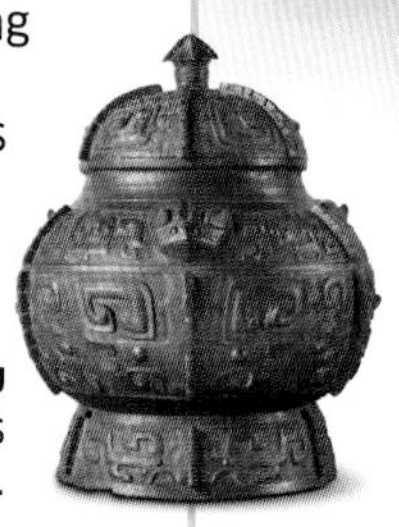

Bronce Zhou
Los Zhou producían preciosos recipientes de bronce para sus rituales y ceremonias.

El período de los Reinos combatientes

Al principio del período de los Reinos combatientes (475-221 a. C.), China estaba dividida en muchos reinos pequeños, siempre en guerra entre ellos. Hacia el siglo III a. C. ya solo quedaban siete estados. Entre el 230 y el 221 a. C. el estado occidental de Qin conquistó el resto de los reinos, uno tras otro.

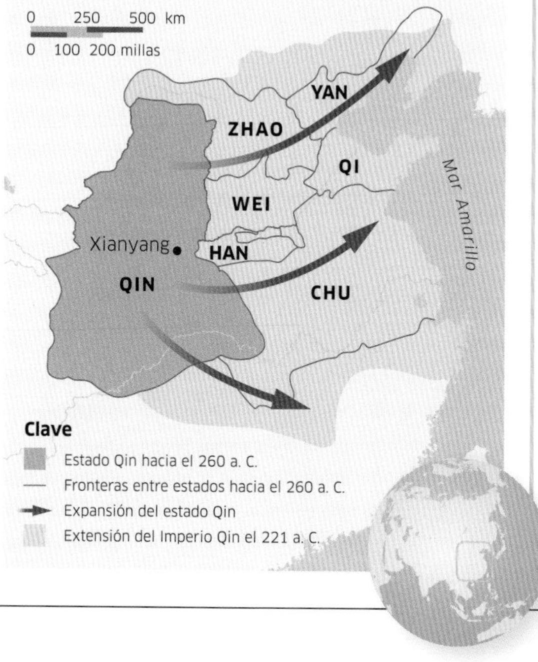
0 250 500 km
0 100 200 millas
YAN
ZHAO
QI
WEI
Mar Amarillo
Xianyang
HAN
QIN
CHU
Clave
Estado Qin hacia el 260 a. C.
Fronteras entre estados hacia el 260 a. C.
Expansión del estado Qin
Extensión del Imperio Qin el 221 a. C.

El primer emperador de China

En el siglo III a. C., el estado de Qin era uno de los siete reinos combatientes en la región que actualmente conocemos como China. Hacia el 221 a. C. Qin había conquistado los reinos vecinos y gobernaba sobre un único país. El rey de Qin se impuso el título Shi Huangdi: el primer emperador.

Qin Shi Huangdi obligó a todos los habitantes de China a adoptar el mismo sistema de escritura y la misma moneda; fijó las mismas unidades de peso y longitud por todo el imperio. Forzó a los obreros a construir redes de carreteras y canales por todo el país, además de una gran muralla para evitar invasiones por la frontera norte. Gobernó con tanta dureza que nunca gozó de popularidad; la dinastía Qin solo duró cuatro años después de su muerte, el 210 a. C.

40 000 armas de bronce se enterraron con los guerreros de terracota.

670 estatuas de caballos de terracota se enterraron con los guerreros.

45

Los guerreros de terracota

Qin Shi Huangdi fue sepultado en una tumba descomunal. Se excavaron unos fosos en los que se enterraron más de 7000 estatuas de guerreros a tamaño real. Las estatuas eran de terracota, un tipo de cerámica, pero muchas llevaban armas de verdad. Los guerreros fueron enterrados con el emperador para protegerle en el más allá.

Punta de lanza de bronce
Las lanzas de madera tenían una hoja de bronce en la punta.

Arma de largo alcance
El *ge* se componía de una hoja de bronce en forma de daga al final de un palo de madera.

Moño
Los soldados rasos llevaban el pelo recogido en un moño hacia la derecha.

Oficial
Un pequeño foso de estatuas enterradas con el emperador no contenía soldados, sino un grupo de oficiales de la corte.

Tocado
La forma del tocado de los oficiales indicaba su rango.

Armadura
La antigua armadura china estaba compuesta por piezas de cuero cosidas.

Espadas
Las espadas tenían hojas de bronce, pero estaban cubiertas por una protección para evitar que se oxidaran.

«Agitando su largo látigo, el
primer emperador
puso el mundo a sus pies»

Jia Yi, *Los fallos de Qin*, c. 170 a. C.

Todas las cabezas vienen de ocho moldes diferentes

Para brazos, manos y armadura había moldes separados.

La parte inferior de la indumentaria se hizo a mano con tiras de arcilla.

Las piernas y la base eran lo primero en modelarse.

Modelado de las estatuas

Las estatuas se hacían por piezas. La cabeza y las extremidades se hacían con moldes. Después, los artistas daban forma a mano a la nariz, la boca, los ojos y la barba. Cada guerrero tenía su propia cara; es posible que fueran retratos de gente real.

46   el mundo antiguo ∘ **CHINA HAN**

57 671 400   Población **de China registrada** en el **censo de Han** el año 2 d. C.

China Han

Tras la muerte del primer emperador de China en el año 210 a. C. el líder rebelde Liu Bang derrocó a la dinastía Qin y fundó la dinastía Han el 202 a. C. Los Han gobernaron China durante más de 400 años y fundaron gran parte de las tradiciones y valores de la cultura china.

Los emperadores Han promovieron el confucianismo, una filosofía que aseguraba que todos tenían un lugar en la sociedad. También mejoraron el gobierno chino y crearon el calendario Taichu (chino tradicional), que aún continúa en vigor. Los Han fundaron nuevas rutas comerciales terrestres, conocidas como la ruta de la Seda, para unir China con las provincias orientales del Imperio romano.

EMPERADOR GAOZU

A principios del siglo III a. C. los chinos se rebelaron contra la odiada dinastía Qin. Liu Bang, que venía de una familia de campesinos, se convirtió en el líder rebelde y movilizó un ejército que tomó Xianyang, la capital Qin. Liu Bang tomó el control de China y adoptó el nombre de emperador Gaozu. Erigió una nueva capital en Chang'an, simplificó el gobierno chino y contrató a eruditos confucianos.

INVENTOS

Durante la dinastía Han, los chinos inventaron el papel, un sismómetro (un instrumento para detectar terremotos), la carretilla y la brújula, entre otras cosas. Por aquel entonces, los herreros chinos eran los mejores del mundo. Fabricaban forjas tan calientes que fundían el hierro hasta dejarlo líquido y poder verterlo después en moldes para crear todo tipo de armas y herramientas.

Papel
Alrededor del 105 d. C. el funcionario de la corte Cai Lun creó el primer papel con corteza, fibras de bambú y agua, más barato de producir que las hojas de bambú o seda.

Brújula
La primera brújula era una cuchara de metal equilibrada sobre una placa y que siempre apuntaba hacia el sur.

Detector de terremotos
En el 132 d. C. Zhang Heng, el erudito de los Han creó un recipiente de forma ovalada que detectaba las vibraciones de la Tierra. En caso de terremoto la bola de una de las cabezas de dragón caía en una boca de las ranas para que así los Han supieran en qué dirección había sucedido.

Carretilla
Las carretillas de los Han tenían una única rueda central que soportaba todo el peso de la carga. Los Han denominaban «bueyes de madera» a las carretillas.

2400 km: **longitud del Gran canal** construido por el **emperador Yang de la casa Han** entre los años 605 y 611.

6400 km: **distancia total aproximada** de la **ruta de la Seda** desde **China a Europa**.

47

COMERCIO

Los artesanos chinos eran expertos en crear preciosidades de seda, cerámica y metal, bienes que se comerciaban por toda Asia a través de la ruta de la Seda. El arte de producir seda a partir de los capullos del gusano de seda era un secreto chino muy codiciado. A los romanos ricos les encantaba la seda, pero no tenían la menor idea de cómo se hacía.

Arte en bronce
Los Han hacían muchas obras de arte con bronce. Los emperadores Han solían llenar sus tumbas de esculturas y ornamentos de bronce.

Seda
La señora Dai, una noble Han, fue enterrada en su tumba con una banderola de seda pintada de una manera intrincada.

TRAS LOS HAN

En el siglo II d. C., unas desastrosas inundaciones, una plaga de langostas y la hambruna devastaron China; los campesinos, desesperados, se rebelaron contra los Han. Los emperadores enviaron el ejército para detener las rebeliones, pero los generales cambiaron de bando y se convirtieron en caudillos locales. El dominio Han empezó a desmoronarse y el 220 d. C. Xian, el último emperador, abdicó (dejó el trono).

Los tres reinos

Entre el 220 y el 280 d. C. China estaba dividida en tres reinos: Shu en el oeste, Wei en el norte y Wu en el este. El soberano de cada reino afirmaba ser el emperador de China y estaban en guerra constante entre ellos. Wei tenía el reino más poderoso y conquistó Shu el 263 d. C.

Fundación de Wu
El emperador Dadi fundó el reino de los Wu y lo gobernó del 222 al 252 d. C.

Dinastía Jin

El 265 d. C. un general Wei se hizo con el poder y se proclamó emperador de la dinastía Jin. Conquistó el reino Wu, al este, el 280 d. C. y reunificó casi todo el país por poco tiempo. La dinastía Jin fue invadida por los reinos vecinos y cayó el 316 d. C.

Caligrafía
La caligrafía proliferó bajo los Jin. Wang Xizhi fue el mejor calígrafo de los Jin.

GOBIERNO HAN

En los primeros años de la dinastía Han, los funcionarios del gobierno chino eran nombrados basándose en recomendaciones de nobles y otros funcionarios. Pero el 165 a. C. el emperador Wen introdujo un nuevo sistema por el que los solicitantes debían superar unas oposiciones para acceder al cargo, lo que permitió que trabajaran más personas que nunca en el gobierno. Sin embargo, solo los hijos de las familias ricas podían permitirse la formación para aprobar el examen.

Eruditos confucianos

Los emperadores Han seguían los principios dictados por Confucio, filósofo chino de los siglos V y VI a. C. Confucio creía que las personas debían tratar a sus superiores con respeto y a sus súbditos con justicia. La relación entre el soberano y los súbditos se consideraba la más importante en la sociedad Han; muchos emperadores tenían especialistas de Confucio en sus cortes. El 124 a. C. el emperador Wu fundó la Universidad imperial, a fin de que los funcionarios estudiaran los textos de Confucio.

Eruditos en la corte imperial
Los emperadores Han invitaban a los principales eruditos a servir como consejeros en su corte. Aquí aparece Xian, el emperador Han, con un grupo de eruditos traduciendo textos clásicos.

Dinastías del Sur y del Norte

El 386 d. C. la dinastía Wei del Norte reunificó el norte de China. Mientras tanto, una serie de dinastías gobernaron la región sur de la actual China. Una nueva religión, el budismo, introducida por los mercaderes y misioneros de Asia central, se hizo muy popular por toda China.

ESCULTURA BUDISTA WEI DEL NORTE

Dinastía Sui

El 588 d. C. el emperador Wen reunificó China y fundó la dinastía Sui. El segundo y último soberano Sui, el emperador Yang, gobernó del 614 al 618 d. C. Obligó a cinco millones de personas a construir un canal para comunicar los ríos Amarillo y Yangtze.

El Gran canal
El Gran canal del emperador Yang une los dos grandes ríos de China y continúa siendo el canal más largo del mundo.

48 el mundo antiguo ∘ **ANTIGUA ROMA**

La lengua romana, denominada **latín**, fue la base de muchas **lenguas europeas modernas**.

Antigua Roma

Desde sus inicios en forma de grupo de asentamientos en las orillas del río Tíber, en Italia, el siglo VIII a. C., Roma creció hasta convertirse en un imperio que abarcaba gran parte de Europa y las tierras bañadas por el mar Mediterráneo.

En su momento de máximo esplendor, el Imperio romano iba desde la costa occidental de España hasta la actual Siria y desde el norte de Inglaterra hasta las orillas del mar Rojo; mandaba sobre el 25 % de la población del mundo. Famosa por su brillantez militar y su ingeniería, la civilización romana y su influencia resuenan aún hoy en día, ya que su derecho, arte, literatura, arquitectura y política continúan dando forma al mundo que nos rodea.

INICIOS DE ROMA

Cuenta la leyenda que Roma fue fundada por Rómulo y Remo, los hijos semihumanos del dios Marte. Los arqueólogos sugieren que el primer asentamiento, en un vado del río Tíber, se remonta más o menos al siglo VIII a. C. La joven Roma estaba muy influida por el pueblo etrusco, que iba del norte de Italia hasta Lidia (en la actual Turquía). Los etruscos llevaron el conocimiento de los sistemas de cloacas, el arte, la toga y las carreras de carros a Roma. De hecho, los soberanos de la ciudad fueron reyes etruscos hasta la fundación de la República.

Pintura de una tumba etrusca
Los etruscos eran famosos por su arte mural, además de por sus estatuas de bronce y terracota.

LA REPÚBLICA ROMANA

Según los primeros historiadores romanos, la República romana se fundó hacia el 509 a. C., cuando se derrocó al último rey romano, Tarquinio el Soberbio. Se sustituyó la monarquía por un sistema de funcionarios electos (magistrados), liderados por dos cónsules que trabajaban con un consejo de nobles, el Senado.

Ingeniería romana

Los romanos eran ingenieros experimentados e innovadores. Los ejércitos de Roma podían cubrir enormes distancias a través de una red de carreteras tan bien construidas que algunas continúan usándose en la actualidad. Los romanos levantaron acueductos para transportar agua a pueblos y ciudades y erigieron puentes para cruzar ríos. También diseñaron eficaces molinos, bombas, máquinas de asedio, presas e incluso la calefacción por suelo radiante.

Carreteras
Estaban compuestas por cinco capas y se diseñaban para que durasen mucho tiempo. Algunas carreteras romanas han llegado a nuestros días.

Acueductos
Los romanos construyeron colosales acueductos para llevar agua de lagos a los baños públicos, fuentes, casas y molinos.

Julio César

Julio César logró su apoyo tras ser un general brillante en el ejército romano; se hizo con el poder en Roma tras derrotar a su rival político, Pompeyo, en una guerra civil. Se convirtió en el hombre más poderoso de Roma, pero fue asesinado el 44 a. C. por un grupo de senadores ante el temor de que se coronara rey.

El magnicidio de César
El 15 de marzo (conocido como los idus de marzo en el calendario romano), un grupo de senadores denominados Liberadores apuñalaron a César hasta la muerte.

Cronología

Antigua Roma

Durante su historia Roma experimentó tres formas diferentes de gobierno: monarquía, república e imperio. En cada etapa su influencia fue creciendo cada vez más.

753 a. C.

Fundación de Roma
Apenas se sabe nada sobre los primeros días de Roma. Cuenta la leyenda que la fundaron los gemelos Rómulo y Remo. Durante una discusión Rómulo mató a su hermano, se convirtió en el primer rey y dio su nombre a la ciudad.

c. 509 a. C.

Roma se convierte en una república
Tras derrocar al último rey, Roma adoptó una nueva forma de gobierno: la república, gobernada por magistrados y cónsules. La República romana duró hasta el principio del Imperio romano, el 27 d. C.

264-146 a. C.

Guerras púnicas
La ciudad norteafricana de Cartago, en la actual Túnez, era el mayor rival de la República romana. Entre el 264 y el 146 a. C. Roma y Cartago libraron tres guerras. Al final Roma consiguió destruir literalmente a Cartago: redujo la ciudad a cenizas.

73-71 a. C.

Revueltas de Espartaco
Los romanos dependían de la mano de obra esclava. Entre 135 y 71 a. C. hubo tres grandes rebeliones de esclavos, la última de ellas liderada por Espartaco, un gladiador y general.

58-50 a. C.

Julio César en la Galia y Gran Bretaña
Entre el 58 y el 50 a. C. Julio César conquistó las tribus celtas de la antigua Galia y añadió casi todo el territorio de las actuales Francia y Bélgica a la República romana. También invadió Gran Bretaña el 55 y 54 a. C., pero no tuvo mucho éxito.

27 a. C.

Roma se convierte en un imperio
Tras el asesinato de César el 44 a. C. su sobrino nieto Octavio persiguió a los magnicidas y los derrotó. Se enfrentó a sus rivales hasta convertirse en el primer emperador de Roma. Adoptó el título de Augusto, «majestuoso».

1 millón de habitantes tenía como mínimo la ciudad de Roma el **siglo I d. C.**

Ninguna mujer, aunque hubiera nacido libre, podía **votar u ostentar cargo público** en la antigua Roma.

49

EL IMPERIO ROMANO

En su momento de máximo esplendor el 117 d. C., el Imperio romano cubría una superficie de unos 5 millones de km² e incluía decenas de millones de personas.

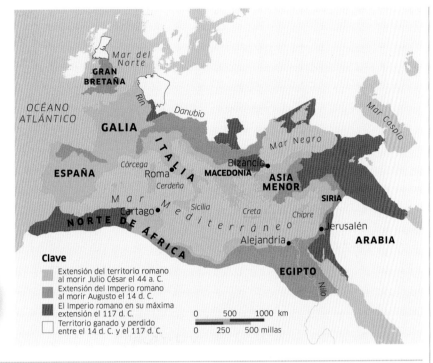

Clave
- Extensión del territorio romano al morir Julio César el 44 a. C.
- Extensión del Imperio romano al morir Augusto el 14 d. C.
- El Imperio romano en su máxima extensión el 117 d. C.
- Territorio ganado y perdido entre el 14 d. C. y el 117 d. C.

0   500   1000 km
0   250   500 millas

Primeros emperadores de Roma

Aunque Julio César nunca se convirtió en emperador de Roma, su hijo adoptivo y heredero Octavio sí lo hizo, y gobernó como Augusto. Fue el primero de una larga serie de emperadores. Algunos fueron estadistas fuertes y hábiles, mientras que otros abusaron del poder.

Augusto (27 a. C.-14 d. C.)
Augusto gobernó más de 40 años y fue uno de los emperadores de Roma más laureados.

Calígula (37-41 d. C.)
Famoso por su crueldad, Calígula se cuenta entre los muchos emperadores romanos asesinados.

Claudio (41-54 d. C.)
Un gran administrador, Claudio amplió el Imperio romano conquistando Gran Bretaña.

Nerón (54-68 d. C.)
Los últimos historiadores romanos le dieron a Nerón la reputación de ser un emperador cruel y egoísta.

Trajano (98-117 d. C.)
El soldado y emperador Trajano llevó al Imperio romano a su máxima extensión.

Adriano (117-138 d. C.)
Durante el reinado de Adriano se construyó un descomunal muro en Gran Bretaña que marcaba el límite del imperio.

Sociedad romana

- **Emperador**
  La persona más poderosa del Imperio romano.
- **Senadores**
  Legisladores ricos y poderosos que gobernaban Roma.
- **Équites**
  Familias nobles, a menudo ricas e influyentes.
- **Plebeyos**
  Personas trabajadoras, como obreros y mercaderes.
- **Libertos**
  Antiguos esclavos que habían recibido la libertad.
- **Esclavos**
  Los esclavos no tenían derechos y eran de sus propietarios.

Los habitantes del Imperio romano gozaban de diferentes derechos según su posición social. En la peor posición estaban los esclavos, que a menudo venían de países que Roma había conquistado. En la mejor posición, en cambio, estaban las familias de nobles de équites y senadores, además del emperador.

El corazón del imperio

En su apogeo, el Imperio romano abarcaba 4000 km de este a oeste y 3700 km de norte a sur. El núcleo de esta descomunal civilización era la ciudad de Roma, que hacia el siglo I d. C. ya contaba con más de un millón de habitantes.

Roma en el año 100 d. C.
Al final del siglo I d. C. la ciudad de Roma estaba repleta de palacios, templos, teatros, baños públicos, monumentos y anfiteatros.

---

70 d. C.

Se inicia el Coliseo
Tito Flavio Vespasiano, o simplemente Vespasiano, fundó la dinastía flavia el 69 d. C. Gobernó durante 10 años y es recordado por empezar la construcción del Coliseo en Roma. Fue el primer emperador romano que pasó el trono a su hijo.

113 d. C.

Columna de Trajano
Esta columna de mármol en Roma celebra las victorias militares del emperador Trajano. Se completó el 113 d. C. e inspiró muchas columnas de victoria y memoriales posteriores, como la columna de Nelson en Trafalgar Square, Londres.

A partir del 122 d. C.

Muro de Adriano
Los 118 km del muro de Adriano se erigieron para proteger la Gran Bretaña romana de las tribus norteñas de la actual Escocia. El muro tenía fortificaciones de punta a punta, una cada 8 km.

286 d. C.

Imperios de Oriente y Occidente
Casi al final del siglo III d. C. el enorme Imperio romano se dividió en dos; la mitad occidental se gobernaba desde Milán y Rávena, y la mitad oriental primero desde Nicomedia y después desde Constantinopla (actual Estambul).

312-330 d. C.

El gobierno de Constantino
El emperador Constantino fundó la ciudad de Constantinopla, que se convirtió en la capital del Imperio romano Oriental. También fue el primer emperador en convertirse al cristianismo, si bien lo hizo en su lecho de muerte.

476 d. C.

La caída de Roma
A partir de finales del siglo IV d. C. el Imperio romano Occidental perdió poder y fue incapaz de evitar el avance de las poderosas tribus de Europa occidental y central. Un rey germánico derrocó al último emperador occidental, Rómulo Augústulo, el 476 d. C.

Incluso con toda la carga, **los legionarios eran** capaces de marchar **35 km** en **cinco horas**.

El ejército romano

El ejército del Imperio romano era la fuerza de ataque más efectiva del mundo antiguo. Al contrario que la mayoría de los enemigos, los soldados romanos estaban muy entrenados y se ganaban la vida en el ejército.

Los mejores soldados eran los legionarios, soldados de infantería ciudadanos muy armados. Se alistaban a los 18 años y servían durante los 25 años siguientes. El entreno constante y la marcha con equipo pesado les mantenía en forma. Los legionarios eran obreros además de luchadores: construían campamentos temporales, fortificaciones y carreteras. Junto a los legionarios había soldados no ciudadanos conocidos como auxiliares (ayudantes), que iban poco armados y servían como arqueros, tiradores de honda y caballería (soldados a caballo).

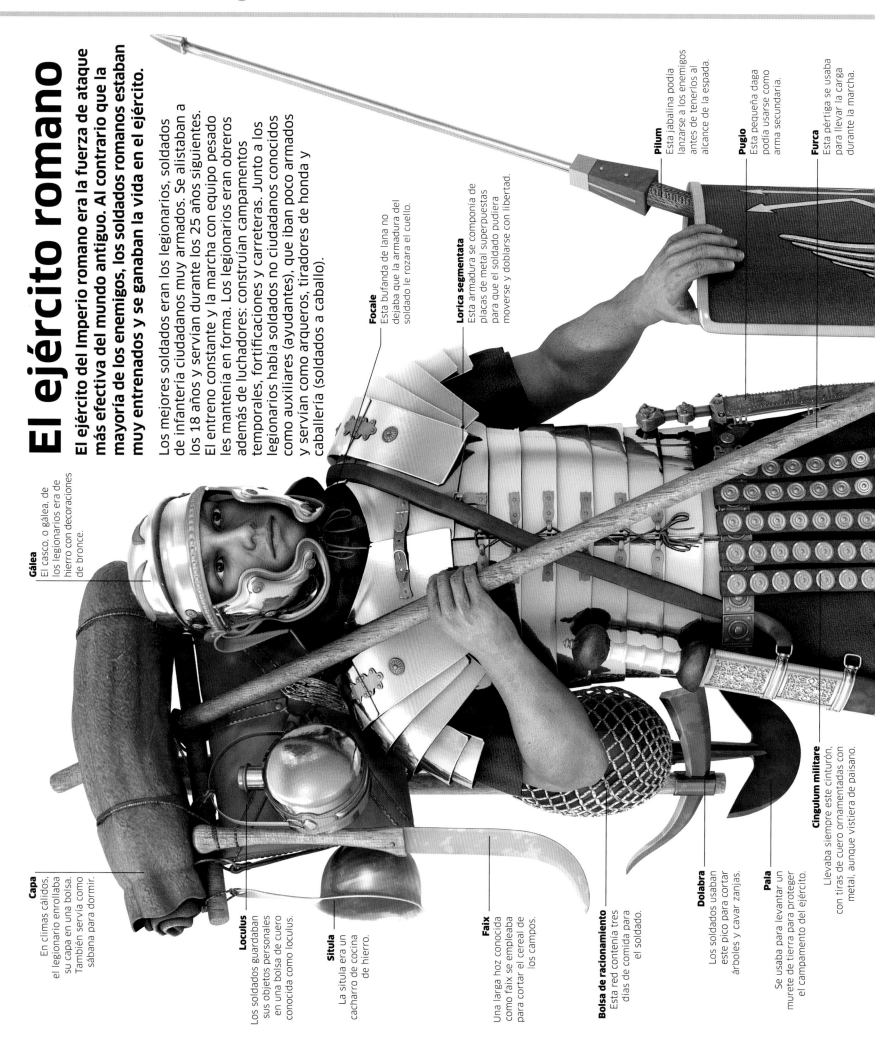

Gálea
El casco, o gálea, de los legionarios era de hierro con decoraciones de bronce.

Focale
Esta bufanda de lana no dejaba que la armadura del soldado le rozara el cuello.

Lorica segmentata
Esta armadura se componía de placas de metal superpuestas para que el soldado pudiera moverse y doblarse con libertad.

Pilum
Esta jabalina podía lanzarse a los enemigos antes de tenerlos al alcance de la espada.

Pugio
Esta pequeña daga podía usarse como arma secundaria.

Furca
Esta pértiga se usaba para llevar la carga durante la marcha.

Capa
En climas cálidos, el legionario enrollaba su capa en una bolsa. También servía como sábana para dormir.

Loculus
Los soldados guardaban sus objetos personales en una bolsa de cuero conocida como loculus.

Situla
La situla era un cacharro de cocina de hierro.

Faix
Una larga hoz conocida como faix se empleaba para cortar el cereal de los campos.

Bolsa de racionamiento
Esta red contenía tres días de comida para el soldado.

Dolabra
Los soldados usaban este pico para cortar árboles y cavar zanjas.

Pala
Se usaba para levantar un murete de tierra para proteger el campamento del ejército.

Cingulum militare
Llevaba siempre este cinturón, con tiras de cuero ornamentadas con metal, aunque vistiera de paisano.

375 000 soldados componían el ejército romano el 117 d. C.

165 000 legionarios tenía el ejército romano el 117 d. C.

51

Equipo de marcha

Durante la marcha cada legionario transportaba su propio equipo y víveres en una sarcina (macuto) colgada de un palo apoyado en el hombro. La sarcina incluía raciones de comida y una hoz para cosechar, además de un pico y una especie de pala para levantar otro campamento nuevo al final de la marcha del día.

Túnica
Bajo la armadura llevaban una túnica de lana de manga corta y hasta las rodillas.

Scutum
Este escudo curvo y rectangular era de madera y tenía una cubierta de cuero.

Gladius
El gladius era una espada corta usada en combates cerrados.

Caligae
Las suelas de estas pesadas sandalias se reforzaban con clavos de hierro.

«Cuando avanzan, todos
marchando en silencio
y perfectamente ordenados, cada hombre
en su lugar de la fila,
como si tuviera al enemigo delante»

Josefo, *Descripción del ejército romano*, 70 d. C.

Caballería romana
Los soldados de la caballería romana eran jinetes expertos que podían luchar montados.

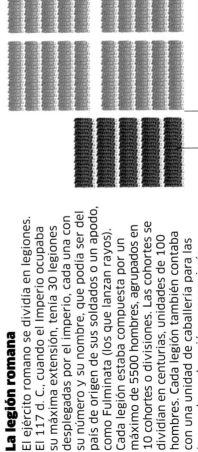

Unidad de caballería
Cada legión recibía el apoyo de una unidad de caballería compuesta por un máximo de 120 jinetes expertos.

Cohortes menores
Cada cohorte de la segunda a la décima contaba con 500 hombres; la décima era la menos experimentada.

Primera cohorte
La primera cohorte se componía de 800 hombres como máximo, que eran los soldados más experimentados de la legión.

La legión romana

El ejército romano se dividía en legiones. El 117 d. C., cuando el Imperio ocupaba su máxima extensión, tenía 30 legiones desplegadas por el imperio, cada una con su número y su nombre, que podía ser del país de origen de sus soldados o un apodo, como Fulminata (los que lanzan rayos). Cada legión estaba compuesta por un máximo de 5500 hombres, agrupados en 10 cohortes o divisiones. Las cohortes se dividían en centurias, unidades de 100 hombres. Cada legión también contaba con una unidad de caballería para las tareas de exploración y mensajería.

La vida cotidiana en Roma

En el Imperio romano existían grandes contrastes entre los ricos y los pobres. Mientras que los ricos vivían rodeados de lujo, los pobres solían vivir en pequeñas habitaciones de bloques cochambrosos y hacinados.

En la familia romana tradicional de clase alta, el hombre mayor era conocido como el paterfamilias (padre de la familia) y solía tener una casa en la ciudad, o *domus*, y otra en el campo, o villa. Mientras que la villa era un lugar para relajarse e ir a cazar, la *domus* era donde el paterfamilias hacía negocios y socializaba. Cada mañana recibía a visitantes, que solían ser romanos menos acaudalados que iban a pedir favores. La familia tenía esclavos a su servicio que se encargaban de las tareas domésticas y vivían en pequeñas habitaciones simples alrededor del patio en la parte de atrás de la *domus*.

Una domus romana
Los planos de esta domus romana se basan en indicios recogidos de Pompeya, donde se conservaron muchas casas tras quedar sepultadas por una erupción volcánica el 79 d. C.

Atrium
El atrio (vestíbulo), donde se saludaba a los visitantes, era la parte más pública de la casa. La luz entraba por el compluvium, una abertura en el tejado. Debajo, el *impluvium*, un estanque ornamental, recogía el agua de lluvia.

Ianua y vestibulum
La puerta principal (*ianua*) daba a un pequeño pasillo (vestíbulo) cerrado a la *domus* principal.

Taberna
Las partes de la *domus* que daban a la calle se alquilaban como tabernas (tiendas), a veces bajo el mando de antiguos esclavos de la familia.

Perystilum
A los romanos les gustaban los jardines. Las domus solían contar con un peristilo, un jardín con plantas y a veces un pequeño estanque.

Latrina
La letrina (lavabo) se limpiaba con las aguas grises de la cocina.

Culina
Los esclavos cocinaban sobre un fuego de carbón vegetal en la culina (cocina).

Tablinum
En el centro de la domus, el tablinum era el despacho donde el paterfamilias realizaba sus negocios.

Triclinium
El comedor (triclinio) debía su nombre a los tres divanes que usaban los comensales para reclinarse y comer. Se apoyaban sobre el codo izquierdo y comían con la mano derecha.

Vida en las alturas

En Roma y otras grandes ciudades los pobres vivían en altos bloques de pisos conocidos como *insulae* (islas), de construcción barata y deficiente y bajo riesgo constante de incendio y hundimiento repentino. Los más altos tenían nueve pisos de altura.

Cubiculum
En el cubículo (dormitorio) dormían los miembros de la familia y también servía para celebrar reuniones privadas con visitas importantes.

Lararium
Cada casa contaba con un pequeño santuario conocido como *lararium*, donde cada día se realizaban las ofrendas a los dioses que cuidaban a la familia.

Paredes de hormigón
El hormigón, un invento romano, era un material de construcción barato. El primer hormigón se hacía con escombros unidos con cal. Se añadía ceniza volcánica a la mezcla para evitar grietas.

Pueblos germánicos

En el 250 a. C. cientos de tribus habitaban una región conocida por los romanos como Germania (en Escandinavia y Europa oriental). Muchas eran nómadas y migraban grandes distancias para formar nuevos reinos y enfrentarse a los imperios antiguos mientras deambulaban por el continente.

Los pueblos germánicos fundaron asentamientos en las actuales Alemania, Escandinavia, Francia, Gran Bretaña, España y el norte de África. Vivían fuera del Imperio romano, pero cerca de sus fronteras. Las tribus germánicas no estaban unidas y a menudo se enfrentaban entre ellas, y también contra el Imperio romano. Durante los siglos IV y V d. C., tras diversas rebeliones y guerras, las tribus contribuyeron a la caída del Imperio romano Occidental. Durante los siguientes 300 años se formaron pequeños reinos germánicos por Europa, que acabarían creciendo hasta convertirse en algunos de los principales reinos europeos del período medieval.

PAGANISMO GERMÁNICO

Las diferentes tribus germánicas tenían sus propias creencias religiosas. Adoraban a muchos dioses que representaban la naturaleza y el mundo a su alrededor. Todas estas creencias se denominan colectivamente paganismo germánico. También creían en seres sobrenaturales, como elfos, hadas y dragones. Cuando las tribus migraron por Europa, sus creencias religiosas cambiaron con el paso del tiempo.

Placas de Torslunda
Las placas de Torslunda, de bronce colado, se hallaron en Suecia en 1870. Los historiadores creen que ilustran escenas de la mitología germánica.

RELACIÓN CON ROMA

Las tribus germánicas se enfrentaron al Imperio romano más de 600 años. En el siglo IV d. C. el pueblo conocido como los hunos migró hacia Germania y obligó a diversas tribus a irse a tierras ocupadas por el Imperio romano. Algunas tribus se asentaron de manera pacífica y comerciaron con los romanos, y adoptaron sus valores y tradiciones, pero también empezaron a rebelarse e invadir más tierras; además, atacaron Roma varias veces.

Jefe Arminio
El 9 d. C. en el bosque de Teutoburgo, en la actual Alemania, el jefe Arminio derrotó a las legiones romanas invasoras.

TRIBUS GERMÁNICAS

Los germánicos formaron muchas tribus en toda Europa, desde Escandinavia en el norte hasta el mar Negro en el sur. Tras la caída del Imperio romano el año 476 d. C. algunas de estas tribus fundaron los primeros reinos germánicos.

Vándalos

La tribu de los vándalos de Escandinavia migró a través de Europa continental hasta establecerse en el norte de África en el siglo V d. C., donde el jefe Genserico fundó el reino vándalo.

LOS VÁNDALOS SAQUEAN ROMA, 455 d. C.

Suevos

Los suevos eran un conjunto de tribus que incluían los marcomanos, los cuados y los lombardos. Se asentaron por las orillas del río Elba en Europa central y se aventuraron hacia el oeste, hasta la actual España, donde algunas tribus fundaron el reino suevo.

ESTATUA SUEVA DE UN HOMBRE REZANDO

Godos

Los godos se dividían en dos grupos tribales: los orientales, u ostrogodos, y los occidentales, o visigodos. El 410 d. C. el líder godo Alarico I consiguió atacar y saquear Roma. A finales del siglo V Teodorico el Grande formó el Imperio ostrogodo en la actual Italia.

MAUSOLEO DE TEODORICO

Algunos **guerreros germánicos** creían **que los colgantes de sus espadas** podían **curar heridas.**

Los profetas o adivinos germánicos realizaban **rituales en lugares sagrados**, como en arboledas.

55

GUERRAS Y ARMAS

Los guerreros germánicos eran luchadores intrépidos. Usaban hierro para hacer espadas, pese a que era escaso y sus espadas eran más débiles que las armas de acero del Imperio romano. También iban armados con lanzas, garrotes de madera y dardos. Era raro ver a un guerrero germánico con armadura; la mayoría llevaba un escudo de mimbre o planchas de madera.

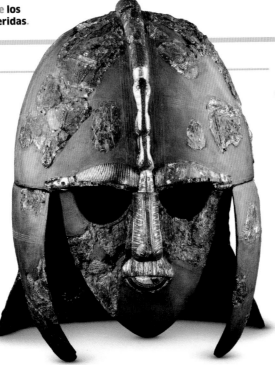

Casco de Sutton Hoo
Este casco germánico del siglo VII descubierto en un enclave funerario conocido como Sutton Hoo, en Gran Bretaña, es de hierro y cobre.

REYES Y JEFES

Los soberanos de las tribus germánicas eran expertos guerreros que se ganaban su reputación como feroces caudillos. Tras siglos de guerra contra el decadente Imperio romano las tribus nómadas se asentaron y reclamaron sus tierras. Los soberanos pasaron de ser jefes a monarcas para reinar en los nuevos territorios.

Jefe germánico
Clodoveo I había sido jefe antes de convertirse en el primer rey de los francos el 482 d. C. Fue bautizado en el cristianismo el 496 d. C.

SOCIEDAD GERMÁNICA

Al principio, las tribus germánicas se basaban en clanes: algunas familias cercanas formaban pequeños asentamientos de casas de madera. Cultivaban la tierra y criaban animales. Con los siglos las poblaciones crecieron y aumentó la necesidad de protegerse, y el poder acabó en manos de jefes y señores militares; los guerreros más jóvenes juraban lealtad al líder.

Sala de hidromiel
Los miembros de la tribu y los guerreros se reunían con su señor o jefe en unos grandes edificios de una única estancia, conocidos como sala de hidromiel o sala de banquetes.

En la sociedad germánica cada persona tenía un valor en oro (*wergeld*) que se basaba en **su estatus social.** Si alguien le hería o le mataba, el agresor debía realizar un pago a su familia.

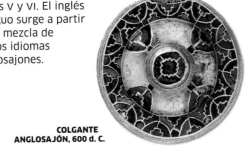

Anglosajones

Las tribus anglosajonas migraron del norte de Alemania hacia Gran Bretaña entre los siglos V y VI. El inglés antiguo surge a partir de la mezcla de varios idiomas anglosajones.

COLGANTE ANGLOSAJÓN, 600 d. C.

Lombardos

Entre los siglos VI y VIII la tribu lombarda se separó de las tribus suevas y fundó el reino lombardo, que ocupaba casi toda la Italia actual.

LOTARIO I, REY DE LOS LOMBARDOS

Francos

Los francos pasaron desde la Alemania actual hacia Bélgica y Francia. Carlomagno formó el Imperio carolingio, uno de los reinos más poderosos de Europa occidental.

CARLOMAGNO, REY DE LOS FRANCOS

EL MUNDO MEDIEVAL

En los 1000 años que separan los siglos V y XV, el colapso del Imperio romano fracturó Europa en reinos rivales. China y los nuevos imperios islámicos que aparecieron en Oriente Medio vivieron su edad de oro del arte y la ciencia. En Japón, los caudillos dominaron el imperio hasta llevarlo a un siglo entero de guerra civil. Surgieron nuevas culturas en las Américas, África, el sudeste asiático y el Pacífico.

ARMADURA Y ARMAS SAMURÁI

c. 1190: Cliff Palace de Mesa Verde

Los pueblo, tribu del sudoeste de Norteamérica, construyeron el asentamiento de Cliff Palace en la pared de una roca en Mesa Verde, en el actual Colorado.

CESTA TEJIDA POR LOS ANCESTRALES PUEBLO

Siglo XIII: los maoríes llegan a Nueva Zelanda

El pueblo polinesio conocido como los maoríes colonizan las islas de Nueva Zelanda, que denominan Aotearoa, la «tierra de la gran nube blanca».

MÁSCARA MAORÍ

1185: Japón bajo los caudillos

Con la ayuda de los ejércitos de sus samuráis, el líder militar Minamoto Yoritomo llegó al poder en Japón, lo que desembocó en más de 400 años de conflicto: los caudillos rivales luchaban por el control del país.

Siglo XII: Gran Zimbabue

El reino de Zimbabue en el sudeste de África erigió una capital conocida como Gran Zimbabue. Sus torres fueron las estructuras más altas del África subsahariana hasta la llegada de los europeos en el siglo XV.

ESCULTURA DE AVE EN EL GRAN ZIMBABUE

CRAC DE LOS CABALLEROS

Cronología del mundo medieval

En Europa, con la caída del Imperio romano se perdió el conocimiento antiguo y los soberanos regionales se enfrentaron entre sí para lograr el dominio; en cambio, en Asia y las Américas continuaron expandiéndose y prosperando los imperios antiguos y nuevos.

El cristianismo se afianzó por toda Europa, mientras que la nueva religión del islam proliferó con rapidez desde Oriente Medio hacia el norte de África y el sur de España. El conflicto entre estas dos religiones causó siglos de guerras. En otras partes del mundo, las grandes culturas de China y la India ampliaron su influencia por el sudeste asiático, y los polinesios colonizaron las islas del Pacífico. En las Américas surgieron grandes civilizaciones y quedaron aisladas del resto del mundo hasta la llegada de los europeos en el siglo XV.

CARLOMAGNO

802-1431: Imperio jemer

Los integrantes del Imperio jemer en el sudeste asiático levantaron cientos de templos en su capital, Angkor, en la actual Camboya.

ESCULTURA DEL TEMPLO DE ANGKOR

800: Sacro Imperio Romano

Carlomagno fue coronado como el primer emperador del Sacro Imperio Romano, un grupo de territorios de Europa central y occidental.

794-1185: período Heian

Durante el período Heian, hito de la cultura japonesa, la literatura y el arte florecieron en la corte imperial y el budismo continuó creciendo por todo Japón.

ESTATUA BUDISTA DEL PERÍODO HEIAN

JUSTINIANO I

527-565: Justiniano I

La mitad oriental del Imperio romano siguió existiendo como Imperio bizantino tras la caída de Roma el 476 d. C. Uno de sus mejores emperadores, Justiniano I, movilizó sus ejércitos y conquistó partes del norte de África, España e Italia.

OLLA DECORADA DE LA CULTURA MISISIPIANA

A partir de c. 600: cultura misisipiana

En Norteamérica, las tribus nativas americanas de la región del valle del Misisipi construyeron gigantescos montículos de tierra y comerciaron con elementos de cerámica y tejido.

JABAL AL-NOUR

c. 610: nacimiento del islam

Según el islam, el profeta Mahoma empezó a predicar el islam tras recibir la visita de un ángel en una cueva de una montaña conocida en la actualidad como Jabal al-Nour (la «montaña de la luz»).

1206-1368: Imperio mongol
Las tribus mongolas de Asia central, unidas bajo el liderazgo de Genghis Kan, conquistaron grandes áreas de Asia, Oriente Medio y Europa para crear uno de los mayores imperios de la historia.

ALJABA MONGOLA

TUMBA SONGHAI

c. 1335-1591: Imperio Songhai
El Imperio Songhai musulmán fue uno de los mayores países de la historia de África. Controlaba todo el comercio del río Níger en África occidental.

1368-1644: dinastía Ming
La China de los Ming produjo una porcelana muy apreciada, así como grandes proyectos de construcción, como la Ciudad Prohibida en Pekín y la reconstrucción de la Gran Muralla China.

JARRÓN DE PORCELANA MING

1095-1291: las cruzadas
Los ejércitos cristianos de Europa lanzaron las guerras santas conocidas como las cruzadas, para conquistar las ciudades de Tierra Santa (en Oriente Medio) bajo control musulmán. Los cruzados construyeron o capturaron muchos castillos, como Crac de los Caballeros.

SANTA SOFÍA

1054: Cisma de Oriente y Occidente
La Iglesia católica romana y la Iglesia ortodoxa se separaron en lo que los historiadores denominan el Cisma de Oriente y Occidente. La catedral de Santa Sofía en Constantinopla se convirtió en el epicentro del cristianismo ortodoxo.

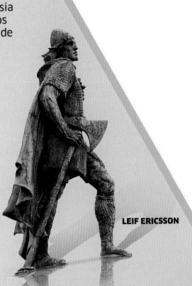

LEIF ERICSSON

960-1279: dinastía Song
Bajo la dinastía Song la economía china prosperó mucho, de igual forma que la población: pasó de 50 a 100 millones. Como los anteriores emperadores Tang, los Song fueron grandes mecenas del arte.

MONEDA DE LA DINASTÍA SONG

c. 1000: llegada de los vikingos a América
El explorador vikingo Leif Ericsson y su tripulación se convirtieron en los primeros europeos en pisar la costa este de Norteamérica, que bautizaron como Vinland tras explorarla, ya que la encontraron llena de vides.

CASCO VIKINGO

793: los vikingos asaltan Lindisfarne
Un pueblo marinero de Escandinavia conocido como los vikingos atacó un monasterio cristiano en Lindisfarne, una isla cerca de la costa de Inglaterra. Durante los tres siglos siguientes, los vikingos lanzaron ataques contra asentamientos costeros de toda Europa.

CIUDAD DE BAGDAD

750-1258: dinastía abasí
Los abasíes vivieron un período de enseñanza, arte y cultura por todo el mundo islámico. Gobernaron desde una ciudad nueva: Bagdad.

ESTATUA TANG DE UNA BAILARINA

618-907: dinastía Tang
Bajo los soberanos de la dinastía Tang, China experimentó una edad de oro de éxitos culturales y artísticos. Los Tang fundaron academias para potenciar artes como la cerámica, la pintura en pergaminos y la poesía.

MEZQUITA DE CÓRDOBA

c. 718-1492: la Reconquista
Los moros, el pueblo islámico del norte de África, invadieron el sur de España el siglo VIII. Convirtieron muchas iglesias, como la de Córdoba, en mezquitas. Los españoles expulsaron a los moros tras una serie de guerras conocidas como la Reconquista.

60 el mundo medieval · EL PODER DE LA IGLESIA

17 años tenía Juana de Arco cuando llevó a las tropas francesas a la batalla contra los ingleses.

Cronología

Cristianismo medieval

El cristianismo superó la aparición de imperios y la caída de reinos y se hizo cada vez más fuerte. Ayudó a crear reinos, poderosas instituciones y fomentó nuevas maneras de pensar. Sin embargo, también desató guerras violentas y creó divisiones entre imperios y culturas.

313-380 d. C.

Roma promueve el cristianismo

Primero, los romanos trataron a los cristianos con violencia porque se negaban a adorar a los dioses romanos. En el año 313 d. C., sin embargo, esta actitud empezó a cambiar cuando Constantino I concedió la libertad religiosa a todos los cristianos del Imperio romano. Más tarde, el 380 d. C., el emperador Teodosio I convirtió el cristianismo en la religión oficial del Imperio romano.

597

AGUSTÍN DE CANTERBURY

Agustín de Canterbury

Un grupo de monjes encabezados por Agustín viajaron de Roma a Inglaterra con la misión de diseminar el cristianismo el año 597. Agustín fue el primer arzobispo de Canterbury y convirtió a miles de ingleses al cristianismo, incluido el rey Adalberto de Kent.

711-1492

La Reconquista

Al principio del siglo VIII los musulmanes conocidos como moros invadieron las actuales España y Portugal. Desde principios de ese mismo siglo hasta el final del siglo XV, los reinos cristianos de España se enfrentaron a los ejércitos musulmanes por el control de la región. Este conflicto duró más de 700 años y se conoce como la Reconquista.

El poder de la Iglesia

Desde sus inicios en el siglo I d. C. el cristianismo empezó a popularizarse desde Oriente Medio hasta copar Europa entera. Las enseñanzas de la Iglesia cristiana se convirtieron en parte de la vida diaria.

Durante sus primeros 1000 años de historia, la Iglesia se mantuvo unida y el Papa, su líder religioso, la dirigía desde Roma. Esta Iglesia católica romana influyó sobre todos los aspectos de la sociedad medieval, desde las cortes de reyes y reinas hasta el día a día de los campesinos. A medida que crecía su poder, también acumulaba riquezas y empezaba a controlar grandes áreas de tierra. Erigió fastuosos centros de culto, colaboró en cuidar de los enfermos y educó. También ayudó a crear ejércitos para la guerra e influyó sobre poderosos monarcas.

Catedral de Aquisgrán
Erigida por Carlomagno a finales del siglo VIII, la catedral de Aquisgrán es la más antigua del norte de Europa. Está inspirada en la arquitectura romana oriental.

AQUISGRÁN

Juana de Arco
La campesina Juana de Arco creía que Dios la había elegido para ayudar a expulsar a los ingleses de Francia. En 1429, llevó al ejército francés a enfrentarse a las tropas inglesas y les ayudó a ganar muchas batallas.

AVIÑÓN

Palacio papal
Entre 1309 y 1377 el papa Clemente V desplazó la base de la Iglesia católica romana de Roma al Palacio papal de Aviñón, en Francia, por el malestar político de Roma.

La Mezquita
Cuando los moros musulmanes invadieron la actual España en el siglo VIII, ocuparon catedrales cristianas, como la Mezquita de Córdoba, que fue adaptada a su nueva religión. En el siglo XIII, cuando los cristianos recuperaron Córdoba, volvieron a convertirla en una catedral.

CÓRDOBA

30 años se necesitaron para **construir la antigua basílica de San Pedro en Roma**.

1300 millones de **católicos** hay actualmente **en el mundo**.

61

800

CARLOMAGNO, EMPERADOR

Coronación de Carlomagno
El 800 d. C. el papa León III coronó a Carlomagno, rey de los francos, como emperador del Sacro Imperio Romano. El Sacro Imperio Romano de Carlomagno incluía casi toda Europa occidental y central.

1054

Cisma de Oriente y Occidente
A mitad del siglo XI se separaron la Iglesia católica romana, con su base en Roma, y la Iglesia ortodoxa, con su base en Constantinopla, tras años de discusiones por las interpretaciones de la Biblia y diferencias culturales entre el Occidente romano y el Oriente griego.

1084-c. 1250

Aparición de diferentes facciones
Entre los siglos XI y XIII surgieron diversas órdenes religiosas en monasterios por toda Europa y Oriente Medio. Estas nuevas órdenes, como los cistercienses, los cartujos y los carmelitas, se consagraban a la vida en solitario tras prometer votos de silencio y seguir vidas simples, disciplinadas y espirituales.

1095-1291

Las cruzadas
En 1095 el papa Urbano II pidió a los ejércitos cristianos de Europa que invadieran las ciudades sagradas de Tierra Santa, en Oriente Medio, por ese entonces bajo control de los imperios musulmanes. Durante los siguientes 200 años, diversas guerras entre los ejércitos cristianos y musulmanes, conocidas como las cruzadas, azotaron Oriente Medio.

1455

La Biblia de Gutenberg
El primer libro producido en masa con la revolución de la imprenta fue la Biblia, por parte del pionero impresor Johannes Gutenberg. Contaba con 1286 páginas que llenaban dos volúmenes. Los acaudalados líderes eclesiásticos compraban estas caras biblias.

BIBLIA DE GUTENBERG

Europa cristiana
La Iglesia católica romana tenía su base en Roma, concretamente en la antigua basílica de San Pedro, del siglo IV d. C. Este edificio se derrumbó el siglo XVI y fue sustituido por la actual basílica de San Pedro. La Iglesia ortodoxa, que se separó de Roma el siglo XI, tenía su base en la ciudad de Constantinopla (actual Estambul).

Antigua basílica de San Pedro
El siglo IV d. C. se levantó la antigua basílica de San Pedro, que fue uno de los centros más importantes de la Iglesia católica romana y la mayor iglesia del mundo. Se convirtió en un destino sagrado de peregrinación y ceremonias religiosas.

Bautizo de Vladimiro el Grande
El gran príncipe de Kiev, Vladimiro el Grande, se convirtió al cristianismo el 988 d. C. y ayudó a diseminar su religión por Europa oriental.

QUERSONESO

Santa Sofía
Erigida bajo el reinado del soberano bizantino Justiniano I el siglo VI, la catedral de Santa Sofía en Constantinopla era el centro del cristianismo ortodoxo.

CONSTANTINOPLA

ROMA

Montecasino
El monasterio sobre la colina de Montecasino se fundó el siglo VI y aloja una de las primeras órdenes de monjes: los benedictinos.

El Imperio bizantino

El 395 d. C. el Imperio romano se dividió en dos. El Imperio romano Occidental cayó ante los bárbaros el 476 d. C., pero el Imperio romano Oriental sobrevivió, y se conoció como Imperio bizantino.

El Imperio bizantino debe su nombre a Bizancio, el nombre original de su capital, Constantinopla (hoy Estambul, en la actual Turquía). En su máximo esplendor el Imperio bizantino abarcaba desde el sur de España a Oriente Medio. Sus habitantes eran cristianos devotos, hablaban griego y se consideraban romanos. El Imperio bizantino fue víctima de múltiples invasiones bárbaras y de imperios vecinos; aun así, duró casi 1500 años.

527-565
El emperador Justiniano I fue coronado el año 527. En su reinado dirigió con éxito diversas campañas militares para conquistar partes del norte de África e Italia.

976-1025
El emperador Basilio II gobernó durante una edad de oro en la que el Imperio bizantino amasó riquezas, produjo excepcionales obras de arte y literatura y reforzó su potencia militar.

1095-1204
El Imperio bizantino se alió con los reyes europeos durante las cruzadas, una serie de campañas militares contra los imperios musulmanes.

1204-1453
El Imperio bizantino se debilitó aún más tras las constantes invasiones. En 1453 Constantinopla era una simple ciudad estado y fue conquistada por los turcos otomanos.

600-900
El Imperio bizantino perdió parte de su territorio bajo los imperios musulmanes cercanos y los invasores de Europa y Persia.

1054
El Imperio bizantino se separó de la Iglesia católica romana y formó la Iglesia ortodoxa.

1204
La alianza entre el Imperio bizantino y los reyes europeos se disolvió y los cruzados atacaron y saquearon la ciudad de Constantinopla. El imperio quedó muy debilitado.

Emperatriz bizantina
Este mosaico representa a la emperatriz Teodora (en el medio, con indumentaria marrón y corona de joyas decorada con zafiros y esmeraldas) y otras señoras de la corte real bizantina. Teodora se casó con el emperador Justiniano I y juntos gobernaron el Imperio bizantino.

64 el mundo medieval ○ **JAPÓN MEDIEVAL**

Las espadas de samurái eran tan fuertes que podían cortar las armaduras.

PRIMER JAPÓN

A partir del 11 000 a. C., durante el período Jomon, unos clanes de personas vivieron en pequeños asentamientos en las islas de Japón y crearon cerámica simple. Al cabo de 10 000 años, en el período Yayoi, los clanes tenían minas de bronce y hierro y cultivaban arroz.

Período Kofun (300-552 d. C.)

Se conoce el período Kofun por los montículos funerarios construidos por los líderes de la época. El diseño de las tumbas tenía diferentes variantes, que incluían formas especiales de ojo de cerradura. Los muertos se enterraban con *haniwa*, estatuillas de arcilla en forma de cilindro.

DAISEN KOFUN CERCA DE OSAKA, LA MAYOR TUMBA KOFUN DE JAPÓN

Período Asuka (552-710)

La sociedad japonesa empezó a cambiar durante el período Asuka. El budismo llegó de Corea y empezó a diseminarse gracias al clan Soga, que ascendió al poder y dominó Japón hasta 645.

日本

Un nuevo nombre
En el período Asuka, las islas pasaron a conocerse como Nippon, que significa «tierra del sol naciente».

Período Nara (710-794)

Durante el breve período Nara, el budismo cobró popularidad y se convirtió en una religión general en Japón. Se levantaron grandes templos budistas, como el de Todaiji. Esta era también fue famosa por su poesía y literatura histórica.

ESTATUA BUDISTA NARA

Período Heian (794-1185)

El período Heian marcó el punto álgido de la corte imperial y la cultura japonesa primigenia. La literatura floreció con autoras como Murasaki Shikibu y Sei Shonagon, cuyas obras continúan leyéndose hoy.

MURASAKI SHIKIBU ESCRIBIENDO *LA HISTORIA DE GENJI*, C. 1020

Japón medieval

Entre finales del siglo XII e inicios del siglo XVII Japón experimentó un turbulento período de guerra civil, luchas por el poder e intervención extranjera.

Los líderes militares llegaron al poder de Japón, en teoría gobernando en nombre del emperador. Estos líderes tomaron el control del país estableciendo gobiernos militares, conocidos como sogunatos, que gobernaron Japón durante más de 400 años. Los líderes de estos gobiernos eran conocidos como sogunes y tenían bajo su mando ejércitos de guerreros leales, los samuráis. La guerra estallaba a menudo entre los clanes de samuráis, ya que los líderes rivales competían por el control. Aun así, a pesar de las guerras civiles y el caos social, la cultura y el arte japoneses continuaron prosperando.

SOCIEDAD JAPONESA

Bajo los samuráis, todos los habitantes de Japón tenían diferentes derechos y privilegios, según su papel en la sociedad. El sistema social era similar al de Europa, pero aquí se consideraba que los campesinos eran una parte importante de la sociedad, porque los granjeros y pescadores aportaban comida para todos. Los mercaderes, en cambio, no gozaban de tantos favores, porque no producían y se aprovechaban del trabajo de los demás.

Emperador
Aunque los japoneses considerasen al emperador como el soberano supremo, este no tenía poder real alguno.

Sogún
El sogún, oficialmente la mano derecha del emperador, era el que tomaba casi todas las decisiones políticas.

Daimio
Los daimios, terratenientes influyentes, juraban lealtad al sogún y contrataban a samuráis para que vigilaran sus tierras.

Samuráis
Estos guerreros japoneses de élite servían y protegían a sus amos y a su comunidad, regidos por un código de honor.

Campesinos y artesanos
Los samuráis protegían a los que estaban por debajo de ellos a cambio de comida, armas, armaduras y otros bienes.

Mercaderes y sirvientes
Los que compraban y vendían bienes servían a todas las clases de la comunidad.

ERA DE LOS SOGUNES

Durante el período Heian, los acaudalados terratenientes contrataban a guerreros para proteger su tierra; estos guerreros acabaron conociéndose como los samuráis. Tras la guerra Genpei, a finales del siglo XII, los vencedores del clan Minamoto fundaron el primer sogunato (un gobierno controlado por un dictador militar) y reclamaron el poder. Durante los siguientes 400 años las guerras civiles azotaron Japón: los clanes rivales se enfrentaron sin tregua por el territorio y el poder.

Castillos

Al principio los castillos japoneses se levantaban en posiciones estratégicas destacadas, por ejemplo en rutas comerciales importantes y al lado de los ríos principales; después se convirtieron en las residencias oficiales de los señores y sus samuráis. El propio castillo quedaba en el centro de un complejo de edificios construidos para gobernar las tierras locales.

Castillo Himeji
El complejo del castillo Himeji se componía de más de 80 edificios y estaba protegido por una gran base de piedra y varios fosos.

LA UNIFICACIÓN DE JAPÓN

Durante la segunda mitad del siglo XVI, tres influyentes daimios, Oda Nobunaga, Toyotomi Hideyoshi y Tokugawa Ieyasu, ayudaron a poner punto y final a las guerras civiles y acabaron uniendo los clanes combatientes de Japón. Tokugawa Ieyasu fundó el último sogunato de Japón, que controlaba a todos los señores regionales.

10 % Porcentaje de la **población japonesa** que se calcula que ha pertenecido a la **clase de los samuráis**.

7 eran las **virtudes** que se esperaba que tuviera un samurái: entre ellas **honestidad, coraje, lealtad y honor.**

65

Los samuráis

El nombre samurái significa «el que sirve». Los samuráis eran soldados leales a su sogún y que protegían las tierras de su señor. Seguían un estricto código de conducta conocido como *bushido*. La espada era una parte importante de la cultura samurái y representaba su estatus.

Cultura y arte

Durante el período medieval surgieron nuevas tradiciones y formas de arte. Proliferaron las artes decorativas, como el diseño de jardines, la composición floral y la caligrafía (escritura a mano). Los rituales de la ceremonia del té, originales de la China, asumieron un tinte totalmente japonés. También se hicieron populares las artes teatrales y representativas, como los dramas líricos Noh.

Máscaras
Las máscaras de Noh eran de madera. Se esculpían para que, según la posición del actor y la iluminación del escenario, el público captara diferentes expresiones y estados de ánimo.

MÁSCARA DE HOMBRE VIEJO

MÁSCARA DE MUJER

ARMADURA Y ARMAS DE UN SAMURÁI DEL SIGLO XIV

Cronología

Japón bajo los samuráis

Cuando Minamoto Yoritomo se convirtió en el primer sogún, la clase de guerreros de élite de los samuráis ascendió al poder, lo que llevó a más de 400 años de conflicto: los caudillos samuráis rivales luchaban entre ellos por el poder.

1192

Minamoto Yoritomo se convierte en sogún
Tras derrotar a los clanes rivales, Minamoto Yoritomo fundó el sogunato de Kamakura y arrebató el poder político al emperador. La autoridad de Yoritomo dependía de los samuráis.

1274 y 1281

Invasión de los mongoles
Tras conquistar China, el líder mongol Kublai Kan dirigió su mirada hacia Japón. Reunió una descomunal flota e intentó dos invasiones por mar. Sin embargo, los samuráis y una serie de devastadoras tormentas provocaron la retirada de los mongoles.

1331-1333

Guerra Genko
El emperador Go-Daigo atacó el sogunato de Kamakura ayudado por los rivales del sogún. Estalló una guerra civil (la guerra Genko), que acabó derrotando al sogunato de Kamakura.

1338

Sogunato de Ashikaga
El sogunato de Kamakura experimentó la traición de manos de uno de sus propios generales, Ashikaga Takauji, que después le arrebató el poder al emperador Go-Daigo y fundó el sogunato Ashikaga en Kioto.

1467-1477

Guerra Onin
La guerra Onin inició una era de guerra civil conocida como el período Sengoku o período de los estados en guerra. Japón se dividió en clanes regionales batallando entre ellos por el dominio.

1543

Armas de fuego japonesas
Cuando los marineros portugueses llegaron a Japón con armas de fuego, los ingenieros japoneses las estudiaron y empezaron a fabricarlas, lo que cambió el modo de librar las batallas.

Oda Nobunaga

Gracias a las nuevas armas de fuego basadas en las que llevaron a Japón los marineros portugueses, Oda Nobunaga y sus samuráis derrotaron a muchos clanes rivales y derrocaron el sogunato Ashikaga. El día de su muerte el año 1582 Nobunaga había unificado casi la mitad de Japón.

Toyotomi Hideyoshi

Tras la muerte de Oda Nobunaga, su sucesor Toyotomi Hideyoshi asumió el poder. Continuó intentando conquistar todo Japón y acabó unificando todos los clanes. En 1585 se convirtió en canciller del emperador y más adelante en el primer ministro imperial.

Tokugawa Ieyasu

Tras la muerte de Toyotomi Hideyoshi estalló otra guerra civil porque los clanes rivales reclamaban el poder. En 1600, el poderoso consejero de Hideyoshi, Tokugawa Ieyasu, ganó la batalla de Sekigahara. Confiscó las tierras de sus antiguos enemigos, colocó a sus aliados en posiciones estratégicas y estableció una época de paz por todo Japón.

La Mezquita
Los moros, unos seguidores del islam, llegaron a España desde Marruecos el 711. La influencia islámica sobre la arquitectura española se deja ver en las arcadas rojiblancas de la sala de oración de la Mezquita, en Córdoba.

CÓRDOBA

TÁNGER

EL CAIRO

Imperio islámico
En su momento álgido a mediados del siglo VIII, los primeros estados islámicos formaron uno de los mayores imperios del mundo hasta entonces: cubría más de 8000 km, desde la actual España, el norte de África y Oriente Medio hasta parte de Asia.

Ciudad de los muertos
Esta red de tumbas, criptas y mausoleos se construyó en El Cairo durante las conquistas islámicas de Egipto.

Ibn Battutah
El magnífico explorador Ibn Battutah (1304-1369) dedicó casi media vida a viajar por el mundo. Su viaje, de unos 120000 km, le llevó por las actuales Turquía, Crimea, Asia, India, China y África.

Inicios del mundo islámico

El profeta Mahoma fundó la religión del islam en Oriente Medio a principios del siglo VII. Solo 100 años después los poderosos ejércitos musulmanes habían diseminado la influencia de la nueva religión por tres continentes y habían creado un Imperio islámico.

Durante los siglos siguientes, el Imperio islámico continuó ampliando sus fronteras por Asia, África y Europa, gobernado por una serie de califas («sucesores» de Mahoma); muchos promovían el desarrollo de nuevas ideas en ciencias, medicina y matemáticas. Los viajeros y mercaderes del mundo islámico viajaron por el ancho mundo, diseminando su cultura y creencias por el planeta.

Científico pionero
Ibn al-Haytham (965-1040), también conocido como Alhacén, fue uno de los primeros médicos del mundo. Realizó muchos experimentos que le ayudaron a establecer la idea del método científico.

Durante los **siglos IX** y **X**, el **Imperio islámico** fundó algunas de las **primeras universidades del mundo**.

29 años pasó **Ibn Battutah** viajando por el mundo.

67

Primeros líderes islámicos

Según marcan las creencias musulmanas, el islam fue fundado el 610 cuando un mercader conocido como Mahoma tuvo la visión de un ángel en una cueva. El ángel le dictó a Mahoma la palabra de Alá (Dios), que escribió en el Corán, el libro sagrado del islam. Mahoma consiguió unir las tribus de Arabia bajo el islam.

UTHMÁN IBN AFFÁN, SEGUNDO CALIFA

Primeros soberanos

Cuando Mahoma murió en el 632 se creó el primer gobierno islámico (califato). Los primeros cuatro califas fueron líderes que habían recibido las enseñanzas de Mahoma.

Omeyas

Hacia la mitad del siglo VII, la dinastía omeya tomó el control del califato y amplió sus territorios hacia España y Asia central.

GRAN MEZQUITA OMEYA

Abasíes

La dinastía abasí llegó al poder el 750 y promovió la formación, el arte y la cultura. Empezaron a perder poder durante el siglo XIII, tras la destrucción de Bagdad, su capital, por parte del Imperio mongol.

ARTE ABASÍ

TELA FATIMÍ

Fatimíes

Durante el siglo X, un clan rival de los abasíes, los fatimíes, aseguraban ser descendientes de la hija de Mahoma y llegaron al poder en el norte de África y Oriente Medio.

Mamelucos

Los mamelucos fueron guerreros esclavos hasta que derrocaron a sus amos, los abasíes, y tomaron el califato. Eran unos soldados formidables, capaces de derrotar a los mongoles.

CERÁMICA MAMELUCA

Cronología

632-661	661-750	750-1258	909-1171	1250-1517

Mezquita de los omeyas
La dinastía omeya construyó en Damasco, en la actual Siria, una de las mezquitas más grandes del mundo, la mezquita de los omeyas.

DAMASCO

JERUSALÉN

BAGDAD

Bagdad
Cuando la dinastía abasí obtuvo el poder del califato islámico, hizo construir una nueva capital circular bajo el nombre de Bagdad, en el actual Irak.

Cúpula de la Roca
Los omeyas construyeron este templo islámico en Jerusalén el siglo VII. Se erigió en un lugar sagrado para musulmanes, cristianos y judíos.

LA MECA

Jabal al-Nour
Esta montaña cerca de La Meca tiene una cueva sagrada donde los musulmanes creen que el profeta Mahoma recibió la visita de un ángel.

Edad de oro
Entre los años 750 y 1258 la dinastía abasí abrió la puerta de la edad de oro de la cultura islámica, con brillantes avances en ciencia, matemáticas, arte e ingeniería.

ESTUDIOSOS EN UNA BIBLIOTECA ABASÍ

«Siempre busqué el conocimiento **y la verdad**»

Alhacén, científico islámico, *Libro de óptica*, 1021

Los vikingos

Los vikingos, pueblo de marineros escandinavos, dejaron su patria en busca de tierras, materias primas y atraídos por la promesa de encontrar oro y plata.

Entre los siglos VIII y XI creció la temible fama de los vikingos, que asaltaban y saqueaban asentamientos por toda Europa. Sin embargo, eran algo más que piratas: los vikingos también eran unos magníficos constructores de barcos, marineros y navegantes. Fueron unos atrevidos exploradores: navegaron hacia el oeste hasta llegar a Norteamérica y avanzaron por tierra hacia el este hasta llegar a Bagdad, en el actual Irak. También crearon nuevas rutas comerciales para vender pieles de animales, artesanía y esclavos.

Cocina
El fuego del hogar ardía día y noche y servía para cocinar y calentar. Para cocinar se colgaba un caldero del techo o de un trípode. Cuando acababa el día y se ponía el Sol, las familias se reunían para comer.

Casa comunal vikinga
Cuando no estaban navegando, los vikingos seguían una vida rural en sus largas y estrechas casas comunales, que compartían diversas familias y sus respectivos animales. La intimidad brillaba por su ausencia, pero el entorno era acogedor y cálido.

Salidas de humo
Los orificios del tejado dejaban salir el humo del fuego.

Cultivos
Entre sus cultivos había trigo, centeno, cebada y avena, así como cebollas, coles y guisantes.

Suelo de la casa comunal
El suelo era de tierra compactada.

Leña para el fuego
Hacía falta mucha leña seca para mantener el fuego en el interior de la casa comunal.

Fajina
Las paredes se hacían con ramas unidas y cubiertas por una mezcla de arcilla, barro, arena y paja.

Los vikingos importantes eran enterrados en barcos, junto con sus armas y objetos de valor.

841 Año que los exploradores vikingos pisaron Dublín, Irlanda, por primera vez.

Algunos drakkar tenían espacio suficiente para transportar caballos y tripulación.

69

Animales de establo
Los animales y herramientas estaban en el establo, en un extremo de la casa comunal.

Materiales del tejado
Los tejados eran de diferentes materiales: tejas de madera, paja y junco o turba.

DRAKKAR VIKINGO

Exploradores intrépidos

Con sus conocimientos en navegación, los vikingos exploraron tierras lejanas cubriendo enormes distancias con sus rápidos drakkar de madera. Cada nave tenía una gran vela y de 24 a 50 remos, y una tripulación compuesta por igual número de personas. Un grupo de exploradores vikingos logró cruzar el océano Atlántico tras parar en Escocia e Islandia. Llegaron a Groenlandia el año 982. Hacia el cambio de milenio, Leif Ericsson fue el primer europeo que pisó tierra firme en la costa este de Norteamérica.

Guerreros vikingos

El 793, saqueadores vikingos destruyeron un monasterio cristiano en Lindisfarne, una isla ante la costa noreste de Inglaterra. Este ataque violento impresionó al mundo cristiano. Durante los tres siglos siguientes, los guerreros vikingos sembraron el terror en Europa saqueando tesoros para llenar sus naves, capturando esclavos y fundando bases para atacar nuevos objetivos. Pedían enormes sumas para dejar zonas en paz.

CASCO VIKINGO

Animales valiosos
Ovejas, vacas, cabras y gallinas eran fuente de carne, huevos y leche para comer, además de lana para hacer ropa.

Áreas para dormir
Comían, trabajaban y dormían en unas plataformas colgadas de las paredes de la casa comunal, que hacían más cómodas y cálidas con pieles de animal y sábanas. Las casas comunales apenas tenían muebles: solo las familias más ricas tenían sillas o camas.

Ropa tejida
Las vikingas dedicaban parte del día a confeccionar piezas de ropa. Usaban lana o lino y un telar para hacer tela y después lo convertían en la pieza de ropa que querían. Los vikingos usaban túnicas simples, a veces adornadas con muestras o partes de pelo de animal.

Espacio para almacenar
La ropa, las sábanas y los objetos de valor de la familia se guardaban dentro de cofres de madera cerrados.

Dioses y religión

Los vikingos veneraban a muchos dioses, como Odín, con un único ojo; Thor, el dios del trueno, y Loki, el travieso. Se reunían alrededor de fogatas para narrar historias mediante canciones y poemas sobre los dioses y sus batallas épicas contra gigantes y monstruos. Con el paso del tiempo y a medida que los vikingos se asentaban por Europa, empezaron a convertirse al cristianismo.

Martillo de Thor
Thor era el dios preferido de campesinos y granjeros, pues les protegía de los enemigos con su martillo.

Torneos y justas

Los caballeros participaban en torneos para entrenarse y mostrar su habilidad en el combate. Se enfrentaban en justas, combates de espada de exhibición y enseñaban su técnica sobre el caballo.

Armadura de placas

Hacia el siglo XV las mejoras en las armas, como las ballestas, y los avances en la fabricación de armaduras se tradujo en la sustitución de la cota de malla por armaduras de placas de metal, que protegían mejor, aunque eran más pesadas.

Europa medieval

Aproximadamente entre el 720 y el 1400, muchos países europeos se organizaron según el sistema feudal, en el que los diferentes niveles de la sociedad, desde los reyes y las reinas hasta los campesinos, tenían obligaciones entre sí en cuanto a protección militar, derechos de cultivo de la tierra y alimentos.

El feudalismo afectó a todos los habitantes de la Europa septentrional y occidental. Los soberanos necesitaban ejércitos para defender sus reinos y por eso compartían su tierra con los señores, que a cambio les proporcionaban caballeros entrenados y armados. Durante los siguientes 700 años los caballeros fueron los soldados más importantes de los ejércitos de los monarcas europeos.

Cota de malla
El caballero llevaba una camisa de metal conocida como cota de malla, compuesta por pequeños anillos de metal unidos entre sí. Era una defensa efectiva contra la mayoría de las armas medievales.

Espada
Los caballeros usaban sobre todo espadas en la batalla, pero también tenían lanzas, mazas y martillos de guerra.

Velmo
El yelmo del caballero era de metal y a veces contaba con un visor articulado y orificios para respirar.

Escudo
El caballero llevaba un escudo de madera o metal que lo protegía en batallas y torneos.

Escudo de armas
El escudo del caballero estaba decorado con su blasón, o escudo de armas, para que los soldados pudieran identificar al propietario.

Vaina
El caballero guardaba la espada en una funda de cuero que tenía la forma exacta del arma.

Caballo de guerra
El caballo de combate del caballero se elegía por su fuerza, resistencia y velocidad.

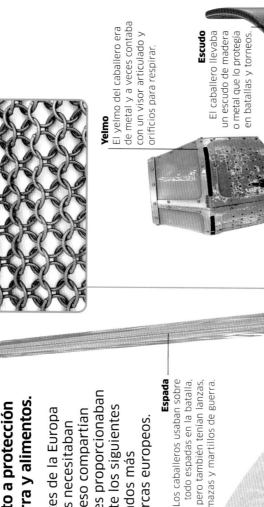

La **palabra «caballero»** viene de caballo, pues esa era **su montura en la batalla.**

3000 caballeros asistieron al **mayor torneo de la historia,** en **Lagny-sur-Marne, Francia,** en 1179.

71

Barda
El caballo del caballero tenía su armadura especial, la barda, que era muy cara y pesada.

Estribo
El caballero se apoyaba con los pies en los estribos para poder equilibrarse y luchar, incluso con el caballo a la carga.

Caballero del reino

El caballero solía ser de familia noble y empezaba su formación a los 7 años: primero hacía de paje y ayudaba a cuidar el caballo y el equipo de otro caballero. Más o menos a los 13 años se convertía en escudero, empezaba a entrenarse para el combate y asistía a su caballero en la batalla. Al final se convertía en caballero a los 21 años de edad.

El sistema feudal

El rey permitía a los señores usar tierras reales («feudos») a cambio de dinero y la promesa de aportar soldados en tiempos de guerra. A su vez, los señores cedían partes de su feudo a los caballeros nobles, responsables de hacer cumplir la ley e impartir justicia en su tierra. Los siervos (campesinos) labraban la tierra para los caballeros y producían comida y bienes a cambio de un lugar para vivir. Algunos debían pagar una renta; ningún siervo podía abandonar el feudo sin el permiso del señor.

Monarcas
Toda la tierra del reino era propiedad del rey y la reina.

Señores y damas
Los señores y las damas recibían tierras (y a menudo una casa señorial) y campesinos de los monarcas a cambio de su lealtad y ayuda militar.

Caballeros
Los caballeros recibían alimento, protección y tierras de los señores a cambio de su lealtad y servicios militares.

Siervos
Los siervos recibían comida, protección y un lugar para vivir por parte de los caballeros a cambio de trabajo y alquiler.

La peste negra

Hacia la mitad del siglo XIV la peste negra azotó Europa y mató a millones de personas. De pronto había menos campesinos para labrar la tierra y aumentó la demanda de mano de obra. Los campesinos descubrieron que podían elegir dónde y para quién trabajaban, lo que provocó el declive del feudalismo.

IMPERIOS DOMINANTES

La mezcla de culturas y religiones creó tensiones entre los reinos del sudeste asiático, que desembocaron en rivalidades, guerras y el ascenso y caída de varios imperios durante la historia de la región. No obstante, a partir del siglo XI, un grupo de grandes imperios se enzarzaron en una lucha de poder para dominar el área. Estos imperios fueron los jemer (derecha), Champa, Srivijaya, Pagan y Dai Viet.

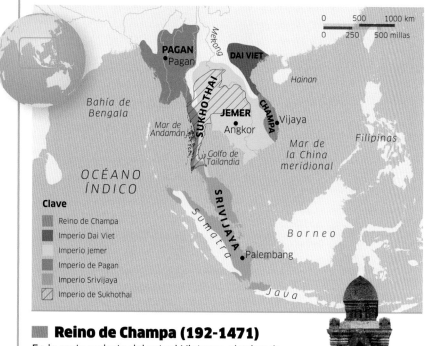

0   500   1000 km
0   250   500 millas

PAGAN
●Pagan

DAI VIET

Mekong

Hainan

Bahía de Bengala

SUKHOTHAI

JEMER
Angkor

CHAMPA

●Vijaya

Mar de Andamán

Golfo de Tailandia

Mar de la China meridional

Filipinas

OCÉANO ÍNDICO

SRIVIJAYA

Sumatra

Borneo

●Palembang

Java

Clave

- ▨ Reino de Champa
- ▨ Imperio Dai Viet
- ▨ Imperio jemer
- ▨ Imperio de Pagan
- ▨ Imperio Srivijaya
- ▧ Imperio de Sukhothai

▨ Reino de Champa (192-1471)

En la costa sudeste del actual Vietnam, el reino de Champa nació como un grupo de asentamientos. Los Champa erigieron muchas torres templo típicas de ladrillo rojo y sobrevivieron a varios ataques de sus vecinos más poderosos.

TEMPLO HINDÚ EN EL COMPLEJO MY SON, VIETNAM

MONEDAS DE SRIVIJAYA

▨ Imperio Srivijaya (*c.* 650-1288)

Este imperio marino tenía su capital en la isla indonesia de Sumatra. Controlaba todo el comercio marítimo hacia la India y China antes de perder su dominio ante la dinastía marinera Chola, de la India.

▨ Imperio de Pagan (849-1287)

Pagan empezó como una ciudad estado pero acabó uniendo a los estados adyacentes para formar un imperio en el río Irrawaddy de la actual Myanmar. Sus habitantes levantaron miles de templos budistas.

ESTATUA DE BUDA EN EL TEMPLO DE SULAMANI, MYANMAR

▨ Imperio Dai Viet (939-1804)

El Imperio Dai Viet surgió en el siglo X cerca de la actual Hanói, en Vietnam. Creó rutas comerciales en el exterior y sobrevivió las invasiones de los poderosos imperios mongol y jemer.

BUSTO DE TRAN HUNG DAO, COMANDANTE MILITAR DE DAI VIET

▧ Imperio de Sukhothai (1238-1438)

A principios del siglo XIII Sukhothai se escindió del Imperio jemer y se convirtió en el primer estado tailandés separado de la región. El nuevo imperio creció desde la actual Tailandia hacia Laos y Myanmar.

PLATO DE PIEDRA SUKHOTHAI

Imperios del sudeste asiático

A partir del siglo II d. C. el contacto con las culturas de la India, China, Europa y Oriente Medio transformó las tribus y los asentamientos de las junglas del sudeste asiático en fenomenales ciudades estado, reinos e imperios.

Las primeras sociedades del sudeste asiático recibían la influencia de la política, la religión, el arte y la arquitectura de sus vecinos, la India y China. Más tarde los mercaderes europeos y árabes llevaron su propia cultura a la región. Al combinar estas influencias de diferentes maneras, el sudeste asiático desarrolló muchas culturas diferentes. Algunas llegaron a convertirse en imperios y construyeron descomunales ciudades y miles de templos, además de puertos marinos para comerciar con el resto del mundo.

IMPERIO JEMER

El Imperio jemer (802-1431) fue uno de los mayores y más poderosos imperios de la región. Ocupaba desde el actual sur de la China hasta Malasia y comerciaba y navegaba por el río Mekong. Los jemer eran grandes constructores y crearon carreteras, canales y pantanos. La capital del imperio residía en Angkor, que en su momento de máximo esplendor fue la mayor ciudad del mundo. Tenía cientos de templos, incluido el de Angkor Wat.

> «El sufrimiento **del pueblo** es el sufrimiento del **emperador**»
>
> Emperador Jayavarman VII, 1181-1218

Angkor Wat

Miles de trabajadores erigieron a principios del siglo XII Angkor Wat, originalmente un templo hindú, para Suryavarman II, el soberano del Imperio jemer. Era un enorme complejo que cubría 2 km² de área.

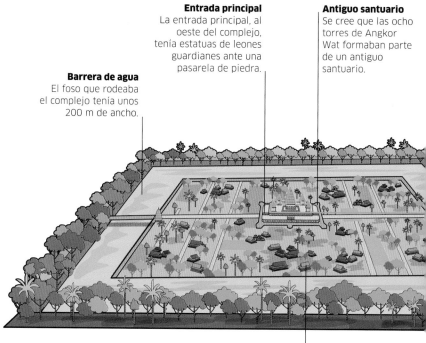

Entrada principal
La entrada principal, al oeste del complejo, tenía estatuas de leones guardianes ante una pasarela de piedra.

Antiguo santuario
Se cree que las ocho torres de Angkor Wat formaban parte de un antiguo santuario.

Barrera de agua
El foso que rodeaba el complejo tenía unos 200 m de ancho.

Casas jemer
Es probable que los jemer vivieran en casas con tejado de paja alrededor del templo.

INFLUENCIA RELIGIOSA

Las religiones de la India, China, Oriente Medio y Europa tuvieron influencia en los imperios del sudeste asiático debido a los comerciantes, conquistadores y peregrinos que viajaban por la región. Cuatro religiones principales del mundo (hinduismo, budismo, islam y cristianismo) han sido importantes en la historia del sudeste asiático.

Hinduismo a partir del siglo I
La cultura hindú se diseminó por tierra, desde la India en el noroeste, y también por mar cuando los marineros indios empezaron a llegar.

Budismo desde el siglo V
Las culturas india y china mostraron el camino del budismo a algunos imperios. Algunos templos hindúes pasaron a ser budistas.

Islam a partir del siglo X
Los mercaderes árabes cubrían las largas rutas comerciales entre Oriente Medio y Asia oriental, y llevaban consigo el islam a la región.

Cristianismo a partir del siglo XVI
Los comerciantes portugueses trajeron el cristianismo. Los misioneros ingleses, holandeses y alemanes ayudaron a difundirlo.

MALACA Y LAS ISLAS MOLUCAS

En el siglo XV se fundó la ciudad estado de Malaca en la actual Malasia y al cabo de poco se convirtió en el principal puerto para el comercio de especias de la región. En el siglo XVI los europeos llegaron ávidos de comerciar con nuez moscada, macis, clavo y pimienta.

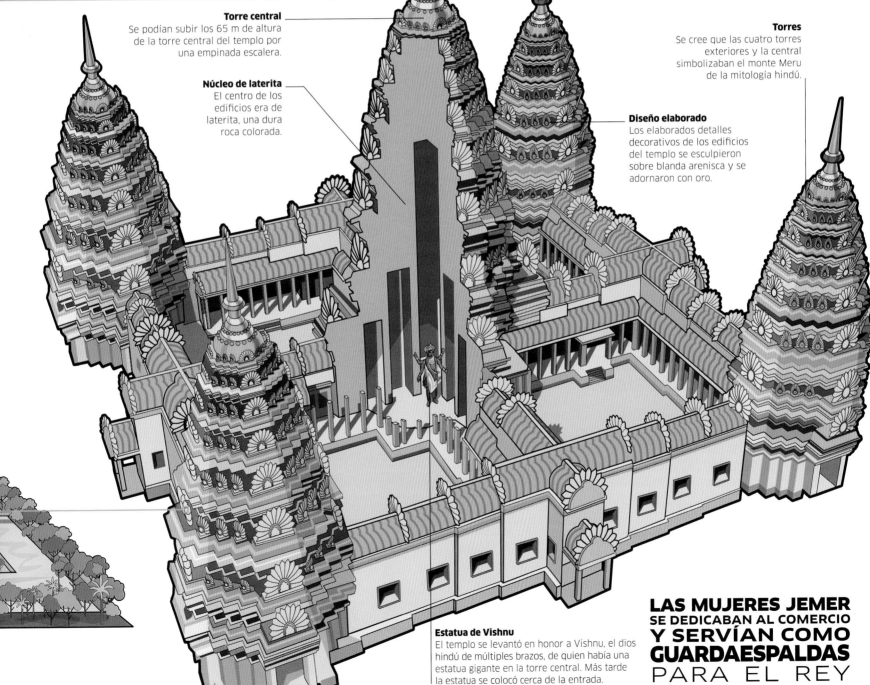

Torre central
Se podían subir los 65 m de altura de la torre central del templo por una empinada escalera.

Núcleo de laterita
El centro de los edificios era de laterita, una dura roca colorada.

Torres
Se cree que las cuatro torres exteriores y la central simbolizaban el monte Meru de la mitología hindú.

Diseño elaborado
Los elaborados detalles decorativos de los edificios del templo se esculpieron sobre blanda arenisca y se adornaron con oro.

Estatua de Vishnu
El templo se levantó en honor a Vishnu, el dios hindú de múltiples brazos, de quien había una estatua gigante en la torre central. Más tarde la estatua se colocó cerca de la entrada.

LAS MUJERES JEMER SE DEDICABAN AL COMERCIO Y SERVÍAN COMO GUARDAESPALDAS PARA EL REY

Culturas de Norteamérica

Antes de la llegada de los europeos a partir de finales del siglo XV, diversas culturas diferentes habían evolucionado por los diferentes paisajes de Norteamérica.

En sus primeros tiempos, las tribus de Norteamérica dependían de su entorno: cazaban, pescaban y recogían semillas y frutos secos para comer. Más adelante algunas de ellas empezaron a trabajar y cultivar la tierra y a criar animales para obtener comida, ropa y herramientas. Algunas eran nómadas y seguían su fuente de alimentación, como los rebaños de bisontes. Otras se asentaron al lado de ríos o construyeron estructuras en laderas. Muchas eran expertas en cestas tejidas, cerámica y escultura, y crearon obras de arte muy especiales.

Cestas tejidas
Los ancestrales pueblo eran expertos en producir cestas; las tejían con elaborados patrones y las utilizaban para recoger cultivos, frutos secos y bayas, y también para cocinar.

Ancestrales pueblo
Fecha: a partir del 1500 a. C.

Las tribus de la cultura de los ancestrales pueblo originalmente eran cazadoras-recolectoras, vivían en las regiones montañosas de los actuales estados de Arizona, Nuevo México, Colorado y Utah, y acabaron siendo granjeras. Algunos de sus asentamientos se construyeron en paredes de acantilados, como el Cliff Palace en Mesa Verde.

Cazadores
Los ancestrales pueblo cazaban animales para complementar la cosecha de los cultivos.

Maíz molido
El maíz se molía con una piedra redondeada, o mano, y una piedra plana larga, o metate.

Cerámica
Las piezas de cerámica se hacían con largas tiras de arcilla y se decoraban con patrones geométricos.

Pavos
Se criaban pavos domesticados para obtener comida; además, sus plumas y huesos servían para decorar telas y fabricar herramientas.

CULTURA ADENA
Fecha: c. 1000-100 a. C.

La cultura adena abarcaba diversas tribus que vivían en el oeste y centro de Norteamérica. Eran cazadores-recolectores, seguían rebaños y cuidaban cultivos simples. Usaban herramientas, creaban cerámica y construían grandes montículos de tierra que servían para reunirse y celebrar ceremonias.

GRAN MONTÍCULO DE LA SERPIENTE EN EL ACTUAL OHIO, EE. UU.

CULTURA HOPEWELL
Fecha: c. 200 a. C.-500 d. C.

La cultura Hopewell, un conjunto de sociedades y tribus surgidas de la cultura adena, pobló los ríos de Norteamérica oriental. Eran grandes escultores y desarrollaron una enorme red de rutas comerciales fluviales.

ESCULTURA DE UN PATO Y UN PEZ

CULTURA MISISIPIANA
Fecha: c. 700-1600

Las tribus de la cultura misisipiana eran primordialmente granjeros que cultivaban maíz, calabazas y judías. Vivían en pequeños pueblos del valle del Misisipi y construían casas y edificios sobre montículos y plataformas de tierra. También esculpían extraordinarias obras de arte y decoraban cerámica.

OLLA DECORADA

c. 100 personas vivían en el **Cliff Palace de Mesa Verde**.

50 millones de personas vivían en **Norteamérica** a finales de la **década de 1400**.

75

Viviendas
Se construyeron viviendas de varios pisos con arenisca y mortero; se accedía a través de escaleras de peldaños.

Cultivos almacenados
Las pequeñas salas del fondo del Cliff Palace servían para guardar cultivos.

Familia
El Cliff Palace estaba ocupado por diversas familias, compuestas de varias generaciones que vivían juntas.

Herramientas
Los ancestrales pueblo no usaban metales; sus herramientas eran de huesos de animal y piedra.

Cultivo de la tierra
Los ancestrales pueblo cultivaban campos de maíz y judías en el fértil suelo sobre el acantilado. Construían presas para asegurarse de tener agua suficiente para los campos.

Kiva
Una gran cámara circular subterránea conocida como kiva se usaba para celebrar reuniones comunitarias y ceremonias religiosas. Se accedía por un agujero en el tejado, que también servía para dejar salir el humo del fuego que hacían en su interior.

CAZADORES DE LAS LLANURAS
Fecha: como mínimo desde el 10 000 a. C.

Las tribus de las grandes llanuras del centro de Norteamérica eran cazadoras-recolectoras que perseguían a los rebaños de bisontes. Convertían los restos de bisonte en elementos para el día a día, como ornamentos para la cabeza. Las personas de las grandes llanuras eran nómadas y vivían en tipis, unas tiendas de forma cónica, fáciles de montar, desmontar y transportar.

BISONTE AMERICANO

LA COSTA NOROESTE
Fecha: a partir de c. 9000 a. C.

Las tribus de la costa del Pacífico obtenían alimentos del océano. Aprovechaban los árboles de los bosques costeros para construir canoas y casas. La tribu makah esculpió imágenes en piedra (petroglifos) que representaban cazadores, sacerdotes, ballenas y naves, y que han llegado a nuestros días.

PETROGLIFO MAKAH EN EL ACTUAL ESTADO DE WASHINGTON, EE. UU.

LOS DORSET Y LOS THULE
Fecha: a partir de c. 500 a. C.

Las tribus de las culturas dorset y thule vivieron en las regiones árticas de Norteamérica. Se adaptaron a la vida en climas fríos con casas de hueso y ropa de piel y cuero de animal. Las tribus dorset cazaban focas, mientras que las tribus thule usaban arpones y canoas forradas de cuero para cazar ballenas.

CASA THULE EN EL ACTUAL ONTARIO, CANADÁ

Edad de oro de China

En el siglo VII, tras un período de 400 años en los que China estaba dividida en clanes rivales, la dinastía Tang unificó el país y dio paso a una edad de oro cultural y creativa.

Bajo el nuevo régimen florecieron la poesía, la cerámica y la pintura en pergaminos. Se crearon academias para potenciar el arte y un sistema de oposiciones animaba a los eruditos a unirse al gobierno. Tras el declive de la dinastía Tang, la dinastía Song se hizo con el poder y mantuvo la prosperidad económica y cultural del imperio. Durante este período de paz y crecimiento la población china superó los 100 millones.

618-626
El gobernador Li Yuan acabó con el breve reinado de la dinastía Sui y se proclamó emperador Gaozu, el primer soberano de la dinastía Tang.

626-649
El emperador Taizong, el hijo de Gaozu, potenció la formación y el arte y amplió las fronteras del imperio.

690-705
La dinastía Zou, liderada por la emperatriz Wu Zetian, antigua amante del emperador Taizong, interrumpió brevemente la dinastía Tang.

712-756
El emperador Xuanzong fundó academias para músicos y poetas. Una rebelión comandada por el caudillo An Lushan le derrocó.

820-907
Los asesinatos políticos y la corrupción debilitaron la dinastía Tang y los ejércitos rivales se enfrentaron a lo largo del fragmentado imperio.

960-1126
La dinastía Song llegó al poder y favoreció las tradiciones chinas clásicas, mejoró las condiciones de vida y organizó un aumento de la producción de arroz y hierro.

1127-1279
Tras perder territorio en el norte contra la dinastía Jin, la dinastía Song continuó reinando en el sur, pero al final acabó cayendo ante el Imperio mongol.

Pintura en pergaminos
Pintado por Zhang Zeduan en la dinastía Song, *Junto al río* medía más de 5 m de largo. Esta versión en color del pergamino se hizo en la dinastía Qing (1644-1911).

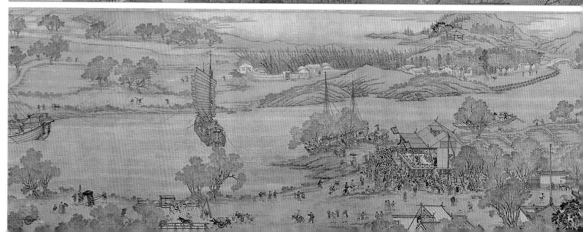

Múltiples batallas

Las primeras cuatro cruzadas incluyeron miles de soldados enfrentándose en batallas violentas por todo Oriente Medio; se produjeron intercambios de poder y tierras entre las fuerzas musulmanas y cristianas. Las batallas no paraban y Oriente Medio vivió aún cinco «cruzadas menores» más, además de otras campañas más pequeñas y conflictos internos.

La primera cruzada

Desde 638, los soberanos musulmanes controlaban Tierra Santa. En 1095 el papa Urbano II hizo una llamada a la primera cruzada y, un año más tarde, los ejércitos marchaban hacia el este para recuperar la ciudad de Jerusalén de manos musulmanas. Al cabo de tres años de luchas habían conseguido el control de la ciudad y fundado cuatro estados cruzados.

EL ASEDIO DE JERUSALÉN

La segunda cruzada

Tras la derrota en la primera cruzada, el Imperio selyúcida musulmán declaró la *yihad* (guerra santa) contra los estados cruzados. Los soldados alemanes y franceses marcharon hacia el este, pero las fuerzas selyúcidas les derrotaron en Damasco, en tierras de la actual Siria.

La tercera cruzada

Al cabo de 40 años Saladino, sultán musulmán de Egipto, capturó la ciudad de Jerusalén de manos de los cruzados. Una tercera cruzada liderada por muchos reyes, como el rey Ricardo Corazón de León,

REY RICARDO I

de Inglaterra, devolvió la región al dominio cristiano, pero no consiguió retomar Jerusalén. Ricardo y Saladino pactaron un tratado que permitía a los peregrinos cristianos llegar hasta la ciudad.

La cuarta cruzada

El papa Inocencio III convocó la cuarta cruzada para, una vez más, intentar recapturar Jerusalén. Sin embargo, los ejércitos se desviaron hacia Constantinopla y los cruzados saquearon todas las riquezas de la ciudad.

Cruzadas 5-9

Durante los siguientes 90 años, los cruzados se enzarzaron en otras cinco campañas santas para acabar viendo debilitarse su influencia en Oriente Medio. Su presencia en Tierra Santa acabó a finales del siglo XIII, cuando una nueva dinastía musulmana, los mamelucos, liderada por el sultán Baibars, obligó a los cruzados cristianos a retirarse y volver a casa.

SULTÁN BAIBARS

Cronología

1095-1099

1147-1149

1189-1192

1202-1204

1217-1291

Las cruzadas

Desde finales del siglo X los ejércitos cristianos europeos se embarcaron en unas campañas militares, conocidas como las cruzadas, para invadir los imperios musulmanes y hacerse con el control de las ciudades de Tierra Santa, región de Oriente Medio sagrada para cristianos y musulmanes.

Durante los siguientes 200 años, los reyes y nobles europeos organizaron estas campañas y miles de caballeros partían hacia el este para enfrentarse a los musulmanes. Primero los cruzados lograron la victoria y capturaron varias ciudades estratégicas en Oriente Medio aprovechando la división entre los imperios musulmanes. Los cruzados fundaron pequeños reinos y erigieron grandes castillos en la región para defender las nuevas tierras conquistadas. No obstante, las fuerzas musulmanas defendieron su tierra y acabaron derrotando a los cruzados, que se vieron obligados a regresar a Europa.

Aspilleras
Gracias a aberturas en murallas y torres, los arqueros podían disparar al enemigo.

Crac de los Caballeros

Los cruzados construyeron, adaptaron y capturaron muchos castillos para defender los estados recién creados. Los musulmanes habían construido Crac de los Caballeros, en la actual Siria, en 1031, pero los cristianos lo capturaron en 1110 y lo ampliaron entre 1142 y 1170. Con sus gruesas murallas y torres de piedra, este castillo demostró ser una fortaleza formidable.

Un largo viaje hacia el este

La mayoría de los cruzados marchaban hacia el este durante meses a través de territorios peligrosos, llevando armaduras pesadas y con todo su equipo y provisiones. Viajaban más de 3200 km desde Europa occidental a Jerusalén. En las últimas cruzadas se acercaban navegando a través del mar Mediterráneo, un trayecto más rápido y seguro que por tierra.

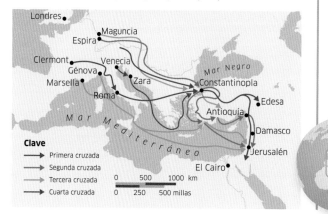

Londres
Espira
Maguncia
Clermont
Venecia
Génova
Marsella
Roma
Zara
Mar Negro
Constantinopla
Edesa
Antioquía
Mar Mediterráneo
Damasco
Jerusalén
El Cairo

Clave
→ Primera cruzada
→ Segunda cruzada
→ Tercera cruzada
→ Cuarta cruzada

0   500   1000 km
0   250   500 millas

Escalada de murallas
Las fuerzas invasoras usaban largas escaleras para escalar las murallas exteriores del castillo.

Matacanes
Los matacanes, unos orificios en el suelo del borde de las almenas, permitían al ejército defensor tirar rocas y aceite hirviendo a los invasores que estaban abajo.

Durante las cruzadas **se formaron** varias órdenes religiosas de caballeros, como los **caballeros templarios** y los **caballeros hospitalarios**.

2000 caballeros podían alojarse como máximo en Crac de los Caballeros.

79

Orden de caballeros
Los caballeros hospitalarios, que controlaban Crac de los Caballeros, formaban una orden que vestía ropa negra y cruces blancas.

Ciudadela interior
En la parte central del castillo había una capilla y un gran salón; se entraba por una segunda puerta, muy bien defendida.

Catapultas de defensa
Los cruzados usaban trabuquetes, unas catapultas con las que lanzaban grandes rocas desde la parte superior de las torres. Disparaban contra las torres y máquinas de asedio, y para romper las líneas de ataque del enemigo.

Ariete
Esta arma de asedio era la favorita de muchos ejércitos y servía para romper las murallas y puertas del castillo. Los soldados que lo manejaban estaban protegidos por un tejado que desviaba las flechas y el aceite hirviendo.

Foso
Entre las murallas exteriores y la ciudadela interior había un foso de agua, otra barrera más para los invasores.

Torretas
La muralla exterior del castillo disponía de diversas torres redondas para que los soldados se pudieran defender en cualquier dirección.

REINO DE AKSUM
Fecha: 100-900 d. C.

Aksum, en la costa del mar Rojo, en las actuales Etiopía y Eritrea, se enriqueció con el comercio. El reino se convirtió al cristianismo hacia el 340 d. C. Cuenta la leyenda que los reyes de Aksum eran descendientes del rey Salomón y la reina de Saba, figuras importantes de la Biblia.

MONEDA AKSUMITA

IMPERIO KANEM-BORNU
Fecha: c. 700-c. 1840

Surgió alrededor del lago Chad, en el extremo sur de la ruta comercial que cruzaba el desierto del Sahara hacia otros asentamientos de la costa mediterránea. Los comerciantes intercambiaban sal, plumas de avestruz y marfil por caballos y armas. El imperio alcanzó su cenit el siglo XVII.

PARTE DE UN ARNÉS DE CABALLO KANEM-BORNU

«Entre las minas de oro de las planicies... hay una fortaleza **hecha de piedra** de un enorme tamaño»

Vicente Pegado, capitán portugués, tras visitar Gran Zimbabue, 1531

Reinos subsaharianos

Hace unos 3000 años grupos de granjeros empezaron a migrar desde las selvas tropicales de África occidental hacia gran parte del África subsahariana, la gran región de África por debajo del desierto del Sahara.

Estos granjeros hablaban muchas formas diferentes de lenguas bantúes y enseñaron a trabajar el hierro a los cazadores-recolectores y ganaderos de las praderas. Hacia el 100 a. C. los asiáticos llevaron camellos domados al norte de África. Los comerciantes norteafricanos por fin podían cruzar el desierto del Sahara y volver con el oro del África subsahariana. Estos cambios permitieron la aparición de reinos organizados en diferentes partes de la región.

REINO DE ZIMBABUE
Fecha: del siglo XII a 1450

La ciudad de Gran Zimbabue fue el centro del poderoso reino de Zimbabue, en el sudeste de África. Sus soberanos controlaban el comercio de oro entre las regiones interiores y la costa del océano Índico. El actual Zimbabue debe su nombre a este reino. La Gran Cerca, la parte más impresionante de la ciudad, debía de ser el palacio real.

Pasillo estrecho
Los historiadores creen que el estrecho pasadizo de 55 m entre la muralla exterior y las paredes interiores se podía haber usado como vía de escape secreta en caso de invasión de la ciudad.

Casa de arcilla
Puede que un grupo de cabañas de paredes de arcilla y techo de paja, en un círculo amurallado, fuera la morada del rey y su familia.

Pared interior
Un laberinto de paredes interiores dentro de la Gran Cerca dividía los espacios públicos y privados.

Muralla exterior
Algunos puntos de la muralla exterior de bloques de granito tenían una altura de 9,7 m.

REINO DE BENÍN
Fecha: 1200-1897

El acaudalado reino de Benín, en la actual Nigeria, fue gobernado por un poderoso rey, conocido como oba. Los habitantes del reino, los edo, realizaban muchos tipos de arte, incluida una delicada forja. En 1897 los soldados británicos asaltaron el palacio del oba y saquearon todos sus tesoros.

ESCULTURA DE BRONCE DE BENÍN

1 millón de **piedras** se emplearon aproximadamente para levantar la **Gran Cerca** de **Gran Zimbabue**.

100 000 personas eran la **población de Tombuctú**, capital del **Imperio de Malí**, en **1500**.

81

Ave de roca de jabón
Se encontraron al menos ocho esculturas de roca de jabón de un ave similar a un águila, en las ruinas de Gran Zimbabue.

Torre cónica
La elevada torre al final del pasadizo quizá tenía un significado religioso o simbólico.

Cenefas
Parte de la muralla exterior estaba decorada con una cenefa de cabrios (formas en V).

Patio
Es posible que el gran patio cerca de la entrada se usara para realizar ceremonias.

IMPERIO DE MALÍ
Fecha: desde 1230 hasta el siglo XVI

El Imperio de Malí queda en el extremo sudoeste del desierto del Sahara. Su rey más famoso, Mansa Musa I, era musulmán y la persona más rica del mundo en su día. Encargó la construcción de la Gran Mezquita en Tombuctú, una ciudad famosa por sus artistas y científicos.

CERÁMICA MALIENSE

REINO DEL CONGO
Fecha: 1390-1914

El reino del Congo, en la actual Angola, fue el país más poderoso de África central gracias al comercio de telas y cerámica. Sus soberanos se convirtieron al cristianismo tras la llegada de los comerciantes portugueses en 1483. En 1914 se convirtió en colonia portuguesa.

ESPADA CONGOLEÑA

IMPERIO SONGHAI
Fecha: c. 1335-1591

Sonni Alí fue su primer soberano. Controlaba las rutas comerciales del oro que cruzaban el Sahara desde el Imperio de Malí, entonces en declive. La capital de Songhai estaba en Gao, al lado del río Níger, en el actual Mali.

TUMBA DEL EMPERADOR SONGHAI ASKIA MOHAMED

82 el mundo medieval ∘ EXPANSIÓN POLINÉSICA

Las estatuas de la Isla de Pascua habían tenido ojos de coral y un cristal volcánico conocido como obsidiana.

Expansión polinésica

Hacia el 1400 a. C., los habitantes de Nueva Guinea, en el sudeste asiático, zarparon hacia el este en busca de nuevas tierras y se asentaron en miles de islas del Pacífico, conocidas como Polinesia (es decir, «muchas islas»).

La Polinesia abarca desde Nueva Zelanda al sur hasta Hawái en el norte y la Isla de Pascua en el este. Los barcos de los primeros polinesios partieron hacia el este y continuaron explorando y asentándose por el Pacífico hasta diseminar las culturas polinésicas por toda la región al este de Fiyi. Los polinesios compartían idiomas y creencias similares, pero desarrollaron identidades y estilos de vida propios.

OLEADAS DE MIGRACIONES

Los lapita del archipiélago de Bismarck, ante la costa de Nueva Guinea, zarparon hacia Fiyi, Samoa y Tonga hacia el 1400 a. C. Al cabo de más de mil años se asentaron en las islas orientales de la Polinesia. Pocos siglos después descubrieron y colonizaron Hawái y la Isla de Pascua. La última migración se produjo hace unos 1000 años, cuando los marinos polinésicos atracaron en Nueva Zelanda.

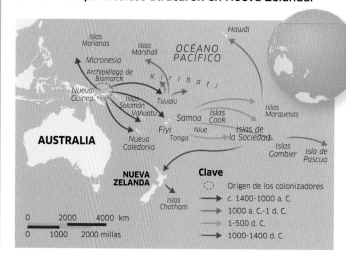

Clave
- ⊙ Origen de los colonizadores
- → c. 1400-1000 a. C.
- → 1000 a. C.-1 d. C.
- → 1-500 d. C.
- → 1000-1400 d. C.

CANOA POLINÉSICA

Los polinesios eran marineros expertos e idearon las conocidas canoas polinésicas, con sus dos cascos unidos entre sí con troncos y cuerda. Había canoas polinésicas de diferentes tamaños, y eran rápidas, robustas y capaces de aguantar viajes de 4800 km. Se cree que los polinesios fueron los primeros que navegaron por mar abierto con la ayuda de las estrellas, las corrientes marinas, los patrones meteorológicos y la migración de las aves para conocer su ubicación.

Cuerda
Los polinesios hacían cuerda con fibras de coco para mantener los mástiles en posición vertical.

Proa
La proa de la canoa cortaba las aguas agitadas.

DISEMINACIÓN DE ANIMALES

Los exploradores polinésicos llevaban animales, como cerdos, pollos y cerdos, cuando partían hacia nuevas islas. Los perros servían para cazar, mientras que los cerdos y los pollos eran para comer. Unos polizones, las ratas, atraídas por la comida de las canoas, también proliferaron de isla en isla. Estos nuevos animales y la excesiva caza de los colonos causó la extinción de muchos mamíferos y aves autóctonos.

CERDO

RATA

POLLO

DINASTÍA SAUDELEUR

La dinastía Saudeleur (c. 1100-1628) fue uno de los primeros gobiernos organizados de la región; gobernó la isla de Pohnpei, Micronesia, durante más de 500 años. La fundaron dos gemelos, Olisihpa y Olosohpa, que llegaron en canoa.

Nan Madol
La capital de la dinastía Saudeleur, Nan Madol, disponía de islas y canales artificiales. Los historiadores la llaman «la Venecia del Pacífico».

HAWÁI

Los exploradores polinésicos se asentaron en Hawái, un archipiélago de islas volcánicas, hacia el 400 d. C. Durante varios siglos las migraciones desde Tahití y las islas de la Sociedad llevaron nuevas religiones e ideas a las islas. Cuando acabaron las migraciones, Hawái empezó a desarrollar una cultura, arte y espiritualismo propios, incluida Ho'omana (que significa «crear fuerza vital»). Los seguidores de Ho'omana meditaban mientras visualizaban símbolos especiales para concentrar mente y cuerpo.

Kahanu
El símbolo de la energía.

Ke-Ao Lanihuli
El símbolo de la pureza.

Uli-Nana-Pono
El símbolo de la calma.

Kahanuala
El símbolo de la respiración.

CULTURA MAORÍ

En el siglo XIII los maoríes fueron los primeros en asentarse en lo que ahora se conoce como Nueva Zelanda y que ellos denominaron Aotearoa, la «tierra de la gran nube blanca». Los colonos vivían en grandes grupos liderados por jefes. Las creencias se transmitían por medio de canciones y danzas y veneraban a más de 70 dioses.

Máscara maorí
Las máscaras tradicionales de los maoríes eran de madera esculpida y muy elaboradas. Las máscaras honraban a sus antepasados.

25 millones de km² es el **área total** que ocupa **Polinesia** en el océano Pacífico.

10 500 km viajaron los polinesios a lo largo de generaciones desde **Nueva Guinea** hasta la **Isla de Pascua**.

83

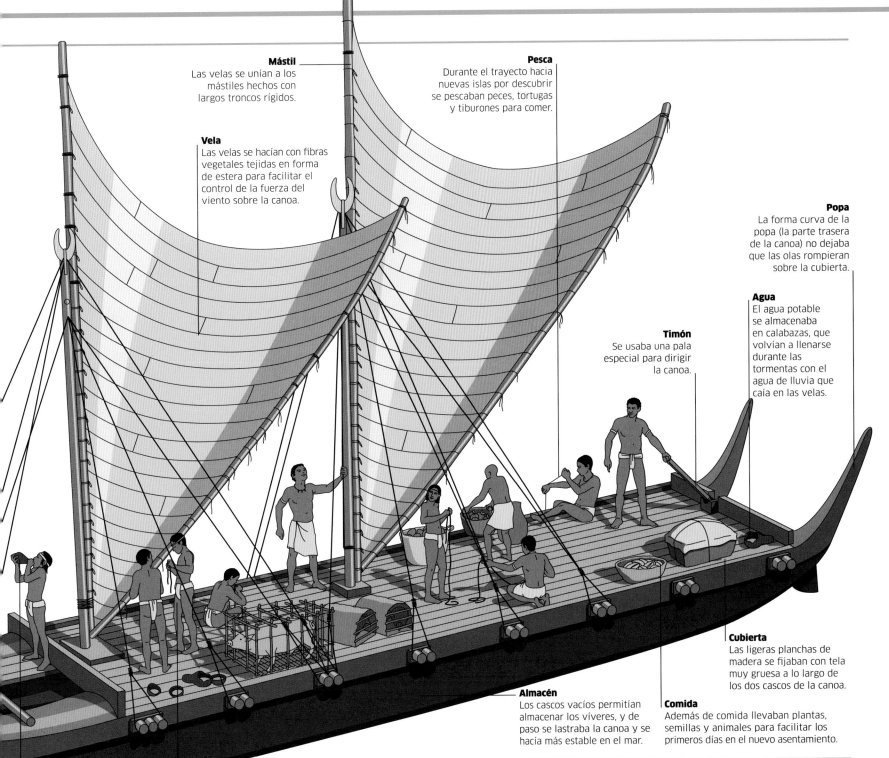

Mástil
Las velas se unían a los mástiles hechos con largos troncos rígidos.

Vela
Las velas se hacían con fibras vegetales tejidas en forma de estera para facilitar el control de la fuerza del viento sobre la canoa.

Pesca
Durante el trayecto hacia nuevas islas por descubrir se pescaban peces, tortugas y tiburones para comer.

Popa
La forma curva de la popa (la parte trasera de la canoa) no dejaba que las olas rompieran sobre la cubierta.

Agua
El agua potable se almacenaba en calabazas, que volvían a llenarse durante las tormentas con el agua de lluvia que caía en las velas.

Timón
Se usaba una pala especial para dirigir la canoa.

Cubierta
Las ligeras planchas de madera se fijaban con tela muy gruesa a lo largo de los dos cascos de la canoa.

Almacén
Los cascos vacíos permitían almacenar los víveres, y de paso se lastraba la canoa y se hacía más estable en el mar.

Comida
Además de comida llevaban plantas, semillas y animales para facilitar los primeros días en el nuevo asentamiento.

Explorador polinésico
Diversas familias viajaban en la canoa en busca de nuevas islas por colonizar.

Caracola
Usaban grandes caracolas, conocidas como *pu*, para comunicarse a través del agua entre la canoa y las personas en tierra firme.

Casco
Para crear los cascos principales de la canoa se vaciaban grandes troncos de árbol.

Los navegantes polinesios
usaban conchas, palos y fibras de coco para confeccionar mapas esquemáticos de las islas y las corrientes marinas que habían experimentado en sus viajes.

ISLA DE PASCUA
Los polinesios colonizaron Rapa Nui (conocida hoy como Isla de Pascua) entre el 800 y el 1200 d. C. Construyeron enormes estatuas de piedra, los moáis, que representaban a sus ancestros y se les veneraba como dioses. Cuando creció la población, se formaron tribus que luchaban por los recursos, como la madera y la comida, cada vez más escasos. Después de *c.* 1500, los habitantes de Rapa Nui tumbaron las estatuas de moái y adoptaron un nuevo credo, con dioses nuevos. Organizaron rituales para competir entre ellos cada dos años para elegir qué tribu era la soberana de toda la isla.

Estatuas de moái
Todas las estatuas de moái miraban hacia el mar y estaban situadas en plataformas ceremoniales.

El Imperio mongol

A finales del siglo XII e inicios del XIII las tribus mongolas eran nómadas que vivían en las praderas de Asia central. Temüjin, un jefe que asumió más tarde el nombre de Genghis Kan («soberano universal»), las unificó en 1206. Desde ese momento hasta 1368, conquistaron grandes partes de Asia, Oriente Medio y Europa para acabar formando uno de los mayores imperios de la historia.

Genghis Kan y sus descendientes lideraron grandes ejércitos de guerreros hábiles en la lucha a caballo y aprovecharon esta potencia militar para superar a sus enemigos y ampliar el territorio. Así, el Imperio mongol acabó cubriendo un área de más de 23 millones de km². A pesar de que el imperio se creó a base de conquistas de guerra, el dominio mongol aportó paz y estabilidad, y los viajeros podían cruzar sus territorios de Asia y Europa bajo una relativa seguridad.

1185-1206
Genghis Kan unió las tribus nómadas de Asia central.

1219-1221
Los mongoles derrotaron a la dinastía jorezmita en Asia central y se quedaron sus tierras y rutas comerciales de Europa a Asia.

1227-1241
Tras la muerte de Genghis Kan, su hijo Ögodei se convirtió en el Gran Kan, amplió el imperio y conquistó el norte de la China.

1241-1251
Tras la muerte de Ögodei se produjo una lucha por el poder que duró años y que se resolvió cuando el nieto de Genghis Kan, Mongke Kan, derrotó a sus rivales y se quedó con el trono.

1258
El Imperio mongol conquistó partes de Oriente Medio, saqueó Bagdad y acabó con el dominio de la dinastía musulmana abasí.

1260-1294
Tras un período de guerra civil, Kublai Kan tomó el control del Imperio mongol. Derrotó a la dinastía Song y fundó la dinastía Yuan. Fue el primer soberano no chino de la historia de China.

1330-1368
El Imperio mongol se fragmentó tras la muerte de Kublai Kan y se debilitó aún más por el auge de la peste bubónica. En China, la dinastía Ming derrotó a la dinastía Yuan.

El asedio de Bagdad
El Imperio mongol atacó Bagdad, en el actual Irak, en 1258; este ataque inició la caída del califato musulmán abasida. Las fuerzas mongolas bajo el mando de Hulagu Kan avanzaron hasta conquistar casi toda Asia occidental.

86 el mundo medieval ∘ **AMÉRICA ANTIGUA**

12 **millones de personas** habitaban en el **Imperio inca** durante el siglo XV.

América antigua

Aproximadamente entre el 3000 a. C. y el 1697 d. C. proliferaron poderosas civilizaciones e imperios en los actuales México, América Central y las regiones occidentales de Sudamérica.

Una de las primeras civilizaciones que se formaron en América fue la de Caral (a partir de c. 3200 a. C.), que cultivó algodón en las regiones costeras del actual Perú. La posterior olmeca de México (1200–400 a. C.) erigió grandes edificios y creó esculturas y monumentos. A partir de estas dos primeras culturas surgieron tres magníficas civilizaciones: los mayas y los aztecas en México y los incas en Perú. Estos cuatro grandes imperios levantaron asentamientos en calurosos desiertos, densas junglas e inhóspitas laderas. Construyeron enormes pirámides, inmensas redes de carreteras e idearon maneras originales de crear granjas en entornos adversos. Eran fervientes religiosos y celebraban ceremonias fastuosas, y realizaban sacrificios humanos para satisfacer a los muchos dioses que tenían. Decoraban sus templos y edificios religiosos con oro, un recurso abundante en estas civilizaciones; también lo usaban en joyas y ornamentos.

Los incas

El Imperio inca se fundó en 1438 en la costa del Pacífico de Sudamérica. Los incas eran expertos canteros que construyeron unos 40 000 km de carreteras y grandes ciudades en las laderas de las montañas. La ciudad de Machu Picchu («montaña antigua») estaba a 2430 m sobre el nivel del mar, junto al Huayna Picchu, un pico de los Andes. La ciudad se abandonó en tiempos de la conquista española del siglo XVI y no fue descubierta por los exploradores occidentales hasta 1911.

Templo del Sol
Los incas visitaban este edificio semicircular para venerar al dios Sol, Inti. Un altar del interior del templo estaba alineado perfectamente con una ventana y el Sol durante el solsticio de verano; se supone que servía para realizar ceremonias religiosas.

Calefacción solar
La orientación de los edificios incas era crucial: el Sol los calentaba todo el día y así sus residentes no pasaban frío de noche.

Palacio real
Los incas usaron su mejor piedra para construir el palacio que pudo haber ocupado el emperador Pachacuti en 1450.

Áreas sociales
La ciudad disponía de grandes plazas cuadradas para reunirse y presenciar las ceremonias y los festivales religiosos.

Intihuatana
Esta piedra ritual estaba situada en la parte superior de una gran pirámide escalonada y hacía de reloj o calendario astronómico para planificar los cultivos o celebrar los festivales de culto al Sol.

Carreteras

Los incas construyeron carreteras de piedra que fragmentaban el paisaje montañoso. Este vasto sistema de carreteras servía para comunicar ciudades. Los mensajeros corrían de un lugar a otro hasta puntos intermedios entre ciudades, donde se relevaban.

Ladrillos

Los constructores esculpían los ladrillos para que quedaran perfectamente ajustados en su sitio y no hiciera falta mortero para unirlos.

Bancales

Se excavaban terrazas escalonadas, o bancales, en las laderas inclinadas para poder cultivar plantas, como maíz, cacao y patatas. Las paredes de piedra evitaban sesprendimientos de tierra causados por la lluvia.

Llamas

Usaban animales domésticos, como las llamas, para transportar bienes entre pueblos.

Herramientas agrícolas

Los incas usaban herramientas polivalentes como la *raucana* (una herramienta agrícola rudimentaria) para labrar el suelo, cosechar las patatas y retirar las malas hierbas.

LOS AZTECAS
Fechas: 1325-1521

Los emperadores aztecas gobernaban casi todo el actual México y contaban con millones de súbditos a los que controlaban bajo amenazas de guerra, violencia y sacrificios rituales. La capital azteca, Tenochtitlán, se levantó en una isla pantanosa del lago Texcoco, justo donde está la actual Ciudad de México. Tenía una pirámide en el centro y muchos templos, además de islas artificiales que servían para cultivar plantas.

ESCULTURA AZTECA DE SERPIENTE DE DOS CABEZAS

LOS MAYAS
Fechas: 1000 a. C.–1697 d. C.

La civilización maya se extendía desde la península de Yucatán en el actual México hasta partes de América Central y estaba compuesta por ciudades estado autónomas, como Palenque. Los mayas tenían su propia lengua escrita y eran expertos matemáticos y constructores. Como no tenían una capital central que lo dominase todo, los españoles no lo tuvieron fácil cuando invadieron a los mayas en el siglo XVI para someterlos. Los europeos tuvieron que dedicar casi 200 años para conquistarlos.

MÁSCARA MAYA DE JADE

LOS OLMECAS
Fechas: c. 1200-c. 400 a. C.

La civilización olmeca surgió en la costa meridional del golfo de México. Vivían en grandes asentamientos y cultivaban maíz y judías. Los olmecas comerciaban con bienes de jade y obsidiana y esculpían cabezas de piedra de hasta 3 m de altura. Veneraban a muchos dioses y consideraban sagrados algunos animales. Algunas civilizaciones posteriores, como los aztecas y los mayas, adoptaron muchas de sus creencias. Es posible que los olmecas desarrollaran la primera escritura de las Américas.

ESCULTURA OLMECA DE UNA CABEZA

88 el mundo medieval ∘ **CHINA MING**

24 emperadores residieron **en la Ciudad Prohibida de manera consecutiva** entre las dinastías Ming y Qing.

China Ming

En 1368 la dinastía Ming se impuso a la dinastía mongola Yuan y gobernó China durante 276 años. El período Ming fue una era de cambio para China.

Los primeros emperadores Ming fortificaron las fronteras del norte para proteger el país de los invasores mongoles. Se potenciaron el comercio y la exploración, y se importaron nuevos tipos de alimentos de todo el mundo, lo que provocó un aumento de los cultivos. La población se duplicó con creces. No obstante, en el último siglo de la dinastía, unos años de problemas de dinero y las malas cosechas provocaron la rebelión, hasta que la dinastía Ming acabó desmoronándose en 1644.

EL EMPERADOR HONGWU

En 1368 Zhu Yuanzhang fue el primer emperador de la dinastía Ming y pasó a ser conocido como el emperador Hongwu. Asumió todas las partes del gobierno bajo su propia autoridad y redactó un nuevo código legal. Hongwu era un líder exigente, pero también veía la sombra de la traición por doquier, y por ello creó una fuerza policial secreta para proteger su poder.

Guerrero campesino
Zhu Yuanzhang nació entre la pobreza, pero dirigió las fuerzas que se enfrentaron a la dinastía Yuan y acabó siendo emperador.

VIAJES DE ZHENG HE

Zheng He (1371-1433) fue uno de los más grandes exploradores de China. Como almirante de la flota imperial, capitaneó siete viajes de una flota valiosa, compuesta por cientos de barcos, hacia la India, el golfo Pérsico y la costa este de África. Se puso en contacto con nuevas culturas, amplió la influencia de China y volvió cargado de especias, gemas y representantes comerciales de otros países.

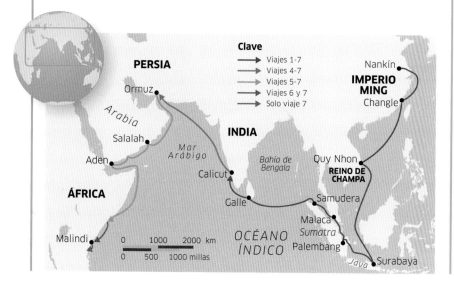

Clave
→ Viajes 1-7
→ Viajes 4-7
→ Viajes 5-7
→ Viajes 6 y 7
→ Solo viaje 7

PERSIA
Ormuz
Arabia
Salalah
Aden
ÁFRICA
Malindi
Mar Arábigo
INDIA
Calicut
Galle
OCÉANO ÍNDICO
Bahía de Bengala
Samudera
Malaca
Sumatra
Palembang
Java
Surabaya
Quy Nhon
REINO DE CHAMPA
Nankín
IMPERIO MING
Changle

0   1000   2000 km
0   500   1000 millas

LA GRAN MURALLA

Durante la era de la dinastía Ming se reconstruyó y amplió la Gran Muralla China para proteger al imperio de las invasiones de las tribus mongolas del norte. Gracias a las nuevas técnicas de construcción se reforzó la muralla con almenas, torres de vigía y fortalezas militares.

Atalaya hacia el norte
Gracias a las nuevas torres de vigía los militares chinos podían vigilar la frontera y reaccionar con rapidez ante cualquier ataque enemigo.

LA CIUDAD PROHIBIDA

El tercer emperador de la dinastía Ming, Yongle (que gobernó entre 1402 y 1424), desplazó la capital a Pekín. En 1406 ordenó la construcción de un nuevo complejo de palacios para alojar a la familia imperial, los funcionarios de la corte e importantes visitantes forasteros, además de muchos sirvientes. El palacio estaba muy protegido y se restringía el acceso al complejo; por ello pasó a conocerse como la Ciudad Prohibida. Fue uno de los mayores palacios del mundo, con 980 edificios y unas 9000 habitaciones. Su sinfín de edificios estaban coronados por tejas de color amarillo oro, el color oficial del emperador.

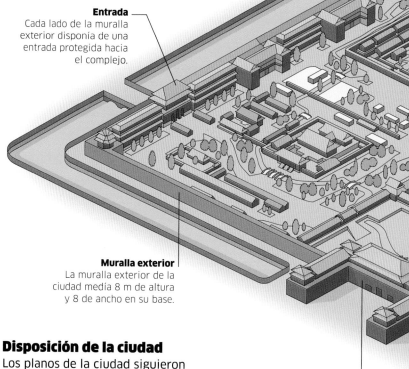

Entrada
Cada lado de la muralla exterior disponía de una entrada protegida hacia el complejo.

Muralla exterior
La muralla exterior de la ciudad medía 8 m de altura y 8 de ancho en su base.

Puerta sur
La entrada principal del complejo estaba situada en la muralla meridional.

Disposición de la ciudad

Los planos de la ciudad siguieron las antiguas normas chinas del diseño. Los edificios importantes miraban hacia el sur para venerar al Sol, y los palacios ceremoniales se agrupaban de tres en tres para simbolizar el paraíso y lo sagrado.

c. 27 800 marineros formaban la **tripulación de** la flota de Zheng He en su **primer viaje**.

En 2014, un **jarrón de porcelana** de la dinastía Ming se vendió por **21,6 millones de dólares**.

89

PORCELANA MING

En 1369 el emperador Hongwu volvió a abrir la fábrica de porcelana imperial, fundada por la anterior dinastía Song, en Jingdezhen. La fábrica perfeccionó las antiguas técnicas creadas por la dinastía Tang para producir piezas de porcelana para el palacio imperial. El famoso azul y blanco de la porcelana Ming cobró popularidad y se exportó por todo el planeta.

CANTIMPLORA DE PEREGRINO

JARRÓN GLOBULAR

JARRÓN DE BOCA ANCHA

Camino sagrado
El camino de 7 km que lleva hasta la tumba del emperador Yongle está flanqueado por estatuas de generales, funcionarios imperiales y animales.

TUMBAS MING

A los pies del monte Tianshou, al norte de Pekín, los emperadores de la dinastía Ming erigieron un complejo de mausoleos conocido como las Tumbas de la dinastía Ming. Todo el complejo cubría un área de 120 km².

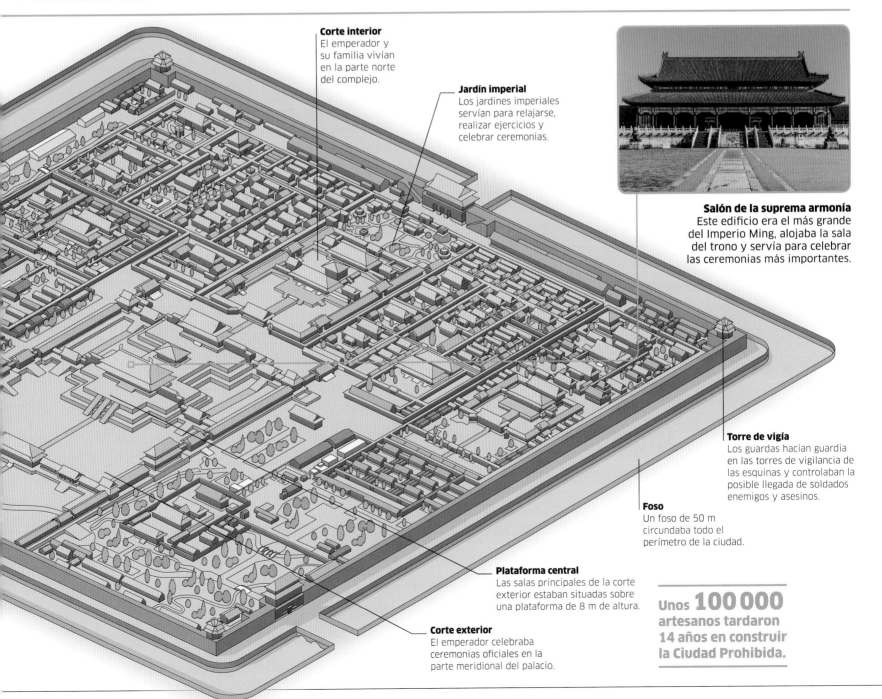

Corte interior
El emperador y su familia vivían en la parte norte del complejo.

Jardín imperial
Los jardines imperiales servían para relajarse, realizar ejercicios y celebrar ceremonias.

Salón de la suprema armonía
Este edificio era el más grande del Imperio Ming, alojaba la sala del trono y servía para celebrar las ceremonias más importantes.

Torre de vigía
Los guardas hacían guardia en las torres de vigilancia de las esquinas y controlaban la posible llegada de soldados enemigos y asesinos.

Foso
Un foso de 50 m circundaba todo el perímetro de la ciudad.

Plataforma central
Las salas principales de la corte exterior estaban situadas sobre una plataforma de 8 m de altura.

Corte exterior
El emperador celebraba ceremonias oficiales en la parte meridional del palacio.

Unos **100 000** artesanos tardaron **14 años en construir** la Ciudad Prohibida.

LA EDAD DE LA EXPLORACIÓN

Entre los siglos XIV y XVII los nuevos descubrimientos transformaron el conocimiento que se tenía del mundo. En Asia, Oriente Medio y Europa, los científicos consiguieron avances revolucionarios, mientras que los artistas usaron nuevos métodos para retratar el mundo de una manera realista. Los europeos exploraron y colonizaron América, para desgracia de las poblaciones nativas.

GRILLETES PARA ESCLAVOS

1619: llegan esclavos a Jamestown
Los primeros esclavos africanos llevados a las colonias inglesas de América fueron obligados a trabajar en plantaciones de tabaco. Durante los siglos siguientes miles de africanos fueron arrancados de sus casas para ser vendidos.

1632-1653: Taj Mahal
El quinto emperador mogol, Shah Jahan, ordenó la construcción de muchos palacios y mezquitas. El Taj Mahal era una tumba para su mujer, Mumtaz Mahal. El propio Shah Jahan fue enterrado allí tras su muerte.

TAJ MAHAL

JAMESTOWN

1607: Jamestown
Un grupo de colonos ingleses levantaron un asentamiento bajo el nombre de Jamestown en las orillas del río James, en la actual Virginia. Fue la primera colonia inglesa que consiguió sobrevivir en Norteamérica.

ACTOR DE KABUKI

1603: Japón Edo
Tokugawa Ieyasu unificó Japón bajo su poder y situó la capital en Edo (actual Tokio). Así empezó una época de paz en Japón en la que el país brilló por su arte. El público descubrió una nueva forma de teatro, el kabuki.

BARCO TORTUGA COREANO

Cronología de la edad de la exploración

A partir del siglo XV la reciente curiosidad por descubrir el mundo impulsó a efectuar atrevidos viajes, preguntarse sobre creencias rotundas e iniciar la ciencia moderna.

Cuando el explorador italiano Cristóbal Colón pisó tierra firme en las Américas en 1492, descubrió nuevos continentes para la exploración europea; los países de Europa empezaron a crear imperios que rivalizaban con los de Asia oriental, la India y el Oriente Medio islámico. En la propia Europa, el redescubrimiento del conocimiento antiguo llevó al Renacimiento («volver a nacer»), un período de fenomenales logros artísticos y culturales. Le siguió la revolución científica, una época de nuevos descubrimientos e invenciones, muchos de los cuales desafiaban las visiones del universo aceptadas previamente.

1520-1566: Solimán el Magnífico
Solimán el Magnífico fue el emperador que tuvo más tiempo el poder del Imperio otomano; vivió la edad de oro del arte, la artesanía, la ciencia y la arquitectura islámicas.

PLATO OTOMANO DECORADO

GLOBO TERRÁQUEO DEL SIGLO XVI

1519-1522: viaje de Magallanes
El explorador portugués Fernando de Magallanes capitaneó una expedición para circunnavegar la Tierra. Aunque Magallanes murió durante el viaje, la tripulación de uno de los cinco barcos consiguió volver a casa.

HERNÁN CORTÉ

IMPRENTA DE GUTENBERG

Década de 1450: la Biblia de Gutenberg
Johannes Gutenberg inventó una imprenta que revolucionó la producción de libros. Uno de los primeros libros que produjo en masa fue una versión de la Biblia, lo que hizo llegar sus palabras a una mayor audiencia.

1453: caída de Constantinopla
Los otomanos islámicos conquistaron Constantinopla (actual Estambul), la capital del Imperio bizantino. Los eruditos y científicos cristianos huyeron de la ciudad hacia Europa y con ellos trajeron nuevas ideas y antiguos textos que contribuyeron a iniciar el Renacimiento.

ESCUDO OTOMANO

LUIS XIV

1643-1715: Luis XIV
El rey francés Luis XIV trasladó la residencia real a Versalles, fuera de París, donde amplió el palacio y obligó a todos los miembros de la corte real a acompañarle.

1668: telescopio reflector de Newton
El científico inglés Isaac Newton realizó mejoras en el telescopio con una serie de espejos que reflejaban la luz.

TELESCOPIO REFLECTOR DE NEWTON

1673: microscopio de Leeuwenhoek
El científico e inventor holandés Anton van Leeuwenhoek creó un diminuto microscopio que ampliaba detalles invisibles a simple vista.

MICROSCOPIO DE LEEUWENHOEK

1592-1598: guerra Imjin
El almirante coreano Yi Sun-sin dirigió la flota naval coreana durante la guerra Imjin, un conflicto contra Japón. Derrotó a los navíos japoneses invasores con barcos de guerra Geobukseon, conocidos como «barcos tortuga» por su casco acorazado.

CASCO DE IVÁN IV

1547-1584: Iván el Terrible
Iván IV fue el primer zar (emperador) de Rusia y amplió en gran medida las fronteras de Rusia hacia el sur y el este. Su apodo «el Terrible» hacía referencia a su poca paciencia y los despiadados castigos que imponía.

CONCILIO DE TRENTO

1545-1563: la Contrarreforma
La Iglesia católica celebró tres concilios en Trento, en el norte de Italia, para debatir sobre cómo reformar la Iglesia, para contrarrestar la popularización de la Reforma.

ARQUERO MOGOL

1526: batalla de Panipat
El caudillo Babur de Asia central invadió el norte de la India y derrotó al sultanato de Delhi en la batalla de Panipat. Babur y sus acólitos crearon el Imperio mogol islámico, que ocupó casi toda la India.

1543: revolución de Copérnico
El astrónomo polaco Nicolás Copérnico calculó que la Tierra giraba alrededor del Sol y desafió así las enseñanzas de la Iglesia católica romana de que la Tierra era el centro del universo.

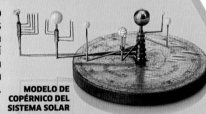

MODELO DE COPÉRNICO DEL SISTEMA SOLAR

1519-1521: conquista española de México
El conquistador español Hernán Cortés lideró la expedición que invadió México. Su ejército conquistó la civilización azteca y destruyó su capital, Tenochtitlán.

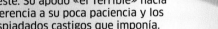

1517: la Reforma
Martín Lutero redactó una lista de quejas sobre la Iglesia católica romana, conocidas como las 95 tesis, e inició así un período de inestabilidad religiosa conocido como la Reforma.

LAS 95 TESIS DE LUTERO

1498-1499: *Pietà* de Miguel Ángel
En el cenit del Renacimiento, el artista italiano Miguel Ángel produjo una de sus mejores esculturas, la *Pietà* («la piedad»), que muestra a María con el cuerpo de Jesucristo.

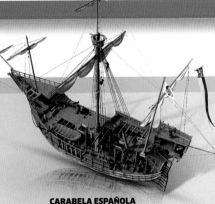

PIETÀ

LORENZO DE MÉDICI

1449-1492: Lorenzo de Médici
El político Lorenzo de Médici, conocido como Lorenzo el Magnífico, llegó al poder en Florencia, Italia. Lorenzo era un apasionado del arte y bajo su mandato la ciudad se convirtió en el epicentro del Renacimiento.

CARABELA ESPAÑOLA

1492: viaje de Colón
Cristóbal Colón desembarcó en las Indias Occidentales, en el Caribe, buscando una nueva ruta marítima hacia Asia. Trajo noticias de las tierras visitadas a sus patronos de España, lo que inspiró a muchos exploradores a embarcarse hacia las Américas.

El Renacimiento

En la época medieval los europeos perdieron gran parte del conocimiento acumulado durante la antigüedad por las guerras, las enfermedades y la hambruna; la Iglesia y sus enseñanzas dominaron la sociedad. No obstante, a partir del siglo XIV Europa experimentó lo que se conoció como el Renacimiento.

Los estudiosos y artistas revisaron las ideas científicas y los estilos de las antiguas Roma y Grecia y se dejaron influir por las culturas islámicas del este. Por toda Europa se desarrollaron nuevas ideas y perspectivas que chocaban con las miradas tradicionales de la Iglesia y que desembocaron en nuevos avances en arte, literatura, ciencia y teatro. Los pintores y escultores, considerados hasta el momento como artesanos, fueron alabados por sus hitos artísticos.

◉ ELEMENTOS DEL RENACIMIENTO

Durante el Renacimiento los europeos volvieron a descubrir el pensamiento y la cultura de la antigüedad. Sin embargo, también aparecieron nuevas y originales ideas y técnicas, que se popularizaron por el continente.

Recuperar antiguas ideas

Los filósofos y los científicos estudiaron las obras de grandes pensadores y autores de las antiguas civilizaciones, como Sócrates, Platón, Aristóteles y Cicerón, que inspiraron a los filósofos renacentistas para ir más allá de la doctrina de la Iglesia y cuestionar todos los aspectos de la sociedad europea.

Aprender de los antiguos
Platón y Aristóteles están en el centro del cuadro de Rafael, *La escuela de Atenas*.

◉ FLORENCIA

El Renacimiento surgió en la ciudad estado de Florencia, en la actual Italia. A finales del siglo XIV Florencia era una ciudad rica, cuyos empresarios y mercaderes usaban su dinero para patrocinar a artistas, artesanos y pensadores, como el pintor y arquitecto Giotto di Bondone y el escritor Dante Alighieri.

Escultura

Los escultores renacentistas, como Donatello y Miguel Ángel, usaron nuevas técnicas para que su arte fuera más realista: estudiaron el cuerpo humano y sus expresiones y movimientos para obtener esculturas más naturales.

Escultura de David
Entre 1501 y 1504, el escultor Miguel Ángel Buonarroti esculpió en mármol al héroe bíblico David.

Retratos
Los artistas renacentistas pintaban a las personas con el máximo de detalle posible.

Arquitectura

Los arquitectos renacentistas se dejaron influir por los edificios de las antiguas Roma y Grecia, con sus cúpulas, arcos y columnas. A su vez, los diseños del Renacimiento influyeron en los ingenieros para que pensaran en nuevas maneras de construir.

Catedral de Florencia
Filippo Brunelleschi diseñó la descomunal cúpula de la catedral de Florencia, que se construyó sin usar andamios.

Lorenzo de Médici

La familia Médici mantuvo su influencia como mercaderes, banqueros y políticos en Florencia durante más de 200 años. Lorenzo de Médici gobernó Florencia entre 1449 y 1492 y se le conocía como Lorenzo el Magnífico. Fue un apasionado de las humanidades y patrocinó a muchos artistas, como Sandro Botticelli y Miguel Ángel.

14 años tardó Leonardo da Vinci en pintar la *Mona Lisa*.

4 miembros de la **familia Médici** fueron, en momentos separados, **elegidos papas**.

95

Punto de fuga

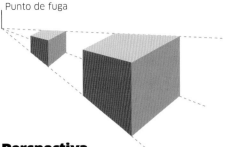

Perspectiva

Los artistas del Renacimiento desarrollaron nuevos métodos para que sus obras parecieran más realistas. Empezaron a usar la perspectiva para añadir profundidad a las escenas, haciendo que los objetos pintados sobre una superficie plana parecieran estar más cerca o más lejos. El uso de luces y sombras también hizo que el arte renacentista pareciera más tridimensional.

Humanismo renacentista

Los humanistas creían que la formación debía centrarse en estudiar la humanidad en lugar de estudiar a Dios. Recuperaron textos de la antigüedad, especialmente sobre persuasión, gramática e historia para poder convertirse en miembros útiles de la sociedad.

Literatura humanista

Elogio de la locura, de Erasmo de Róterdam, cuestionaba los valores de la sociedad medieval y las enseñanzas de la Iglesia.

Patrono

Los acaudalados patronos patrocinaban económicamente al maestro y ayudaban a consolidar la reputación del artista.

Maestro

El maestro, un mentor creativo, guiaba los estilos artísticos del estudio y el taller.

EL RENACIMIENTO NÓRDICO

El Renacimiento salió de Italia hacia el norte de Europa durante un período conocido como el Renacimiento nórdico. Los maestros italianos inspiraron a los artistas de toda Europa y los reyes y reinas les invitaban para que asistieran a sus cortes reales. A mediados del siglo XV se inventó la imprenta, una máquina capaz de producir libros de manera rápida, que ayudó a popularizar las nuevas ideas del Renacimiento.

Taller renacentista

El artista flamenco Jan van der Straet ilustró el concurrido estudio del pintor holandés Jan van Eyck en su cuadro *La invención de la pintura al óleo*, c. 1590.

Aprendiz

Los aprendices jóvenes realizaban tareas básicas antes de aprender del maestro.

Mezcla de colores

Los aprendices experimentados molían y mezclaban los materiales para crear los diferentes colores.

Creadores de esbozos

A menudo los aprendices creaban esbozos del cuadro principal del taller para mejorar su técnica.

Escultura

Era habitual producir esculturas y pinturas en el mismo taller.

Plataforma

A veces el maestro se subía a una plataforma para estar en el mejor ángulo para pintar.

«La pintura es poesía que **se ve y no se escucha**»

Leonardo da Vinci, *Tratado de pintura*, 1651

Principios de Corea

Antes de la llegada al poder de la dinastía Joseon en 1392, la historia de la península de Corea se había visto influida por su camaleónica relación con las poderosas dinastías chinas del norte. Los reinos locales también competían por la tierra y el poder. El budismo, introducido desde China el 372 d. C. prosperó en el período de los primeros reinos, pero acabó siendo suprimido durante la época Joseon.

BUDA SILLA

Cronología

670-935

Los tres reinos

Durante el período de «los tres reinos» Corea quedó dividida en tres potencias rivales: Silla y Baekje en el sur y Goguryeo en el norte. Hacia el final de esta época, el reino Silla se alió con la dinastía Tang de China, derrotó a sus rivales y unificó la península por primera vez bajo el dominio coreano.

935-1392

Dinastía Koryo

Cuando el reino Silla se desmembró tras una serie de levantamientos y rebeliones, se formó un nuevo reino, Koryo, bajo la mano de Wang Geon. Tras años de guerra, Silla y los rebeldes Baekje se rindieron ante Koryo, que volvió a unificar Corea. A continuación se produjo un largo período de paz y prosperidad, a pesar de que el país sufrió guerras civiles durante el siglo XII.

1270-1356

Ocupación mongola

En 1270 el Imperio mongol truncó el mandato de la dinastía Koryo. Tras casi 40 años de ataques mongoles, los Koryo se rindieron. La dinastía Yuan mongola controló el país unos 80 años, con la familia real Koryo como hombre de paja hasta la década de 1350, cuando el rey Gongmin expulsó a los mongoles. No obstante, por aquel entonces la dinastía ya estaba en claro declive.

Fuego de cañones

Con una tripulación de unos 50 marineros, el Geobukseon estaba armado por los cuatro costados con unos 26 cañones pequeños. En las batallas navales de la guerra Imjin, la potencia de fuego de los barcos de guerra superó a la flota japonesa, armada con tan solo arcos y flechas y primitivas armas largas, los arcabuces.

Más potencia

En caso de viento se izaban dos velas para aumentar la velocidad del barco de guerra.

Protección puntiaguda

Para evitar que los marineros enemigos abordaran el barco, su tejado estaba cubierto de pinchos metálicos.

Potencia de remos

El Geobukseon no dependía del viento, como las otras naves de su tiempo, sino que su motor era una tripulación de unos 70 remeros. Los remos aumentaban la capacidad del barco de guerra de maniobrar durante la batalla, lo que le daba la posibilidad de girar muy rápido y sorprender a las naves enemigas.

Reposo y recuperación

La cocina y los dormitorios estaban en la cubierta inferior.

13 de los **barcos de Yi Sun-sin** derrotaron a **133 barcos de guerra japoneses** en la **batalla de Myongnyang**.

Las **reformas de Sejong el Grande** permitieron que cualquier persona de **cualquier clase** pudiera ser **funcionaria**.

97

Corea Joseon

El dominio de la dinastía Joseon duró más de 500 años (1392-1897) y modeló muchas tradiciones sociales y culturales que perviven en la actual Corea.

Tras la caída de la dinastía Koryo en 1392, el general Yi Seong-gye fundó el reino de Gran Joseon y se proclamó primer rey bajo el título Taejo («gran ancestro»). La nueva dinastía amplió sus fronteras hacia el norte y desplazó su capital a la ciudad de Hanyang, conocida actualmente como Seúl. Los reyes de Joseon avanzaron de manera increíble en gobierno, ciencia y tecnología, y también vivieron una edad de oro de la cultura y la enseñanza. Sin embargo, tras diversos intentos de invasión por parte de Japón y China los siglos XVI y XVII, la dinastía Joseon entró en un período de aislamiento del mundo exterior y pasó a ser conocido como el «reino ermitaño».

Barco tortuga

Uno de los logros tecnológicos de la dinastía Joseon fue su barco de guerra, el Geobukseon, conocido como el «barco tortuga» por su forma de caparazón de tortuga. Contaba con un tejado de protección e iba armado con muchos cañones. Era una fuerza formidable en el mar y ayudó al almirante Yi Sun-sin a derrotar a los japoneses en la guerra Imjin.

Sorpresa escondida
El tejado protector contaba con una capa de paja para ocultar los pinchos afilados que esperaban a los enemigos que saltaran a bordo.

Llamas de dragón
El mascarón de proa era una cabeza de dragón con un cañón oculto en su interior del que salía fuego y humo, para asustar al enemigo y disimular el movimiento de la nave.

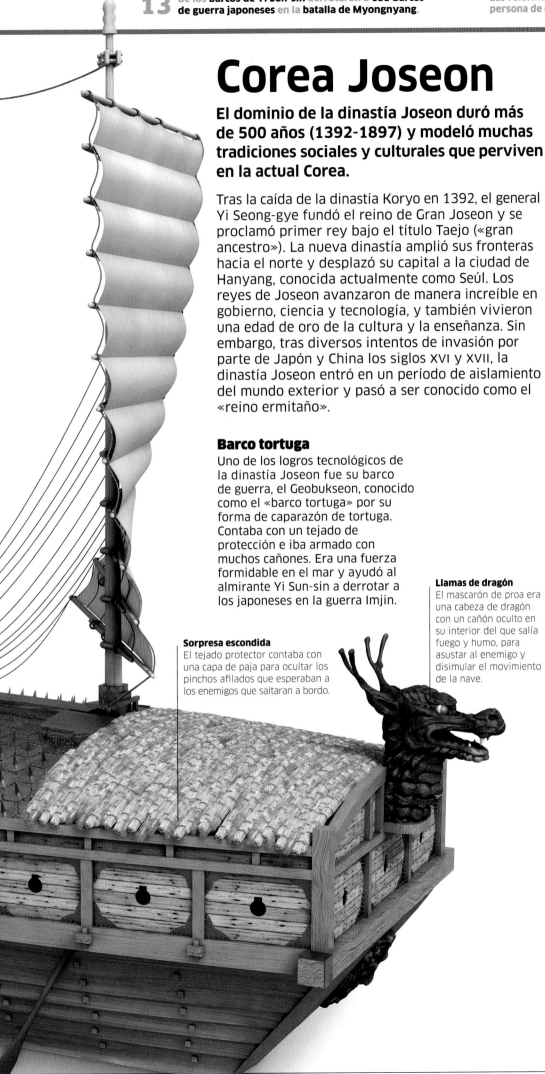

Almirante Yi Sun-sin

Tras una brillante carrera como oficial del ejército, Yi Sun-sin llegó a ser almirante de la armada Joseon durante la guerra Imjin (1592-1598). Mandó la flota Joseon y no perdió ni una batalla naval contra los invasores japoneses.

«SE ME PUEDE ACERCAR, PERO NO EMPUJARME; TRABAR AMISTAD, **PERO NO COACCIONAR;** **MATAR, PERO NO HUMILLAR»**
Yi Sun-sin, en una carta al almirante Son Ko-i

Sejong el Grande

Durante su reinado de 32 años (1418-1450), el cuarto rey de la dinastía Joseon, Sejong, revolucionó el gobierno del reino y mejoró la vida del pueblo llano. Observó la importancia de que todos tuvieran acceso a la educación y el conocimiento y creó personalmente el alfabeto coreano. También alentó la investigación científica, lo que desembocó en avances en agricultura, astronomía y medicina.

Escritura hangul

Antes del reinado de Sejong el Grande, los reinos de Corea usaban el chino clásico como sistema de escritura, pero era muy complejo y solo los que recibían educación podían leer y escribir. En 1446 se creó un nuevo alfabeto, el hangul, con 28 vocales y consonantes simples ordenadas en bloques de sílabas.

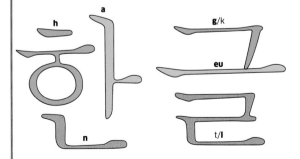

Una nueva forma de escribir
Al principio, la nueva escritura de hangul se leía de arriba abajo; hoy en día se lee de izquierda a derecha. La forma de las consonantes se basó en la forma de la boca al pronunciarlas.

Grandes sultanes

El soberano del Imperio otomano gobernaba bajo el título de sultán, que tenía el control completo sobre el imperio. Normalmente el cargo de sultán era hereditario, de padre a hijo. Hacia los últimos años del imperio, los principales funcionarios del gobierno se ocupaban de la mayoría de las responsabilidades del sultán.

Murad I

Murad I conquistó Adrianópolis, una ciudad del Imperio bizantino, y la convirtió en la capital del Imperio otomano. Murad amplió el imperio por el norte, hacia Europa y grandes áreas de los Balcanes.

Bayaceto I

El hijo de Murad I, Bayaceto I, continuó la conquista europea, como su padre. También derrotó y unió los estados rivales de Anatolia. En 1402, Bayaceto I chocó con la dinastía Timurid mongola y sufrió una gran derrota en Ankara.

Mehmed II

En 1444, tras la abdicación de su padre y con tan solo 12 años, Mehmed II gobernó durante unos breves dos años, tras los que convencieron a su padre para que volviera. Tras morir su padre, Mehmed II conquistó la capital bizantina, Constantinopla (actual Estambul).

Cronología | **1362-1389** | **1389-1402** | **1444-1446 / 1451-1481**

El Imperio otomano

A finales del siglo XIII, Osmán I, un caudillo tribal, conquistó unas tierras en Anatolia (actual Turquía) que pertenecían al Imperio bizantino. Con estas regiones bajo su control fundó el Imperio otomano.

Los otomanos crearon grandes ejércitos y con su potencia militar expandieron rápidamente su imperio hacia Europa oriental, el norte de África y Oriente Medio. La capital del imperio acabó situada en la ciudad de Constantinopla, que los otomanos también denominaban Estambul. Hacia el siglo XVI el Imperio otomano había entrado en una edad de oro bajo el mando de diversos soberanos inspiradores que animaban a la disciplina militar, la ciencia, el arte y la arquitectura. Sin embargo, el mal gobierno y la competencia contra otras potencias de Europa y Asia hicieron que el imperio acabara cayendo. En 1922 fue desmantelado; su región central se convirtió en la República de Turquía.

⊙ UN GRAN IMPERIO

El Imperio otomano creció rápidamente durante un período de 200 años. Ocupó territorios tanto de los imperios musulmanes del norte de África como del Imperio bizantino en la Europa oriental.

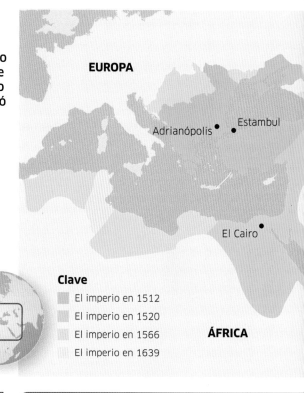

EUROPA

Adrianópolis • Estambul

El Cairo

ÁFRICA

Clave
- El imperio en 1512
- El imperio en 1520
- El imperio en 1566
- El imperio en 1639

⊙ GUERRA

El ejército otomano tuvo un papel importante en el auge del imperio. Las unidades de caballería y las tropas de élite conocidas como jenízaros ayudaron al imperio a ganar muchas batallas bien planificadas. En el siglo XV los otomanos eran magníficos armeros y construían enormes cañones para asediar las ciudades durante los conflictos.

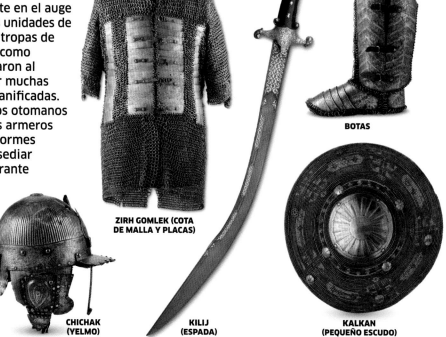

BOTAS

ZIRH GOMLEK (COTA DE MALLA Y PLACAS)

CHICHAK (YELMO)

KILIJ (ESPADA)

KALKAN (PEQUEÑO ESCUDO)

⊙ ARQUITECTURA

El Imperio otomano contaba con creativos arquitectos que diseñaban muchos edificios, como mezquitas, palacios y baños públicos, levantados en las muchas regiones que conquistaron. Los edificios otomanos se decoraban con diseños geométricos y se creaban con fastuosos materiales, como maderas exóticas, nácar y oro.

Cenefas exquisitas
La mezquita Azul de Estambul se construyó en el siglo XVII. Su interior está decorado con cenefas de azulejos, teselas y vidrieras de colores.

Selim el Severo

Gracias a agresivas campañas militares, Selim el Severo amplió en gran medida el Imperio otomano. En 1517 derrotó al Imperio musulmán de la dinastía mameluca y tomó el control del norte de África y Oriente Medio.

1512-1520

Solimán el Magnífico

De todos los sultanes otomanos, Solimán el Magnífico fue el que gobernó durante más tiempo. Su reinado marcó el cenit de la edad de oro del imperio. También amplió las fronteras otomanas, potenció el comercio y mejoró la armada.

1520-1566

Selim II

Selim II, el hijo de Solimán el Magnífico, no heredó la gracia en el gobierno de su padre, sino que se distrajo con los lujos de la vida mundana y dejó en manos de su primer ministro, Mehmed Sokollu, el gobierno del imperio.

1566-1574

Mehmed IV

Mehmed fue sultán a los seis años, cuando su padre perdió el poder por una enfermedad mental. Sin embargo, era demasiado joven para gobernar y se cambió el papel del sultán: el nuevo cargo de primer ministro recibió casi todos sus poderes.

1648-1687

ARTE EN LA EDAD DE ORO

Muchas formas de arte, como la cerámica y el bordado, prosperaron en el Imperio otomano durante los siglos XVI y XVII. Se fundó una escuela de pintura imperial y se practicó el arte de la escritura a mano, o caligrafía. El Imperio otomano era muy famoso por su preciosa cerámica, conocida como iznik, además de mantas y alfombras de complejos diseños y azulejos de una intricada decoración.

ASIA

Bagdad

PLATO OTOMANO DECORADO DEL SIGLO XVII

AZULEJOS OTOMANOS DECORADOS DEL SIGLO XVI

CIENCIA OTOMANA

Los estudiosos del Imperio otomano aprendieron de los científicos clásicos de los anteriores imperios musulmanes. Redactaron nuevas enciclopedias de medicina y trazaron mapas del mundo. El imperio también contribuyó con avances en astronomía e ingeniería.

Astrónomos

En el observatorio de Constantinopla (actual Estambul), el astrónomo y matemático Taqi al-Din utilizó los primeros relojes astronómicos para estudiar las estrellas.

«Como un nuevo Sol, dispersará
la oscuridad de la ignorancia»

Johannes Gutenberg, sobre su nueva imprenta, c. 1450

Tampones de tinta
Antes de cada impresión se añadía tinta a los bloques de metal de los tipos ubicados en su sitio dentro de la galera. Los obreros encargados de la tinta usaban tampones redondos para untar y repartir la tinta pegajosa por todos los tipos.

El taller de impresión
Johannes Gutenberg desarrolló una imprenta más eficiente, tipos móviles de metal fáciles de producir y una nueva tinta oleosa, fiable y versátil. También dividió el proceso de impresión en partes, con un operario especializado responsable de cada etapa.

Tipos móviles de metal
Gutenberg, un orfebre, aprovechó su conocimiento de los metales para crear unos resistentes bloques de metal conocidos como tipos móviles. Cada bloque disponía de una letra invertida en un lado, que se colocaba en un marco, o «galera», para construir una palabra o una frase para su impresión. A continuación los tipos móviles se podían reordenar para imprimir la siguiente página.

Palanca del tornillo
Un operario se encargaba de dar vueltas al tornillo de la prensa: tiraba de la palanca para presionar el papel húmedo contra la galera y su tinta, página a página.

Palabras
Fueron necesarios unos 300 grupos diferentes de tipos para producir la Biblia de Gutenberg, desde signos de puntuación hasta letras mayúsculas y minúsculas.

Papel húmedo
El rígido papel tenía que ablandarse con agua antes de la impresión para que la tinta se pegase mejor a él.

La imprenta
Gutenberg basó el diseño de su imprenta en las prensas de tornillo usadas en su época para hacer vino.

Control de calidad
Se leía y comprobaba cada página para garantizar la precisión de la impresión.

2500 bloques de tipos se usaban por página aproximadamente en la Biblia de Gutenberg.

48 Biblias de Gutenberg originales se sabe que han sobrevivido hasta hoy.

101

La revolución impresa

Hacia 1450 el orfebre alemán Johannes Gutenberg perfeccionó un nuevo proceso de impresión. Su innovación transformó el modo de compartir ideas e información en todo el mundo.

Hasta el siglo XV los libros eran rarezas caras. Por lo general se escribían y copiaban a mano, y se tardaba años en acabarlos. Johannes Gutenberg ideó una imprenta eficiente que le permitía producir impresiones de calidad una y otra vez. Hacia el 1500 ya había más de 1000 imprentas de Gutenberg en Europa occidental que producían millones de libros. Durante años leer había sido un privilegio de nobles, escribas y sacerdotes, pero a medida que los libros fueron más asequibles para todas las partes de la sociedad, empezó a surgir una nueva clase educada.

La Biblia de Gutenberg

A mitad de la década de 1450 Gutenberg imprimió una Biblia de 1286 páginas en dos tomos. Aunque su imprenta era mucho más rápida que la copia manual, necesitó varios años para imprimir 180 copias, 45 sobre piel de becerro y 135 en papel. Tras la impresión, cada Biblia se decoraba a mano, según solicitaba el propietario, que normalmente era un cargo eclesiástico prominente y acaudalado.

La evolución de la impresión

Cronología

Gutenberg no inventó los tipos móviles: los tipos de madera y cerámica ya se habían inventado en China en el siglo XI y los tipos de metal se habían usado por primera vez en Corea durante el siglo XIII. El proceso de impresión de Gutenberg era tan eficiente que apenas cambió hasta el siglo XIX, cuando los avances en vapor permitieron imprimir a mayor velocidad.

1811

De vapor
En Alemania, el inventor Friedrich Koenig y el ingeniero Andreas Friedrich Bauer diseñaron una imprenta de vapor. Con rodillos cilíndricos imprimía las dos caras del papel.

1886

Linotipia
La máquina del inventor alemán Ottmar Mergenthaler permitía a sus operarios montar líneas de tipos metálicos a través de un teclado, un proceso mucho más rápido que ordenar a mano los tipos, lo que permitió acelerar mucho el resultado final.

Década de 1960

Fotocopias
La fotocopiadora transformó la copia de documentos y páginas en las oficinas de todo el planeta. Su proceso de impresión en seco, conocido como xerografía, usaba tinta en polvo y calor para crear las copias.

Actualidad

Tecnología digital
Las imprentas modernas pueden imprimir miles de páginas en color por minuto, mientras que los ordenadores y las impresoras personales permiten imprimir en casa de manera fácil.

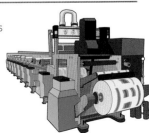

Secado
Las páginas recién impresas, todavía húmedas, se tendían para que el papel y la tinta se secaran bien.

Toques finales
Un artista conocido como «iluminador» añadía complejas decoraciones, o iluminaciones, a las páginas impresas.

La Biblia de Gutenberg
Las Biblias completas se agotaron; algunas se vendían por 30 florines, una gran cantidad de dinero en aquel momento.

102 la edad de la exploración ∘ **LA PRIMERA RUSIA**

Los eslavos conocían a los comerciantes vikingos como «**rus**», que quizá significaba «**los que reman**».

La primera Rusia

En el siglo VII las tribus eslavas empezaron a asentarse en el noroeste de la actual Rusia. Desde estos humildes orígenes surgió uno de los mayores imperios del mundo.

Las tribus se unificaron en el siglo IX y empezaron a ampliar su territorio. Las importantes rutas comerciales entre Europa y Asia ayudaron a prosperar económicamente a los primeros principados rusos, pequeños países gobernados por un príncipe en nombre de un gran príncipe. Los rusos adoptaron el cristianismo y bajo diferentes formas de gobierno la Rusia primigenia continuó ampliando sus fronteras hasta llegar a convertirse en el Imperio ruso en 1721.

RUS DE KIEV

La Rus de Kiev, fundada el siglo IX, fue el primer país que ocupó el actual territorio ruso. Durante los siguientes cuatro siglos fue creciendo hasta convertirse en una de las mayores y más ricas potencias de Europa. En su momento álgido cubría desde el mar Báltico en el norte al mar Negro en el sur, antes de la invasión de los guerreros mongoles en 1237.

La dinastía Rurik

El jefe vikingo Rurik fundó la dinastía Rurik, que unió las tribus eslavas combatientes de la región. La dinastía Rurik sobrevivió a la invasión mongola de la Rus de Kiev y gobernó Rusia durante más de 700 años.

Soberanos invitados
Los eslavos invitaron a Rurik y a sus dos hermanos a que los gobernaran.

DUCADO DE MOSCOVIA

Tras la caída de Kiev ante los mongoles, Rusia se dividió en muchos principados pequeños. El ducado de Moscovia, alrededor de Moscú, lentamente fue acumulando más poder y se convirtió en el centro de la Iglesia ortodoxa rusa. Los soberanos mongoles eligieron Moscovia para que recogiera los impuestos del resto de los principados, y así acabó consiguiendo el poder, la riqueza y la influencia necesarios para unificar Rusia y crear un ejército que derrotara a los señores mongoles.

Crecimiento de Rusia

Los monarcas de Moscú dedicaron su fortuna a comprar tierras hasta hacerse con el control de gran parte de la cuenca de Moscú. En 1380 el gran príncipe Demetrio Donskoi amplió aún más el control de Moscú y conquistó los estados vecinos de Rostov y Riazán. Los posteriores crecimientos de los sucesores de Demetrio, Basilio I y Basilio II, reforzaron el poder de Moscú en la región.

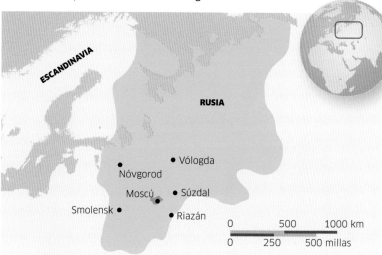

Expansión del territorio ruso

1300	Territorios de Moscovia conseguidos en 1533

Iván el Grande

En 1462 llegó al poder Iván III (conocido como Iván el Grande), que continuó ampliando los reinos de Moscú por el norte hacia Nóvgorod y por el sur hacia la actual Ucrania. También expulsó a los mongoles y se proclamó soberano supremo en 1485. Al final de su reinado había triplicado el tamaño del ducado de Moscovia y había empezado a quitar tierras a los príncipes de los estados para dárselos a sus nobles leales.

IVÁN EL GRANDE

Cronología

La primera Rusia

Desde su formación como la Rus de Kiev, pasando por el auge de Moscú y hasta el dominio de los zares, Rusia no dejó de crecer. Cuando Pedro el Grande se convirtió en el primer emperador del Imperio ruso, el país ya era el más grande del mundo.

c. 650-862

Eslavos y vikingos
En el siglo VII las tribus eslavas empezaron a migrar más allá de sus tierras natales en Europa central y oriental. Algunos se desplazaron hacia el este y se asentaron en lo que ahora es el noroeste de Rusia. En el siglo IX los comerciantes vikingos del otro lado del mar Báltico comenzaron a navegar por los ríos de la región y establecieron enlaces comerciales con los eslavos. El jefe vikingo Rurik unió a las tribus combatientes de la zona. Estableció la nueva capital en Nóvgorod el 862.

880-972

Expansión de la Rus de Kiev
El príncipe Oleg, el sucesor de Rurik, amplió las tierras hacia el sur. Oleg capturó la ciudad eslava de Kiev, la convirtió en su capital el 882 y fundó la Rus de Kiev. El nuevo país controlaba las rutas de comercio fluvial entre Escandinavia y el Imperio bizantino; se enriqueció con el comercio de pieles, cera y miel, y también de esclavos. El país se expandió rápidamente durante el siglo X bajo el mando del gran príncipe Sviatoslav, que tomó las tierras balcánicas del sur.

988

La Iglesia ortodoxa rusa
Para estrechar lazos con el Imperio bizantino, el gran príncipe Vladimiro, conocido ahora como Vladimiro el Grande, declaró la Iglesia ortodoxa como la religión oficial de la Rus de Kiev y obligó a sus súbditos a bautizarse en masa. También se casó con una hija del emperador bizantino y vio el principio de una edad de oro del arte, la arquitectura y la formación.

1019-1054

Yaroslav el Sabio
La Rus de Kiev prosperó con Yaroslav en el poder; creó nuevas leyes y reforzó el estado a través de campañas militares y diplomacia exterior. También continuó diseminando el cristianismo.

SELLO DEL GRAN PRÍNCIPE YAROSLAV EL SABIO

La famosa **catedral de San Basilio** de Moscú se construyó por orden de **Iván el Terrible** en 1552.

El 97 % de la población del **Imperio ruso** eran **campesinos** al constituirse en 1721.

103

EL ZARATO DE RUSIA

En 1547 Iván el Terrible fue coronado como el primer zar («soberano supremo») de toda Rusia. Durante el período del zarato, Rusia se convirtió en una enorme potencia europea al ampliar su territorio oriental hacia Siberia y ganar tierras en su frontera occidental. Aunque los zares tenían el poder político, la Iglesia y los nobles limitaban su autoridad. A partir de 1682 el zar Pedro I (conocido más adelante como Pedro el Grande) redujo la influencia de los nobles y se proclamó emperador del Imperio ruso en 1721.

Servidumbre

La clase noble creó un sistema, la servidumbre, para controlar a los campesinos más pobres, conocidos como siervos. Eran obligados a trabajar en la tierra que poseían sus nobles y, como los esclavos, se podían comprar o vender. También se les obligaba a alistarse en el ejército en tiempos de guerra. Catalina la Grande amplió muchísimo la servidumbre a finales del siglo XVIII para alimentar el creciente Imperio de Rusia. El zar Alejandro II acabó aboliendo el sistema en el año 1861.

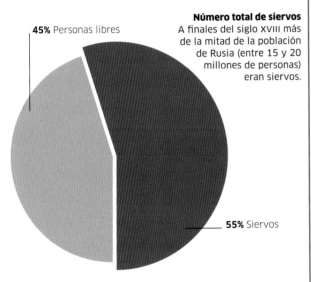

45% Personas libres

Número total de siervos
A finales del siglo XVIII más de la mitad de la población de Rusia (entre 15 y 20 millones de personas) eran siervos.

55% Siervos

«ES MEJOR EMPEZAR A LIBERAR A LOS SIERVOS DESDE ARRIBA QUE ESPERAR A QUE SE LIBEREN ELLOS MISMOS DESDE ABAJO»
Alejandro II, en un discurso ante los nobles de Moscú, 1856

Cosacos

Los orígenes de los cosacos se sitúan alrededor de los mares Negro y Caspio. Este pueblo era muy independiente y formaba grupos guerreros de caballería ligera, que a menudo se rebelaban contra los propios rusos. Más adelante se aliaron con el zarato de Rusia para ayudarlo en la defensa contra los ataques mongoles y a ampliar sus fronteras al este. En el siglo XVIII los cosacos dejaron de ser independientes y se obligó a sus hombres a realizar el servicio militar ruso. Su valentía y técnica sembraba el terror entre los enemigos.

El primer Parlamento

Los zares tenían consejos de asesores para discutir todo lo que afectaba al país. Los primeros consejos, o dumas, estaban compuestos por boyars (nobles). Durante la expansión del zarato de Rusia el siglo XVI se formó el Zemsky Sobor («asamblea de la tierra»), considerado el primer Parlamento ruso; estaba compuesto por líderes religiosos y militares, boyars, terratenientes y mercaderes.

Yermak Timofeyevich
En 1581 el líder cosaco Yermak Timofeyevich consiguió invadir la Siberia occidental con 840 soldados y conquistar las tribus que la habitaban. Ayudó a ampliar las fronteras de Rusia.

«SÉ PACIENTE, COSACO, Y ALGÚN DÍA LLEGARÁS A SER EL JEFE»
Proverbio ruso

El primer zar Romanov
El Zemsky Sobor eligió al primer zar de la dinastía Romanov, Miguel I. Aquí aparece ante las escaleras recibiendo la noticia de su elección en el Zemsky Sobor.

1237-1253	1283-1380	1547-1584	1598-1613	1613-1676
Invasión mongola	**Auge del ducado de Moscovia**	**Iván el Terrible**	**Época de la inestabilidad**	**Primeros Romanov**

Invasión mongola
Tras la muerte de Yaroslav, la Rus de Kiev se dividió en principados separados y en guerra, vulnerables a cualquier ataque. En 1237, Batu Kan lideró una invasión con un grupo de guerreros mongoles conocidos como tártaros. Se obligó a los príncipes a pagar tributos a los señores mongoles, que gobernaron la región durante más de 200 años.

Auge del ducado de Moscovia
A finales del siglo XIII, Daniel, hijo del príncipe Rurik Alejandro Nevsky, ayudó a fundar el ducado de Moscovia en la ciudad estado de Moscú. En 1380, el ejército del príncipe Demetrio Donskoi derrotó a los tártaros en batalla; este hecho supuso la semilla de la nación rusa.

GRAN PRÍNCIPE DEMETRIO DONSKOI

Iván el Terrible
Iván IV fue un líder brutal; también se le conocía como Iván el Terrible por su poca paciencia y los despiadados castigos que imponía. Llegó incluso a asesinar a su propio hijo. No obstante, al principio de su reinado fue un reformista y fundó el primer Zemsky Sobor (Parlamento).

CASCO DEL ZAR IVÁN IV

Época de la inestabilidad
La dinastía Rurik se acabó en 1598 cuando Fiódor, el hijo de Iván IV, murió sin descendencia. Se produjo un período de crisis al surgir el conflicto entre boyars (nobles), terratenientes y mercaderes; además, otros países intentaron reclamar el trono. En 1607, Polonia quería hacerse con el poder e invadió Moscú. Tras cinco años de guerra civil, un ejército cosaco expulsó a los invasores polacos.

Primeros Romanov
Para restaurar el orden tras la Época de la inestabilidad, se eligió como zar a Miguel Romanov, hermano de la primera esposa de Iván el Terrible. Bajo el mando de Miguel se produjo la mayor expansión territorial de la historia rusa, ya que se conquistó casi toda Siberia. Durante el reinado de su sucesor, Alejo I, se vivieron muchas guerras y rebeliones. Alejo también creó un nuevo código legal que definía oficialmente la servidumbre.

Viajes de exploración

Los europeos que viajaban por tierra hacia Asia a menudo debían pagar muchos impuestos o eran presa fácil de los bandidos. En los siglos XV y XVI los países europeos patrocinaron viajes navales para encontrar nuevas rutas comerciales hasta Asia.

Las potencias europeas realizaron muchas expediciones por el Atlántico y alrededor de África para encontrar nuevas rutas. A medida que Europa descubría tierras y civilizaciones, el mundo cada vez estaba más y más conectado. Por vez primera, hubo intercambio de bienes, religiones e ideas a gran distancia. Sin embargo, las nuevas tierras se explotaron hasta diezmar sus recursos naturales y, a veces, se esclavizó a los nativos.

1415-1460
El príncipe portugués Enrique el Navegante financió expediciones navales por la costa oeste de África.

1497
Inglaterra financió la búsqueda de la ruta comercial por el noroeste hacia Asia. El explorador italiano Juan Caboto acabó tocando tierra en Terranova, en el actual Canadá.

1507
El cartógrafo alemán Martin Waldseemuller creó un mapa del «Nuevo Mundo», que bautizó como «América» en honor al explorador italiano Américo Vespucio.

1541-1542
El explorador español Francisco de Orellana navegó todo el río Amazonas en un viaje de ocho meses.

1492
Buscando una ruta comercial para llegar a Asia por el oeste, Cristóbal Colón se convirtió en el primer europeo que pisó América.

1498
Vasco da Gama fue el primer europeo en navegar alrededor de África y llegar a la India para establecer nuevas rutas comerciales para Portugal.

1519-1522
El explorador portugués Fernando de Magallanes capitaneó una expedición de cinco naves con el objetivo de dar la vuelta al mundo en barco. Murió antes de completar el viaje; solo una de sus naves volvió a casa.

1577-1580
El explorador inglés Francis Drake se convirtió en el primer capitán que consiguió dar la vuelta al mundo.

Estrecho de Magallanes
Fernando de Magallanes navegó por el canal que separa el continente sudamericano y las islas de Tierra del Fuego. Descubrió que era la ruta más segura para cruzar del océano Atlántico al Pacífico. El canal lleva su nombre en su honor: el estrecho de Magallanes.

La conquista de América

Tras la llegada de Cristóbal Colón a América en 1492, los exploradores y soldados españoles cruzaron el Atlántico buscando fortunas y nuevas tierras por conquistar.

Durante los siglos XVI y XVII, los invasores españoles, conocidos como conquistadores, esquilmaron el oro y la plata y ocuparon tierras hasta acabar con las grandes civilizaciones azteca, inca y maya. Equipados con armaduras, armas de fuego y caballos, destruyeron ciudades y mataron a miles de personas. Llevaron enfermedades europeas, como el sarampión, la gripe y la viruela, contra las cuales los nativos no tenían resistencia natural. Tras finalizar la conquista de América, los españoles obligaron a sus habitantes a convertirse al cristianismo y destruyeron así su antiguo estilo de vida.

PRIMEROS EXPLORADORES

La Española, la gran isla caribeña explorada por Colón en 1492, se convirtió en el centro de operaciones español en América, que denominaron el Nuevo Mundo. Los rumores de la existencia de oro y la búsqueda de una ruta hacia Asia hizo que los primeros conquistadores exploraran más territorio. Al cabo de 20 años habían cartografiado todo el Caribe y empezaban a explorar el continente americano.

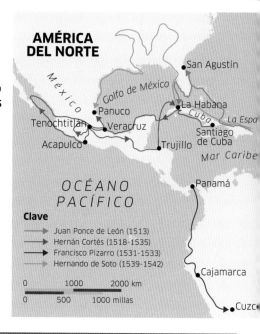

AMÉRICA DEL NORTE

San Agustín · México · Golfo de México · Panuco · La Habana · Cuba · La Espa · Tenochtitlán · Veracruz · Santiago de Cuba · Acapulco · Trujillo · Mar Caribe · Panamá · OCÉANO PACÍFICO · Cajamarca · Cuzco

Clave
- Juan Ponce de León (1513)
- Hernán Cortés (1518-1535)
- Francisco Pizarro (1531-1533)
- Hernando de Soto (1539-1542)

0 — 1000 — 2000 km
0 — 500 — 1000 millas

ÉXITO ESPAÑOL

Los españoles observaron que era fácil derrotar a los nativos: Cortés contaba solo con un ejército de 600 hombres, mientras que Pizarro sometió al enorme Imperio inca con 180 hombres. Los invasores españoles luchaban con espadas de acero, escopetas y cañones, y tenían caballos (por aquel entonces desconocidos en América). Los guerreros nativos luchaban con armas más simples: garrotes, jabalinas y flechas, incapaces de perforar las armaduras europeas.

El fin del Imperio azteca

Hernán Cortés pisó tierra firme en México en 1519 y se dirigió hacia Tenochtitlán, capital del magnífico Imperio azteca. El soberano azteca Moctezuma II creyó que los españoles eran mensajeros de su dios azteca Quetzalcóatl y les dio la bienvenida a la ciudad. Al cabo de dos años Cortés volvió a la capital azteca con su ejército y arrasó Tenochtitlán, acabando así con casi 200 años de dominio azteca.

Bienvenida de Moctezuma II a Cortés
En Tenochtitlán, Moctezuma obsequió a Hernán Cortés con oro y plata y desató así la codicia del conquistador por los metales preciosos.

La conquista de los incas

Cuando Francisco Pizarro llegó a Perú con su pequeño ejército en 1532, las rivalidades internas ya habían debilitado el Imperio inca. Pizarro le preparó una reunión trampa al emperador Atahualpa, ordenó a sus hombres que abrieran fuego contra los incas e hizo prisionero al emperador. Pizarro pidió una cantidad enorme de oro y plata como rescate, y la recibió, antes de asesinar a traición a Atahualpa. Pizarro marchó con sus hombres hacia Cuzco, la capital inca, que cayó sin luchar. La resistencia inca contra el dominio español había acabado en 1572.

Expertos artesanos

Este vaso inca es de madera esculpida. Los incas eran unos magníficos artesanos, pero tras la conquista española muchos se vieron obligados a abandonar sus talleres de artesanía para trabajar en las minas de plata y oro.

Derrota de los mayas

Cuando los españoles llegaron durante el siglo XVI, las grandes ciudades de la civilización maya ya llevaban tiempo abandonadas. Los mayas vivían en ciudades y pueblos diseminados por el norte de la península de Yucatán, México. En 1521 el rey de España concedió al conquistador Francisco de Montejo el derecho de ocupar el Yucatán, pero fue complicado por todas las fortalezas mayas repartidas por el territorio. El hijo de De Montejo consiguió acabar la conquista en 1546, aunque la última fortaleza maya remota no cayó hasta 1697.

Estas rayas y puntos representaban números.

Códice pintado
Este códice (libro plegado) se envió a Europa durante la conquista española. Es uno de los pocos libros que los conquistadores no destruyeron.

Búsqueda de nuevos mundos

Los conquistadores solían ser soldados o hijos de familias nobles inferiores. La conquista de América les brindaba la oportunidad de enriquecerse. Cuando llegaron a América, encontraron plantas comestibles, como patatas y tomates, y animales, como conejillos de Indias y llamas, totalmente desconocidos en Europa. Aunque muchos conquistadores eran españoles, otros europeos se unieron a la conquista para ayudar a establecer las bases de un enorme imperio español en América.

OCÉANO ATLÁNTICO

AMÉRICA DEL SUR

Juan Ponce de León
En 1513, Juan Ponce de León tocó tierra en la costa sudeste de Norteamérica y bautizó la zona como Florida (o «tierra de flores»). Como no encontró oro, se llevó esclavos.

Hernán Cortés
Tras oír las historias sobre tesoros de soberanos aztecas, Cortés abandonó sus estudios de derecho en España para probar fortuna en América. En 1519 lideró una expedición que invadió México.

Francisco Pizarro
Francisco Pizarro, un hombre ambicioso y despiadado, tomó parte en varias expediciones hacia América. En 1532 dirigió, con el apoyo del rey de España, una expedición para conquistar el Imperio inca de Perú.

Hernando de Soto
En 1539 Hernando de Soto zarpó de Cuba hacia Norteamérica. Atracó en Florida y al cabo de tres años llegó a las orillas del río Misisipi; fue el primer europeo en hacerlo.

BÚSQUEDA DE ORO Y PLATA

Muchos de los conquistadores llegaban a América atraídos por los rumores de una ciudad de una fastuosa riza gobernada por un rey cubierto de oro y conocida como El Dorado. Nadie la halló, pero las enormes cantidades de oro y plata saqueadas de las grandes civilizaciones se cargaban en grandes barcos que se dirigían hacia el puerto de Sevilla en España. A finales del siglo XVI España se había convertido ya en el país más rico de Europa.

Oro de Perú
Este cuchillo ceremonial de oro sobrevivió al saqueo. Casi todo el oro robado por los conquistadores se fundió para hacer monedas de oro.

«Los españoles padecemos una enfermedad del corazón que solo **se cura con el oro**»

Hernán Cortés, tras recibir la bienvenida del mensajero de Moctezuma, 1521

Mina de plata

En 1545 los invasores españoles descubrieron la mayor fuente de plata del mundo en Potosí (en la actual Bolivia). Llevaron hasta allí a más de 30 000 esclavos africanos para que trabajaran en las minas. Hacia finales del siglo XVI, aproximadamente el 60 % de la plata del planeta venía de Potosí.

Montaña rica
Se creó una ciudad minera alrededor de la gran fuente de plata: Cerro Potosí («montaña rica»).

RELIGIONES PROHIBIDAS

La religión católica era importante para los españoles, por eso los conquistadores prohibieron las religiones de los nativos. Las expediciones a América siempre contaban con un sacerdote, que era el responsable de convertir a los nativos. Los conquistadores también destruyeron templos, quemaron libros y ejecutaron sacerdotes locales.

Dioses aztecas
Los aztecas veneraban a muchos dioses. El dios Quetzalcóatl, con forma de serpiente emplumada, era el dios de la creación, ilustrado aquí (a la izquierda) enfrentándose en combate a su hermano Tezcatlipoca, el dios de la destrucción.

La Reforma

Durante 1000 años la Iglesia católica romana fue la única rama del cristianismo en Europa occidental; ejercía una potente influencia en la vida de las personas. Incluso los soberanos estaban sujetos a las leyes que dictaba su líder, el Papa. No obstante, hacia el siglo XVI la Iglesia católica romana había perdido gran parte de su popularidad.

Por aquel entonces muchas personas consideraban que los miembros del clero (obispos, sacerdotes y monjes) eran codiciosos y corruptos. En 1517 Martín Lutero, un monje, clavó sus 95 tesis, una lista de protestas contra las prácticas de la Iglesia católica, en la puerta de una iglesia de Wittenberg, Alemania. Este acto inició una revolución religiosa que se acabó conociendo como la Reforma. El revuelo causado se propagó muy rápido por Europa, hasta el punto de provocar una división entre católicos romanos y protestantes, los que siguieron las nuevas ramas del cristianismo surgidas gracias a la Reforma.

⊙ PRIMEROS REFORMISTAS

Si bien suele considerarse a Martín Lutero como el pionero de la Reforma, él no fue el primero que criticó la doctrina de la Iglesia: Jan Hus, en Bohemia (en la actual República Checa), y John Wycliffe, en Inglaterra, sostuvieron argumentos similares un siglo antes. Eso sí, otros reformistas siguieron el camino iniciado por Lutero. Hacia la década de 1530, el protestantismo se había dividido en dos corrientes: el luteranismo y el calvinismo.

Martín Lutero
Lutero no podía consentir que la Iglesia vendiera «indulgencias» y que los ricos pudieran comprar el perdón a sus pecados. Tras los ataques continuos contra esta práctica, Lutero fue excomulgado en 1521.

⊙ DIFUSIÓN DEL PROTESTANTISMO

Hacia el 1600, el protestantismo se había establecido por el norte de Alemania, Suiza, la República de los Siete Países Bajos Unidos, Inglaterra, Escocia y Escandinavia. Francia era casi toda católica, aunque vivía un número importante de protestantes en algunas partes del sur y el oeste del país. España, Portugal e Italia continuaron siendo católicas.

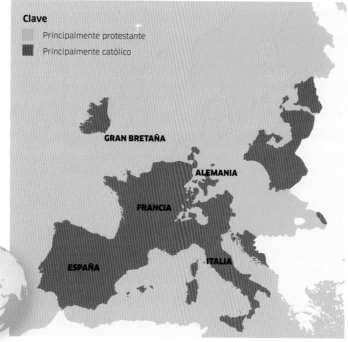

Clave
- ▨ Principalmente protestante
- ▨ Principalmente católico

GRAN BRETAÑA
ALEMANIA
FRANCIA
ESPAÑA
ITALIA

El poder de la imprenta
La imprenta, inventada en Alemania hacia 1450, era una tecnología relativamente nueva cuando Lutero escribió sus 95 tesis. Circularon muchas copias impresas de este texto, traducido del latín al alemán. Lutero fue uno de los primeros en darse cuenta del poder de la palabra impresa para llegar a más público. Los panfletos y libros escritos por él y otros reformistas aceleraron la popularización del protestantismo.

Guerra dialéctica
Esta hoja de propaganda alemana atacaba la práctica católica de vender indulgencias para llenar las arcas de la Iglesia católica.

⊙ CONTRARREFORMA

Alarmada por la gran popularidad del protestantismo, la Iglesia católica lanzó la Contrarreforma con el objetivo de reforzar la lealtad de los miembros de la Iglesia y evitar la pérdida de más fieles. Los jesuitas, una nueva orden de sacerdotes respaldados por el Papa, fundaron numerosas escuelas y universidades para mejorar la calidad de la educación religiosa. Para que el culto fuera más atractivo, se construyeron iglesias de bonitos estilos ornamentados y se potenció la música en la misa. Se creó la Santa Inquisición, un tribunal eclesiástico, para juzgar a los herejes (personas acusadas de negar la doctrina católica).

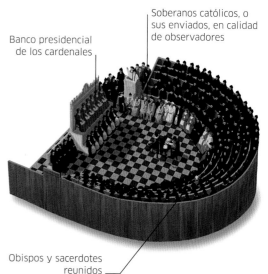

Soberanos católicos, o sus enviados, en calidad de observadores

Banco presidencial de los cardenales

Obispos y sacerdotes reunidos

El Concilio de Trento
Una reunión de líderes de la Iglesia católica, conocida como el Concilio de Trento, se encontró tres veces entre 1545 y 1563 para debatir nuevas maneras de reformar la Iglesia.

Ulrico Zwingli

Zwingli, un sacerdote amigo de Lutero, fue el abanderado de la Reforma en Suiza. Quería simplificar el culto y consideraba que la palabra escrita en la Biblia era más importante que las leyes de la Iglesia.

Juan Calvino

El francés Juan Calvino huyó de la Francia católica a Suiza en 1535, donde fundó una versión más estricta del protestantismo de Lutero conocida como calvinismo.

◎ IGLESIA ANGLICANA

Cuando el Papa no permitió que el rey Enrique VIII se divorciara de su primera esposa, él mismo se nombró jefe supremo de la Iglesia anglicana. El país pasó a ser protestante con Eduardo VI y otra vez católico con María I. En 1558, Isabel I restauró el protestantismo en Inglaterra.

Los Tudor
Este cuadro muestra a los Tudor en el momento álgido de su reinado. En el centro está Enrique VIII, con María a su derecha. A la izquierda tiene a Eduardo VI, con nueve años, e Isabel I.

◎ GUERRAS DE RELIGIÓN

Las discusiones sobre religión provocaron violentas guerras en Europa. En los Países Bajos, bajo dominio español, los protestantes se rebelaron contra las duras políticas de Felipe II de España y estallaron las guerras de la independencia holandesa (1568-1648). Miles de protestantes franceses (hugonotes) fueron masacrados en París en un solo día de 1572 durante las guerras de religión de Francia (1562-1598). La gran división entre protestantes y católicos fue la causa inmediata de la guerra de los Treinta Años, que arrastró a casi toda Europa al conflicto entre 1618 y 1648.

Batalla de la Montaña blanca
La batalla de la Montaña blanca, librada cerca de Praga, en Bohemia (actual República Checa), fue el primer gran conflicto de la guerra de los Treinta Años. Las tropas católicas del Sacro Imperio Romano aplastaron a los protestantes bohemios.

EN ALGUNAS ZONAS DE ALEMANIA, LA POBLACIÓN DISMINUYÓ HASTA EL 40% EN LA GUERRA DE LOS TREINTA AÑOS

KABUL

Tumba de Babur
Babur conquistó la ciudad afgana de Kabul en 1504. Le encantaban los jardines y pidió que le enterraran en el que había creado en Kabul.

PANIPAT

SHAHJAHANABAD

Batalla de Panipat
El ejército de Babur se alzó con una gran victoria en Panipat en 1526 tras derrotar al sultanato de Delhi, que gobernaba sobre esta parte de la India.

AGRA

Jama Masjid
Shah Jahan desplazó en 1639 la capital mogola desde Agra a la ciudad amurallada de Shahjahanabad (conocida hoy en día como Vieja Delhi), donde construyó Jama Masjid, una de las mezquitas más grandes del mundo.

Taj Mahal
Shah Jahan erigió el famoso Taj Mahal en Agra como mausoleo para su querida esposa, Mumtaz Mahal. El propio Shah Jahan también fue enterrado aquí.

Clave
▮ Imperio mogol en 1606
▮ Territorio ganado por los mogoles en 1707

Comercio en Surate
El puerto de Surate era punto de encuentro de comerciantes europeos, árabes e indios. Prosperó bajo los mogoles antes de que el rey Maratha Shivaji lo saqueara en 1664.

Baji Rao
El mayor general del Imperio Maratha, Baji Rao (1700-1740), jamás perdió una batalla. Contribuyó a la rápida expansión de los marathas por todo el subcontinente indio.

SURATE

PUNE

El Imperio Maratha
Los marathas eran un pueblo guerrero hindú establecido alrededor de la ciudad de Pune, en el oeste de la India. Hacia la mitad del siglo XVII los marathas empezaron a conquistar las tierras vecinas. En 1797 el Imperio Maratha cubría desde Peshawar, en el norte, hasta Thanjavur, en el sur.

Peshawar

0   500   1000 km
0   250   500 millas

IMPERIO MARATHA

Mar Arábigo

•Pune

Bahía de Bengala

OCÉANO ÍNDICO

•Thanjavur

Clave
▮ El Imperio Maratha en su máxima extensión en 1797

El Imperio mogol

En el siglo XVI, Babur, un caudillo de Asia central, invadió una pequeña región del norte de la India. Sus descendientes acabaron construyendo un gran imperio que, a finales del siglo XVII, ocupaba casi toda la actual India, Pakistán y Bangladés.

Los emperadores mogoles eran descendientes del pueblo mongol de Asia central. Igual que los soberanos del norte de la India que había derrotado Babur, eran musulmanes, seguían la religión del islam. Bajo el dominio mogol, prosperaron el arte y la cultura islámicos, especialmente la pintura de miniaturas y la arquitectura. El nieto de Babur, Akbar, amplió el Imperio mogol por el sur conquistando regiones de los príncipes hindúes. Al principio musulmanes e hindúes vivían en contacto y en relativa paz, ya que Akbar dejaba que los hindúes venerasen a sus propios dioses. Sin embargo, las relaciones empeoraron cuando el dominio de los mogoles se volvió más intolerante a finales del siglo XVIII. Muchos soberanos hindúes locales, como el maratha del sudoeste de la India, empezaron a rebelarse y debilitaron el poder mogol.

150 millones **de habitantes tenía** el Imperio mogol hacia el 1700.

1 millón de soldados militaban en el ejército mogol durante el reinado de Aurangzeb.

111

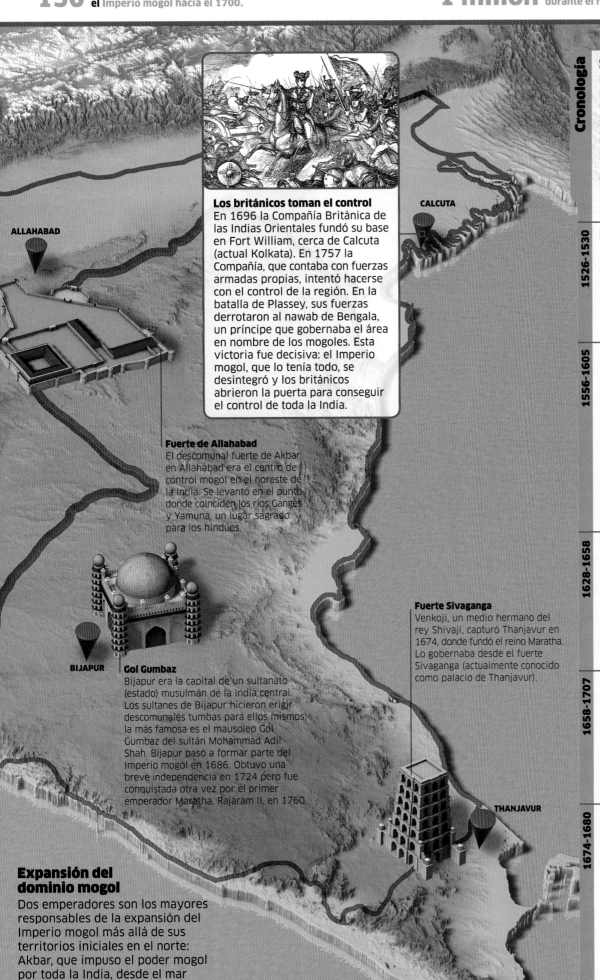

Los británicos toman el control

En 1696 la Compañía Británica de las Indias Orientales fundó su base en Fort William, cerca de Calcuta (actual Kolkata). En 1757 la Compañía, que contaba con fuerzas armadas propias, intentó hacerse con el control de la región. En la batalla de Plassey, sus fuerzas derrotaron al nawab de Bengala, un príncipe que gobernaba el área en nombre de los mogoles. Esta victoria fue decisiva: el Imperio mogol, que lo tenía todo, se desintegró y los británicos abrieron la puerta para conseguir el control de toda la India.

ALLAHABAD

CALCUTA

Fuerte de Allahabad

El descomunal fuerte de Akbar en Allahabad era el centro de control mogol en el noreste de la India. Se levantó en el punto donde coinciden los ríos Ganges y Yamuna, un lugar sagrado para los hindúes.

Fuerte Sivaganga

Venkoji, un medio hermano del rey Shivaji, capturó Thanjavur en 1674, donde fundó el reino Maratha. Lo gobernaba desde el fuerte Sivaganga (actualmente conocido como palacio de Thanjavur).

BIJAPUR

Gol Gumbaz

Bijapur era la capital de un sultanato (estado) musulmán de la India central. Los sultanes de Bijapur hicieron erigir descomunales tumbas para ellos mismos; la más famosa es el mausoleo Gol Gumbaz del sultán Mohammad Adil Shah. Bijapur pasó a formar parte del Imperio mogol en 1686. Obtuvo una breve independencia en 1724 pero fue conquistada otra vez por el primer emperador Maratha, Rajaram II, en 1760.

THANJAVUR

Expansión del dominio mogol

Dos emperadores son los mayores responsables de la expansión del Imperio mogol más allá de sus territorios iniciales en el norte: Akbar, que impuso el poder mogol por toda la India, desde el mar Arábigo hasta la bahía de Bengala; y Aurangzeb, que la conquistó toda menos el remoto sur. La base de poder de los marathas estaba cerca de Pune, en el oeste.

Cronología

Soberanos mogoles y marathas

Un total de 18 emperadores de la dinastía mogola gobernaron la India entre 1526 y 1857. El más importante de estos soberanos vivió durante los siglos XVI y XVII, en la edad de oro del Imperio mogol. El rápido declive del imperio a partir de 1700 se debió en parte a la cosecha de éxitos de los marathas, que formaron su propio reino en la India occidental.

1526-1530

Babur

Babur, el fundador de la dinastía de emperadores mogoles, nació en Ferganá (actual Uzbekistán), Asia central. Fue soldado desde los 15 años y conquistó Herat y Kabul en Afganistán antes de invadir la India en 1526. Babur era poeta y redactó unas memorias, el *Baburnama*. Su nombre significa «tigre» en persa.

1556-1605

Akbar el Grande

El nieto de Babur, Akbar, fue el tercer emperador mogol. En el momento de su muerte gobernaba sobre casi toda la India. Toleraba las otras religiones y concedió puestos de su corte a los príncipes hindúes. Igual que todos los emperadores mogoles, fue un gran patrocinador del arte y unió las tradiciones islámicas, persas e indias. Su reinado coincidió con el de Isabel I de Inglaterra.

1628-1658

Shah Jahan

El quinto emperador mogol, Shah Jahan, es famoso por erigir preciosos palacios, mezquitas y tumbas, incluidos el Taj Mahal en Agra, los jardines de Shalimar en Lahore y Jama Masjid, y el fuerte rojo en Delhi. Corrieron falsos rumores de su muerte en 1657 y estalló la guerra entre los cuatro hijos de Shah Jahan. Su tercer hijo, Aurangzeb, tomó el control y lo encarceló; acabó muriendo en prisión al cabo de ocho años.

1658-1707

Aurangzeb

Las conquistas de Aurangzeb en el sur de la India ampliaron el territorio mogol. Aurangzeb gobernaba de manera estricta sobre sus súbditos; aprobó leyes que prohibían la música y el baile, y destruyó cientos de templos hindúes. Obligó a los súbditos hindúes y todos los que no fueran musulmanes a pagar muchos impuestos para sufragar sus constantes guerras. A su muerte el Imperio mogol se desmembró rápidamente tras una sucesión de soberanos débiles.

1674-1680

Shivaji

Shivaji venía del clan Bhonsle de los guerreros maratha del oeste de la India. Lideró una campaña de resistencia hindú contra los soberanos musulmanes de Bijapur antes de empezar a retomar el control contra los mogoles. Fue considerado el fundador del Imperio Maratha, se nombró rey en 1674 siguiendo una ceremonia hindú tradicional.

La revolución científica

En los siglos XVI y XVII se realizaron grandes descubrimientos científicos que cambiaron la manera de ver el mundo. Este período de progreso se conoce como la revolución científica.

En lugar de confiar en las enseñanzas aceptadas de la Iglesia y los filósofos, los científicos probaban nuevas ideas y teorías a través de la observación, la investigación y la experimentación. Gracias a los nuevos inventos, sus descubrimientos establecieron las bases de la ciencia moderna.

1543
El astrónomo polaco Nicolás Copérnico calculó que la Tierra y los planetas orbitan alrededor del Sol y desafió así a la Iglesia, que mantenía que el Sol orbitaba la Tierra.

1610
El científico italiano Galileo Galilei observó cuatro lunas en órbita alrededor de Júpiter y respaldó la idea de Copérnico de que la Tierra orbitaba el Sol. Descubrió montañas en la Luna y manchas solares.

1628
El médico inglés William Harvey demostró que el corazón bombea sangre por todo el cuerpo.

1637
El filósofo francés René Descartes publicó su influyente libro *Discurso del método*, en el que afirmaba que deben cuestionarse todas las ideas.

1656
El inventor holandés Christiaan Huygens fabricó el primer reloj de péndulo, más preciso que cualquier otro reloj.

1665
El científico inglés Robert Hooke publicó *Micrographia*, un libro sobre su estudio de objetos diminutos observados a través del microscopio. También fue el primero que describió las células vegetales.

1672
El físico inglés Isaac Newton realizó un experimento que demostró que la luz blanca está compuesta por diferentes colores.

1676
Anton van Leeuwenhoek, científico holandés, creó potentes microscopios capaces de ampliar objetos hasta 270 veces para poder observar las bacterias que contiene una gota de agua.

1687
Isaac Newton fue el primero que explicó cómo la gravedad (fuerza invisible que atrae la materia) rige el movimiento de los planetas.

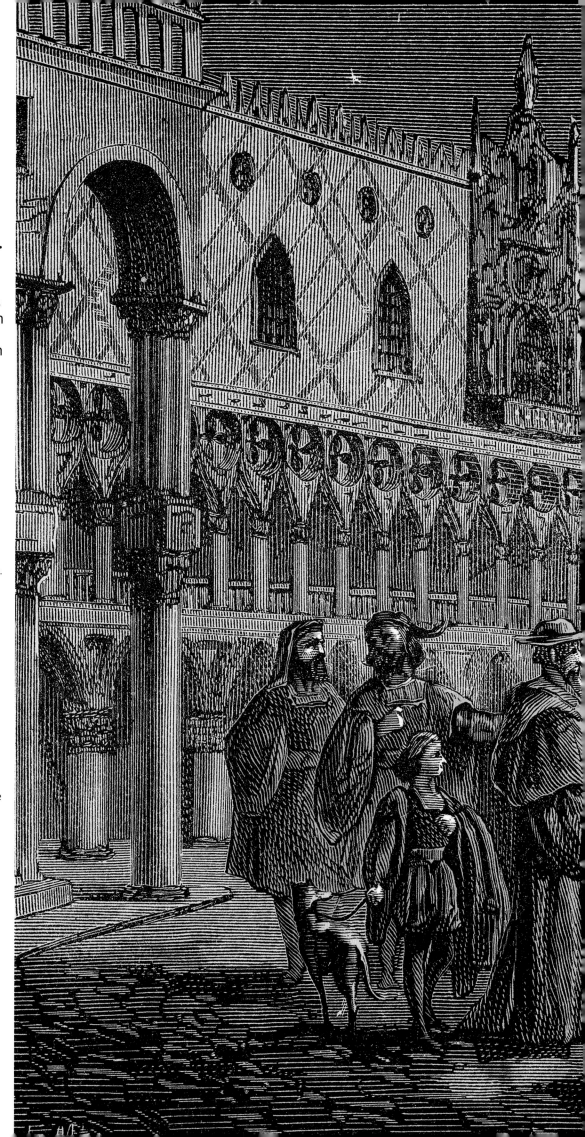

Galileo y su telescopio
Galileo construyó un telescopio con el que pudo ver más allá que con los modelos anteriores; en 1609, mostró su dispositivo al soberano de Venecia, quien patrocinó la investigación de Galileo. Aquí aparece a la derecha de su telescopio.

Vida colonial

Cuando llegaron los primeros europeos a Norteamérica en el siglo XVI, las tierras estaban habitadas por grupos de granjeros nativos americanos. En el siglo XVIII el número de colonos europeos había ascendido hasta los 250 000. Las colonias fundaron sus propias escuelas e iglesias, y el país de origen de los colonos (Inglaterra, Francia, Holanda y España) influía sobre el estilo de vida de cada región.

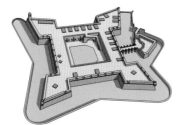

San Agustín

Fundado por los españoles, San Agustín, en Florida, fue el primer asentamiento europeo permanente en Norteamérica. Se construyó en forma de fuerte para evitar que los colonos franceses se hiciesen con Florida, parte del Imperio español.

Isla de Roanoke

Los colonos ingleses fundaron una colonia en la isla de Roanoke, ante la costa de la actual Carolina del Norte, que no logró sobrevivir. El año 1590 volvió un barco cargado de víveres muy necesarios para los colonos, pero no quedaba rastro alguno de los habitantes. Su destino sigue siendo un misterio.

Quebec

El explorador francés Samuel Champlain fundó Quebec en el río San Lorenzo, en el actual Canadá. Se convirtió en la capital de Nueva Francia, que incluía todo el territorio colonial francés de Norteamérica.

Comercio de esclavos

Llegaron unos 20 esclavos africanos a Jamestown, Virginia, a bordo de dos barcos armados ingleses, que habían capturado un barco español cargado de esclavos hacia México. Comprados por los productores de tabaco ingleses, fueron los primeros de los miles de africanos sometidos a la esclavitud en la Norteamérica colonial.

| **Cronología** | 1565 | 1587 | 1608 | 1619 |

Jamestown

En 1607 un grupo de 104 hombres ingleses llegó a la costa oriental de Norteamérica para fundar un asentamiento. Eligieron un sitio cerca del río James, con la profundidad suficiente para que los grandes barcos de Inglaterra pudieran fondear cerca. El asentamiento recibió el nombre de Jamestown y después de unos primeros años difíciles se convirtió en la primera colonia inglesa que consiguió sobrevivir en Norteamérica. Este primer asentamiento estaba compuesto por casas de madera protegidas por una empalizada (cerca) triangular.

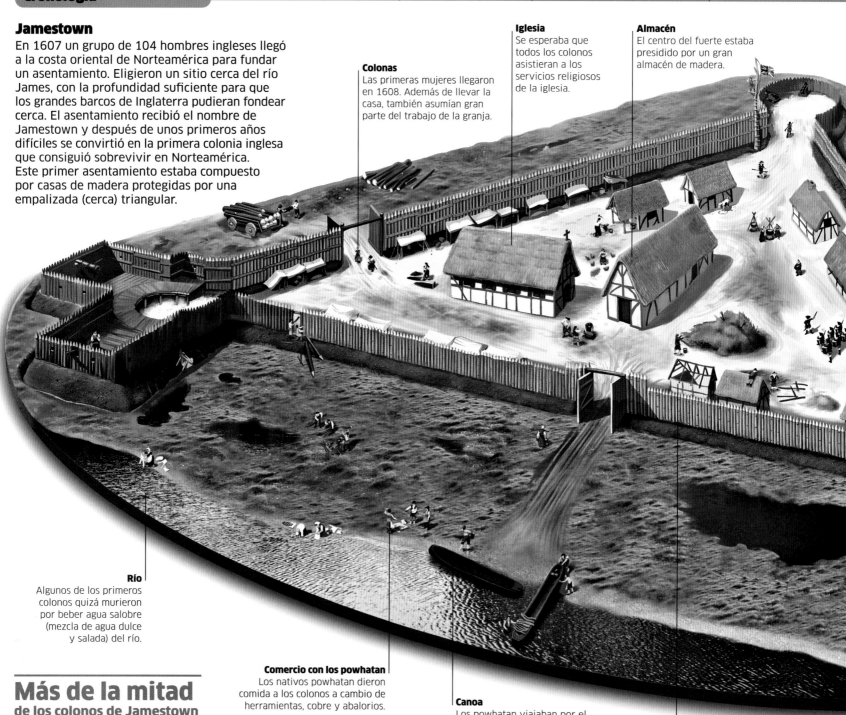

Colonas
Las primeras mujeres llegaron en 1608. Además de llevar la casa, también asumían gran parte del trabajo de la granja.

Iglesia
Se esperaba que todos los colonos asistieran a los servicios religiosos de la iglesia.

Almacén
El centro del fuerte estaba presidido por un gran almacén de madera.

Río
Algunos de los primeros colonos quizá murieron por beber agua salobre (mezcla de agua dulce y salada) del río.

Comercio con los powhatan
Los nativos powhatan dieron comida a los colonos a cambio de herramientas, cobre y abalorios.

Canoa
Los powhatan viajaban por el río en canoas que fabricaban vaciando troncos de árbol con fuego y herramientas de concha de ostra.

Edificio de madera
Las casas, con estructura de madera y una sola habitación, tenían paredes de fajina, una mezcla de arcilla, hierba y excrementos de animales.

Más de la mitad

de los colonos de Jamestown murieron por enfermedad o hambruna durante el terrible invierno de 1609-1610.

1621 Año en que los **padres peregrinos y el pueblo wampanoag** celebraron el **primer Día de Acción de Gracias** para festejar la primera cosecha de la colonia de Plymouth.

13 colonias británicas se fundaron entre **1607 y 1733**.

115

Colonos ingleses
Un grupo de colonos ingleses religiosos conocidos como los padres peregrinos llegaron a la costa oriental de Norteamérica en su barco, el *Mayflower*. Fundaron un asentamiento en Plymouth, Massachusetts, donde podían practicar su doctrina religiosa sin ser perseguidos. Solo consiguieron sobrevivir un invierno.

Nueva Ámsterdam
Los comerciantes holandeses compraron la isla de Manhattan a los nativos americanos locales, la bautizaron como Nueva Ámsterdam y formó parte de la colonia holandesa de los Nuevos Países Bajos que seguía el fértil río Hudson. En 1664 los ingleses les arrebataron el próspero asentamiento y cambiaron su nombre por el actual: Nueva York.

Universidad de Harvard
Los colonos ingleses de Cambridge, Massachusetts, fundaron la primera universidad de Norteamérica. El nombre de Harvard se debe al reverendo John Harvard, que cuando murió donó su biblioteca de libros y parte de su fortuna a la institución. Actualmente Harvard es la universidad más antigua de Estados Unidos.

Primer periódico
El impresor Benjamin Harris de Boston, Massachusetts, publicó el primer periódico de las colonias norteamericanas de Gran Bretaña con el nombre de *Publick Occurrences*. Sin embargo, Harris no consiguió el permiso necesario del gobernador de Massachusetts, quien ordenó requisar y destruir todas las copias.

Hasta el Pacífico
El tratante de pieles y explorador Alexander Mackenzie llegó a la costa del océano Pacífico viajando en canoa por los ríos del noroeste de Canadá. Fue el primer europeo que cruzó el extenuante continente de este a oeste por tierra. Su grupo contaba con seis tramperos y dos guías nativos americanos.

1620 | **1626** | **1636** | **1690** | **1793**

La América colonial

Los europeos empezaron a llegar a Norteamérica en el siglo XVI para fundar colonias. A muchos les atraían las historias que hablaban de oro o tierra fértil para cultivar. Otros, en cambio, huían de la persecución religiosa.

En el siglo XVI los colonos franceses fundaron fuertes en el río San Lorenzo, en el actual Canadá. Comerciaron con los nativos americanos: armas y herramientas a cambio de pieles de animales. Más hacia el sur, los colonos británicos fundaron colonias por la costa este de los actuales Estados Unidos, mientras que los españoles se centraron en Nueva España. Las potencias europeas lucharon entre sí para controlar estos territorios; a menudo se producían conflictos con los nativos americanos, los ocupantes originales de estas tierras.

Terreno pantanoso
Jamestown se levantó en tierras bajas pantanosas repletas de mosquitos que causaban la malaria y otras enfermedades.

Defensas
Cada esquina del asentamiento triangular contaba con una estructura de defensa saliente, o baluarte.

Cañón
Los cañones servían para defender el asentamiento ante cualquier ataque.

Los powhatan
Jamestown estaba en el territorio de los nativos americanos powhatan. Durante el primer invierno los powhatan dieron maíz a los colonos y les enseñaron a cultivar plantas en su nuevo entorno. Más adelante las relaciones entre ambos grupos fueron más hostiles y los conflictos estallaban a menudo.

Pocahontas
Pocahontas, la hija del jefe powhatan, se casó con un colono, John Rolfe, en 1614.

La guerra del rey Felipe
Las disputas por la tierra entre europeos y nativos americanos solían acabar en guerra. En 1675 un líder bajo el nombre de rey Felipe lideró un levantamiento contra las colonias de Nueva Inglaterra (Massachusetts, Rhode Island y Connecticut). Muchos pueblos recibieron sus ataques antes de que el rey Felipe fuera capturado y ejecutado en 1676. Miles de nativos americanos fueron masacrados o esclavizados.

Territorios coloniales
Este mapa ilustra las posesiones europeas de tierras en Norteamérica en 1750. Francia y Gran Bretaña habían reivindicado casi todas las áreas orientales de Norteamérica. Florida, México y California estaban bajo control español. Los países europeos también colonizaron las islas del Caribe. No obstante, grandes partes de Norteamérica continuaban sin explorar ni colonizar por parte de los europeos en este momento.

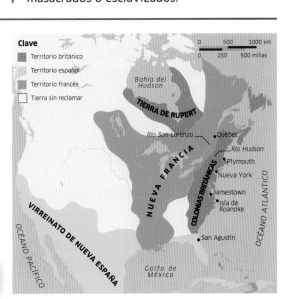

Clave
- Territorio británico
- Territorio español
- Territorio francés
- Tierra sin reclamar

0 500 1000 km
0 250 500 millas

Bahía del Hudson
TIERRA DE RUPERT
Río San Lorenzo · Quebec
Río Hudson
NUEVA FRANCIA
Plymouth
Nueva York
COLONIAS BRITÁNICAS
Jamestown
Isla de Roanoke
VIRREINATO DE NUEVA ESPAÑA
San Agustín
OCÉANO PACÍFICO
OCÉANO ATLÁNTICO
Golfo de México

La edad de oro de los Países Bajos

En el siglo XVII la República de los Siete Países Bajos Unidos (actuales Países Bajos) se convirtió en uno de los países más ricos del mundo. Su prosperidad creó una edad de oro en la que brillaron la ciencia, el arte y la arquitectura neerlandeses.

La República de los Siete Países Bajos Unidos nació en 1581 cuando lo que eran los Países Bajos Españoles se unieron para liberarse del dominio español. Tras una ardua guerra consiguieron la independencia en 1609. A pesar de ser la potencia europea más pequeña, en menos de un siglo la nueva república había conseguido crear un increíble imperio comercial de ultramar gracias a la combinación de los conocimientos marinos, una potente armada y astutas prácticas comerciales.

COMPAÑÍA DE LAS INDIAS ORIENTALES

En 1602, el gobierno de los Países Bajos concedió a la Compañía Neerlandesa de las Indias Orientales la exclusiva comercial con Asia. En 1611 ya controlaba el rentable comercio de especias hacia Europa; al cabo de poco se convertía en la principal empresa comercial del mundo. Podía iniciar guerras, firmar tratados con otros países y crear nuevas colonias. La sede principal de la empresa estaba en Batavia (actual Yakarta), en la isla indonesia de Java. Durante casi 200 años dominó el comercio de ultramar.

Barcos indianos
Grandes barcos de vela navegaban de manera regular entre Ámsterdam y Batavia.

LA BOLSA

La economía neerlandesa prosperó mucho gracias al comercio de ultramar. Bienes de todo el mundo llegaban a Ámsterdam, donde se almacenaban antes de venderse.
En 1611 un grupo de comerciantes creó la bolsa como punto de reunión e intercambio de información. Toda la actividad comercial se realizaba en un gran patio abierto, rodeado de columnas. Cada columna tenía un número para indicar la ubicación de los comerciantes con los que cerrar tratos.

Columnas comerciales
La bolsa de Ámsterdam tenía un aforo máximo de 5000 personas. Estaba prohibido gritar y no se permitía la entrada a niños ni mendigos.

LA COMPAÑÍA NEERLANDESA DE LAS INDIAS ORIENTALES FUE LA **PRIMERA EMPRESA COMERCIAL** QUE VENDIÓ ACCIONES **EN LA BOLSA.**

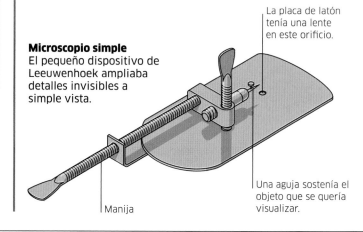

EL IMPERIO NEERLANDÉS

NUEVOS PAÍSES BAJOS · Nueva Ámsterdam (Nueva York)
NUEVA SUECIA
PAÍSES BAJOS
OCÉANO ATLÁNTICO
OCÉANO PACÍFICO
SAN MARTÍN
ISLA DE ARGUIN
INDIA NEERLANDESA
FORMOSA
ANTILLAS NEERLANDESAS
ISLA DE GOREA
ASENTAMIENTOS DE COSTA DE ORO
INDIAS ORIENTALES NEERLANDESAS
OCÉANO PACÍFICO
GUYANA NEERLANDESA
SAO TOMÉ Y PRÍNCIPE
CEILÁN
BRASIL HOLANDÉS · Recife · Luanda
ANGOLA
Batavia
OCÉANO ÍNDICO
Clave
SANTA HELENA
COLONIA DEL CABO
MAURICIO
Ciudad del Cabo

Posesiones o territorios bajo control holandés durante el siglo XVII

★ Sede de la Compañía Neerlandesa de las Indias Orientales

— Ruta comercial

0   3000   6000 km
0   1500   3000 millas

Los Países Bajos eran el principal país comercial, con enclaves en las Indias orientales (actual Indonesia) y Ceilán (actual Sri Lanka). Fundaron Colonia del Cabo (en la actual Sudáfrica) y conquistaron territorios de España y Portugal en Sudamérica. Cuando la Compañía Neerlandesa de las Indias Orientales dominaba el comercio en Asia, se creó la Compañía Neerlandesa de las Indias Occidentales para controlar el comercio en las Américas y África occidental.

GRANDES DESCUBRIMIENTOS

Los científicos e inventores de los Países Bajos realizaron descubrimientos importantes en el siglo XVII. El óptico Hans Lippershey fabricó el primer telescopio en 1608. Christiaan Huygens, un astrónomo, descubrió la mayor luna de Saturno en 1655. Al cabo de un año fabricó el primer reloj de péndulo. El científico autodidacta Anton von Leeuwenhoek produjo microscopios de precisión increíble durante la década de 1670 y fue el primero en describir las bacterias.

La placa de latón tenía una lente en este orificio.

Microscopio simple
El pequeño dispositivo de Leeuwenhoek ampliaba detalles invisibles a simple vista.

Una aguja sostenía el objeto que se quería visualizar.

Manija

La **Compañía Neerlandesa de las Indias Orientales** llegó a poseer **más de la mitad** de los barcos mercantes del mundo.

1,3 millones **de cuadros** se calcula que pintaron los **artistas holandeses** entre **1640 y 1660**.

117

ARTE HOLANDÉS

Durante este período hubo una gran demanda de cuadros entre los mercaderes ricos. En lugar de pintar escenas religiosas, los artistas holandeses como Rembrandt, Johannes Vermeer y Frans Hals desarrollaron nuevos temas: pintaron retratos y escenas de la vida diaria en los que aparecían personas trabajando o disfrutando.

Encaje
Vermeer se especializó en pintar escenas domésticas, como esta obra de detalle increíble, *La encajera* (1669).

CRECE LA CIUDAD

Ámsterdam era la principal ciudad de Holanda (la mayor de las siete provincias de la república). A principios del siglo XVII se construyeron tres grandes canales alrededor del casco antiguo medieval. Los habitantes acaudalados de Ámsterdam vivían en casas espléndidas con vistas a estos canales, mientras que los barrios nuevos se construían en las afueras de la ciudad para alojar a la población creciente.

Anillo de canales
Este mapa de 1690 muestra la característica forma de media luna de Ámsterdam con su red de canales, que apenas ha cambiado en la actualidad.

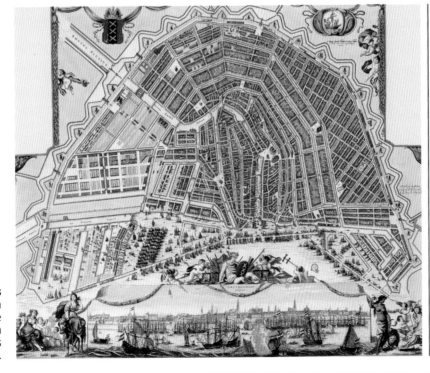

Explosión demográfica

La mayor prosperidad y la atmósfera de tolerancia de Ámsterdam atrajeron a un gran número de inmigrantes. Muchos llegaron a la ciudad holandesa escapando de la persecución religiosa de su propio país. Por todo ello la población de Ámsterdam se disparó durante el siglo XVII.

HABITANTES EN 1600
60 000

HABITANTES EN 1650
200 000

APROXIMADAMENTE EL 60% DE LA **POBLACIÓN HOLANDESA** VIVÍA EN PEQUEÑOS **PUEBLOS O CIUDADES.**

118 la edad de la exploración ○ **JAPÓN EDO**

90 Número de batallas libradas por Tokugawa Ieyasu para unificar Japón bajo su poder.

Japón Edo

En 1603, Tokugawa Ieyasu, el líder del poderoso clan Tokugawa, se convirtió en sogún, soberano militar supremo de Japón, puso fin a las guerras internas del país y situó la capital en Edo, un remoto pueblo pescador que más adelante se convertiría en la ciudad de Tokio.

Los sogunes Tokugawa gobernaron Japón más de 250 años en nombre del emperador. El tercer sogún, Tokugawa Iemitsu, no se fiaba de los europeos y su religión cristiana, así que los expulsó de Japón, salvo un pequeño punto comercial neerlandés; en 1639 prohibió la salida al exterior de los japoneses. El país quedó aislado del resto del mundo hasta 1868. Este período de soledad fue un tiempo de paz y estabilidad en el que la clase guerrera conocida como los samuráis fue perdiendo el poder. Japón, con las puertas cerradas al mundo exterior, inició una edad de oro de prosperidad y enorme actividad cultural.

Teatro kabuki

Un pasatiempo de los más populares del Japón Edo fue el teatro kabuki, un nuevo estilo de drama cómico lírico que solía representar escenas cotidianas. El kabuki era más animado que el Noh, la forma teatral más antigua de Japón. Las pintorescas representaciones de kabuki atraían a grandes multitudes.

Más aforo
El área situada sobre el escenario solo se usaba para alojar más público cuando se llenaba el resto del teatro.

Iluminación
A menudo los teatros abrían todo el día, con representaciones de obras históricas, historias cotidianas y danzas de intermedio. Al caer la noche las representaciones seguían con el escenario iluminado por antorchas y linternas.

Fans ruidosos
Los espectadores aplaudían y gritaban los nombres de sus actores preferidos.

Palcos de honor
El público más acaudalado ocupaba los palcos (*masu-seki*) de la parte superior del teatro, ya que ofrecían la mejor vista del escenario.

Vestuario
No siempre era fácil vestir la indumentaria de los actores: podía llegar a pesar hasta 20 kg.

Pasarela elevada
Los actores entraban o salían del escenario por una pasarela elevada o *hanamichi*, «camino florido». En esta pasarela también se interpretaban escenas importantes.

Platea
La platea tenía los asientos más baratos, que se agrupaban en cuadrados separados.

15 sogunes Tokugawa mandaron en Japón durante el período Edo.

La primera obra kabuki se representó en **1603** en la ciudad de **Kioto**.

1868 Año en que la ciudad de **Edo** pasó a llamarse **Tokio**.

119

Escenario con tejado
Un tejado cubría el escenario para simular que la obra se representaba en el exterior. El kabuki se basaba en unos primigenios dramas líricos representados ante templos o santuarios.

Arte y entretenimiento

Los habitantes ricos de Edo y otros centros urbanos conocían los entretenimientos culturales de la ciudad como *ukiyo*, «mundo flotante». Poetas, pintores y artesanos creaban obras de gran elegancia y detalle. El arte y el ocio pasaron a ser más asequibles y llegaron a más público. Muchos de los pasatiempos y las prácticas reconocidos hoy como parte de la cultura japonesa tradicional surgieron durante el período Edo.

Impresión con bloques de madera
Los artistas creaban imágenes simples pero preciosas aplicando tinta a bloques de madera grabados y presionando hojas de papel contra ellos. Esta estampa de principios del siglo XIX muestra el monte Fuji, montaña sagrada de Japón.

Geisha
En el Japón Edo las *geishas* eran mujeres artistas que bailaban, cantaban y tocaban el *shamisen*, un instrumento de cuerda tradicional. Llevaban coloridos kimonos y un elaborado maquillaje.

Luchadores de sumo
El sumo, una forma de lucha, se convirtió en un pasatiempo popular en el período Edo. Los primeros luchadores profesionales de sumo solían ser antiguos guerreros samurái que buscaban una nueva fuente de ingresos.

Escenarios
El escenario portátil (*kakiwari*) estaba dibujado a mano.

Plataforma

Escenario

Los tramoyistas vestían siempre de negro.

Cuerda por debajo de la plataforma

Escenario giratorio
El escenario era giratorio, para realizar rápidos cambios de escena.

Actores kabuki
Los hombres representaban todos los papeles, ya fueran de hombre o de mujer, tradición que ha llegado a nuestros días.

Tramoya
El actor se subía a una plataforma para entrar o salir del escenario de manera efectista. Los tramoyistas subían o bajaban a mano esta plataforma.

Comercio atlántico de esclavos

Entre los siglos XVI y XIX unos 12 millones de africanos fueron comprados como mercancía, cargados en barcos y enviados a través del Atlántico hacia América, donde fueron vendidos como esclavos.

La colonización europea de las Américas durante el siglo XVI hizo crecer la trata de esclavos africanos. El objetivo de este comercio era proporcionar a los colonos un suministro perpetuo de mano de obra gratis arrancando hombres, mujeres y niños de sus casas a la fuerza y volviéndolos a ubicar en la otra punta del mundo. La mayoría de los esclavos se capturaban en África occidental. Muchos morían en el terrible viaje hasta el otro lado del Atlántico; los supervivientes se vendían en casas de subastas. Los esclavos eran propiedad legal de sus propietarios y la mayoría de ellos eran obligados a trabajar en las plantaciones (grandes extensiones de cultivos, por ejemplo, de algodón). Hasta finales del siglo XIX no se consiguió abolir la trata de esclavos.

○ EL TRIÁNGULO ESCLAVISTA

La trata de esclavos afectaba Europa, África y América: los comerciantes europeos enviaban bienes, como ropa de algodón, a África occidental a cambio de esclavos. A continuación los barcos cruzaban el Atlántico, donde los mercaderes vendían la carga humana antes de volver a Europa con mercancías como azúcar o café.

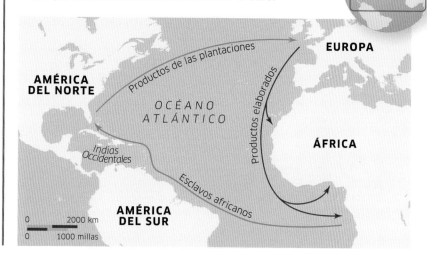

◎ EN VENTA

Al llegar a América, los esclavos eran subastados. A menudo se separaban familias y amigos que habían conseguido permanecer juntos durante el largo viaje desde África y era posible que jamás volvieran a verse, ya que el mayor postor no siempre compraba la familia al completo. En un sistema conocido como «*scramble*», algunos compradores pagaban una suma fija al capitán y al abrir las puertas entraban a la carrera para hacerse con tantos esclavos como podían. Tras la compra, los esclavos recibían un nuevo nombre y debían aprender un nuevo idioma. Eran obligados a realizar jornadas de trabajo eternas; hasta un tercio de ellos morían durante los tres primeros años posteriores a su llegada, lo que hacía crecer aún más la demanda.

Subasta de esclavos
Los propietarios de las plantaciones preferían hombres sanos y jóvenes que pudieran trabajar muchas horas; por eso eran más caros que las mujeres y los niños.

EN 1860, EN VÍSPERAS DE LA GUERRA CIVIL AMERICANA, HABÍA UNOS 4 MILLONES DE AFROAMERICANOS EN ESCLAVITUD.

18 horas se calcula que un esclavo era obligado a trabajar durante el período de cosecha.

100 000 esclavos se enviaban de África a América cada año a finales del siglo XVIII.

121

Fuertes esclavistas

Algunos soberanos africanos se hicieron ricos comerciando con esclavos. Enviaban grupos de asalto tierra adentro para capturar personas y llevarlas a los fuertes esclavistas que habían construido las empresas comerciales europeas en la costa africana occidental. Los cautivos estaban en celdas hasta la llegada del siguiente barco.

Castillo de la Costa del Cabo
Los comerciantes británicos usaron este fuerte en Ghana con capacidad para 1500 esclavos durante el siglo XVIII.

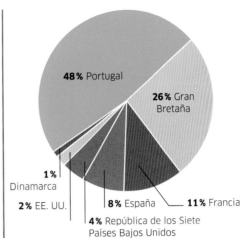

- **48 %** Portugal
- **26 %** Gran Bretaña
- **1 %** Dinamarca
- **2 %** EE. UU.
- **4 %** República de los Siete Países Bajos Unidos
- **8 %** España
- **11 %** Francia

Países esclavistas

A mitad del siglo XVI Portugal y España enviaban esclavos a través del Atlántico a las colonias de Brasil y el Caribe. En 1713 Gran Bretaña consiguió cerrar un contrato de 30 años para suministrar esclavos a las colonias españolas; a mediados del siglo XVIII casi el 75 % de todos los esclavos que cruzaban el Atlántico lo hacían en barcos portugueses o británicos.

El Pasaje del medio

El viaje entre África y las Indias Occidentales y Norteamérica se conocía como el Pasaje del medio. Para aprovecharlo al máximo, se hacinaban hasta 600 esclavos en espacios minúsculos bajo la cubierta. Se encadenaba a los hombres para evitar rebeliones. Durante el viaje de hasta 10 semanas escaseaban la comida y el agua. Muchos esclavos morían en el trayecto.

Lo único que podían hacer los esclavos era estirarse, debido a la falta de espacio.

Barco esclavista
Ilustración del interior del *Brookes*, barco esclavista británico del siglo XVIII.

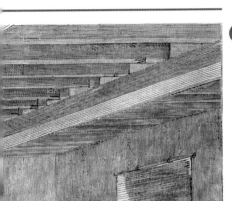

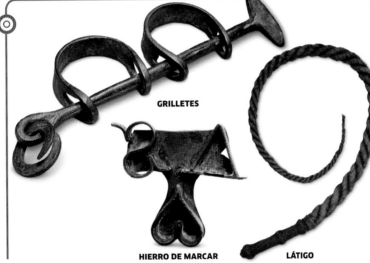

GRILLETES

HIERRO DE MARCAR

LÁTIGO

VIDA ENCADENADA

Casi todos los africanos enviados a las Indias Occidentales o Norteamérica trabajaban en las plantaciones. Los supervisores blancos contratados por los propietarios les daban latigazos si no trabajaban con el esmero esperado, o les encadenaban con grilletes si intentaban fugarse. Los esclavos no tenían derecho legal alguno; muchos llevaban la marca de fuego de su propietario. Cualquier bebé de madre esclava era legalmente esclavo de por vida; se esperaba que incluso los ancianos trabajasen.

ABOLICIÓN

Los cuáqueros protestaron contra la esclavitud en Norteamérica y Gran Bretaña. Tras 20 años de campaña, el británico William Wilberforce ayudó a acabar con la participación británica en el comercio de esclavos en 1807, aunque tener esclavos en propiedad fue legal en las colonias británicas hasta 1834. La publicación de la novela antiesclavista *La cabaña del tío Tom*, de Harriet Beecher Stowe, en 1852, incrementó las protestas contra la esclavitud en Estados Unidos, lo que se materializó en 1865 cuando el gobierno estadounidense aprobó la decimotercera enmienda, que ilegalizaba la esclavitud.

Camino a la libertad
Harriet Tubman, una antigua esclava (la primera a la izquierda en la foto), llevó a más de 300 esclavos a la libertad gracias al Ferrocarril Subterráneo, una red de rutas secretas de fuga y casas de confianza organizada por los abolicionistas a principios del siglo XIX.

Monarcas absolutos

En la Europa de los siglos XVII y XVIII, muchos países estaban gobernados por monarcas absolutos que tenían el control total de sus naciones e imperios, hacían las leyes y decidían si había que ir a la guerra o no.

Estos soberanos creían que su autoridad derivaba de Dios y no de sus súbditos y, por lo tanto, gobernaban por derecho divino. Como monarcas absolutos, eran libres de actuar como quisieran y ni tan solo tenían que seguir sus propias leyes... aunque todos debían obedecer sus decisiones. Los reyes vivían en grandes palacios y llenaron sus cortes de nobleza.

1682
El rey Luis XIV de Francia fijó su residencia principal en el palacio de Versalles, fuera de París. Había hecho ampliar el castillo original, que durante las dos décadas anteriores había crecido hasta convertirse en un complejo capaz de alojar al gobierno entero.

1703
El zar Pedro I de Rusia, conocido como Pedro el Grande, creó una nueva capital bajo el nombre de San Petersburgo, en honor a su santo patrón.

1721
Pedro el Grande de Rusia se impuso a Suecia en la Gran Guerra del Norte. Esta victoria convirtió el Imperio ruso en una gran potencia europea.

1740
Federico II, conocido como Federico el Grande, se convirtió en rey de Prusia. Con sus guerras contra Austria y Polonia, Prusia dobló su tamaño; además, reformó el gobierno y fue un gran mecenas del arte.

1764
Catalina II de Rusia, Catalina la Grande, mandó construir una nueva ala en el Palacio de Invierno de San Petersburgo para alojar su gran colección de pintura y porcelanas. Actualmente forma parte del Museo del Hermitage.

1772
Los soberanos de Rusia, Austria y Prusia se dividieron un tercio del territorio de Polonia en la primera partición de Polonia.

1783
Catalina la Grande amplió el Imperio ruso por el sur, hacia Crimea, una península de Europa oriental, para que Rusia tuviera un puerto en el mar Negro.

1789
Los pobres de Francia, resentidos por los lujos de la realeza y la nobleza, iniciaron una revolución que acabó con la monarquía. La Revolución francesa desencadenó el declive de la monarquía absoluta en Europa.

En la corte del rey Luis XIV de Francia
El rey Luis XIV desplazó toda su corte al palacio de Versalles e insistió en que sus nobles vivieran también allí. El gran palacio tenía más de 700 habitaciones, 1200 chimeneas y 67 escaleras.

LA EDAD DE LA REVOLUCIÓN

A mediados del siglo XVIII las innovaciones tecnológicas y las ideas revolucionarias transformaron el mundo. La Revolución Industrial se inició en Gran Bretaña y cambió la vida de millones de personas. La lucha por la independencia de Norteamérica y Sudamérica inspiró revoluciones en Europa. Las nuevas ideas sobre la nación provocaron la expansión europea por África, el sur de Asia y el Pacífico.

ESCUDO ZULÚ

1879: guerra anglo-zulú
Los británicos se alzaron victoriosos tras los seis meses de la guerra anglo-zulú que libraron contra el reino zulú. Los británicos convirtieron la tierra zulú en una colonia.

1888: Benz Patent-Motorwagen
El inventor alemán Karl Benz diseñó un automóvil de gasolina y su mujer y socia comercial Bertha Benz armó un gran revuelo publicitario en un viaje de 106 km por Alemania.

BENZ PATENT-MOTORWAGEN

1871: unificación de Alemania
El rey Guillermo I de Prusia se convirtió en el primer emperador de la Alemania unida. Aquel mismo año los estados de Italia también se unificaron para crear un solo país.

1861-1865: guerra de Secesión de Estados Unidos
Una guerra civil dividió Estados Unidos con el enfrentamiento entre los estados del norte y los del sur.

CAÑÓN NAPOLEÓNICO DE LA GUERRA DE SECESIÓN

Cronología de la edad de la revolución

Tras la guerra de Independencia de Estados Unidos, distintos grupos en todo el mundo hicieron suyos sus ideales de libertad e igualdad. Al mismo tiempo la Revolución Industrial transformó la vida cotidiana, ya que las personas abandonaron el campo para trabajar en fábricas en las ciudades.

Los habitantes de Sudamérica liberaron su continente del dominio español y portugués. En Europa se abolió la monarquía francesa, Grecia obtuvo su independencia y tanto Alemania como Italia se unificaron. Los países, los viejos y los nuevos, seguían queriendo ampliar su territorio y aprovecharon la nueva tecnología para conseguirlo. Estados Unidos creció hacia el oeste y se enfrentó a los nativos americanos. Las potencias europeas colonizaron casi la totalidad de África, la India, el sudeste asiático, Australia y las islas del Pacífico.

1821-1830: guerra de Independencia de Grecia
Los griegos lucharon para liberarse del dominio del Imperio otomano. Con la ayuda de Gran Bretaña, Francia y Rusia, Grecia ganó la guerra en 1830 y se convirtió en país independiente en 1832.

EL GENERAL GRIEGO THEODOROS KOLOKOTRONIS

SIMÓN BOLÍVAR

1810-1825: guerras de Sudamérica
Los revolucionarios como Simón Bolívar lideraron la lucha para acabar con 300 años de dominio español y portugués en Sudamérica. En 1825 se habían liberado todas las colonias de España, salvo Cuba y Puerto Rico, y Portugal había perdido el control de Brasil.

CASACA MILITAR DEL REY PRUSIANO FEDERICO II

1756-1763: guerra de los Siete Años
La guerra de los Siete Años, librada en cinco continentes, fue el primer conflicto global a gran escala. Gran Bretaña y Francia lucharon por la supremacía colonial en Norteamérica y la India, mientras que las tensiones entre Prusia (en la actual Alemania) y Rusia atrajeron a aliados hacia ambos lados.

MÁQUINA DE VAPOR DE JAMES WATT

1765: máquina de vapor
El ingeniero escocés James Watt desarrolló una máquina de vapor más eficaz que las anteriores. La máquina de vapor de Watt daba la potencia necesaria para mover las máquinas de las grandes fábricas y dio paso así a la Revolución Industrial.

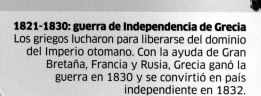

1890: batalla de Wounded Knee
La batalla de Wounded Knee fue el último gran conflicto entre soldados estadounidenses y nativos americanos y acabó con la masacre de más de 200 sioux.

BLUSA NATIVA AMERICANA DE LA DANZA DE LOS ESPÍRITUS

1892-1954: isla de Ellis
Millones de personas viajaban a Estados Unidos para iniciar una nueva vida. La isla de Ellis en Nueva York sirvió como centro de procesamiento y gestión de las nuevas llegadas.

ESTATUA DE LA LIBERTAD

AVIÓN DE LOS HERMANOS WRIGHT

1903: primer vuelo a motor
En Carolina del Norte, Estados Unidos, los hermanos Wright, pioneros de la aviación, diseñaron la primera aeronave con motor capaz de volar: lo hizo cuatro veces el mismo día.

1865: antisépticos de Lister
El cirujano Joseph Lister empezó a usar antisépticos en el instrumental quirúrgico, las heridas abiertas y las batas. Estos destruían los gérmenes y evitaban que se propagaran las infecciones. La mortalidad en su hospital bajó dos tercios.

INSTRUMENTAL QUIRÚRGICO

1858-1947: Raj británico
Gran Bretaña tomó el control de la India durante un período conocido como el Raj británico. Construyó ferrocarriles y escuelas, pero negó la participación política a los soberanos y a los ciudadanos indios.

TREN INDIO DE CONSTRUCCIÓN BRITÁNICA

1829: locomotora revolucionaria
En Inglaterra se realizó una prueba para decidir qué locomotoras de vapor se usarían para la línea de ferrocarril entre Liverpool y Manchester, la primera línea interurbana del mundo. Gracias a su récord de velocidad de 47 km/h, la *Rocket* de Robert Stephenson ganó la prueba.

ROCKET

1836: senda de Oregón
Durante el siglo XIX miles de colonos de Estados Unidos se lanzaron hacia el oeste en busca de nuevas tierras para sus granjas. Partían en carretas por la senda de Oregón; los primeros llegaron a Oregón en 1836.

CARRETA CUBIERTA

PISTOLA NAPOLEÓNICA

1803-1815: guerras napoleónicas
Durante más de una década la recién creada república de Francia estuvo en guerra con casi todo el resto de Europa. Bajo el mando del ambicioso emperador francés Napoleón Bonaparte, una serie de victorias dejaron gran parte del continente bajo control francés.

1789-1799: Revolución francesa
La furia contra la monarquía y la nobleza hirvió hasta hacer estallar la revolución en Francia. El rey y más tarde muchos nobles y cualquiera que fuese considerado como «enemigo de la revolución» pasaron por la guillotina para ser ejecutados.

GUILLOTINA

1775-1783: guerra de Independencia de Estados Unidos
Furiosas por el aumento de los impuestos, las 13 colonias británicas de Norteamérica se rebelaron contra el dominio británico. La guerra acabó en victoria para las colonias, que crearon los Estados Unidos de América.

MOCHILA DEL EJÉRCITO COLONIAL

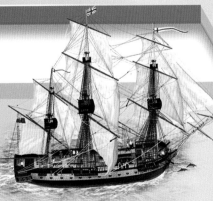

HMS *SIRIUS* DE LA PRIMERA FLOTA

1788: la Primera flota
Los barcos de la Primera flota llegaron a Australia con los primeros colonos británicos, la mayoría de ellos convictos enviados a Australia a cumplir sus sentencias, y sus guardias. Fundaron la primera colonia en Sídney.

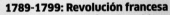

La guerra de los Siete Años

La guerra de los Siete Años (1756-1763) fue el primer conflicto global y afectó a todas las grandes potencias del momento. Los enfrentamientos se produjeron en América, África y Asia, y también en Europa.

A principios del siglo XVIII Francia y Gran Bretaña intentaban constantemente quitarse territorios coloniales en Norteamérica, el Caribe y la India los unos a los otros. Cuando en el año 1756 el aumento de tensiones entre las principales potencias de Europa hizo estallar la guerra, Gran Bretaña se posicionó a favor del reino de Prusia, en el norte de Alemania, mientras que Francia (un antiguo aliado de Prusia) cambió de alianza y se pasó a Austria. Todo estaba a punto para que se produjera el enfrentamiento en distintas partes del mundo. Esta guerra tiene nombres diferentes según los países; por ejemplo, en Estados Unidos este conflicto colonial se conoce como la guerra franco-india.

◉ LA GUERRA EN EUROPA

En 1740, Federico II de Prusia invadió Silesia (por aquel entonces, parte de Austria). Con el respaldo de Francia y Rusia, Austria quiso recuperar el control de Silesia. El rey prusiano hizo marchar a sus tropas hacia Sajonia (un aliado austríaco) en 1756; este hecho marcó el inicio de la guerra de los Siete Años. Durante el conflicto, ambos bandos vivieron triunfos, pero también grandes pérdidas.

Batalla de Rossbach
En la batalla de Rossbach (1757), Federico II llevó sus tropas a la mayor victoria táctica para acabar derrotando a la fuerza franco-austríaca, muy superior.

◉ GUERRA EN NORTEAMÉRICA

Francia y Gran Bretaña llevaban enfrentados ya dos años antes de que estallara la guerra principal en Europa en 1756. Ambos bandos contaban con aliados nativos americanos; gran parte de la lucha se produjo en Nueva Francia (como se llamaba a los territorios de Francia en Norteamérica).

George Washington

El comandante del ejército colonial británico de Virginia fue George Washington (más adelante, el primer presidente de Estados Unidos). En 1754 ideó una emboscada contra los franceses en Fort Duquesne que iniciaría la guerra franco-india.

Batallas cruciales

En 1759 el general británico James Wolfe bajó con su ejército por el río San Lorenzo para capturar la fortaleza francesa de Quebec. Al cabo de un año Gran Bretaña derrotó a los franceses en Montreal. Casi todos los territorios de Francia en Norteamérica estaban en manos de las fuerzas británicas.

Batalla por Quebec
Un escuadrón británico cruzó el río San Lorenzo para atacar por sorpresa a los defensores de Quebec.

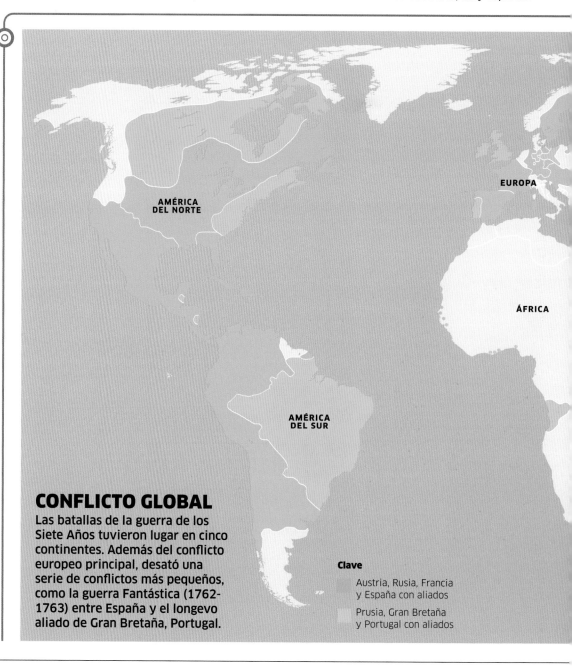

EUROPA

AMÉRICA DEL NORTE

ÁFRICA

AMÉRICA DEL SUR

CONFLICTO GLOBAL

Las batallas de la guerra de los Siete Años tuvieron lugar en cinco continentes. Además del conflicto europeo principal, desató una serie de conflictos más pequeños, como la guerra Fantástica (1762-1763) entre España y el longevo aliado de Gran Bretaña, Portugal.

Clave

Austria, Rusia, Francia y España con aliados

Prusia, Gran Bretaña y Portugal con aliados

186 soldados estuvieron al mando de George Washington en su expedición hacia **Fort Duquesne** en 1754.

El **final del dominio francés en la India** marcó el **auge de la influencia británica en el país**, que duró casi **200 años**.

129

Monarcas en guerra

Los monarcas del momento dictaron la evolución de la guerra en Europa. Un brillante líder militar, Federico II, fue coronado rey de Prusia en 1740, el mismo año que María Teresa se convirtió en la soberana de Austria, mientras que Pedro III fue el sucesor del zar (emperador) de Rusia en 1762.

Federico II
Meses después de acceder al trono, Federico II decidió transformar su pequeño reino en una gran potencia militar. Reformó su ejército y él mismo lideraba a menudo las tropas en la batalla.

María Teresa
María Teresa de Austria tenía solo 23 años cuando llegó al trono. Aunque decía compartir la soberanía con su marido, el emperador Francisco I, ella se ocupaba de la política exterior.

Pedro y Catalina
Tras coronarse zar, Pedro III firmó la paz con Prusia. Su esposa, Catalina la Grande, urdió un complot para librarse de él y se quedó con el mando de Rusia durante 34 años.

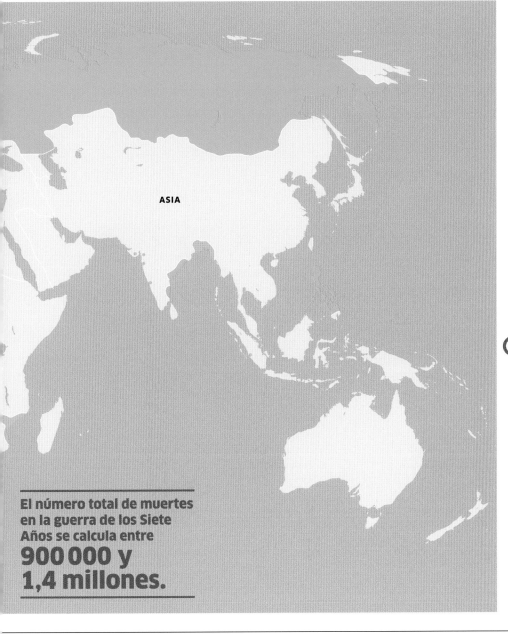

ASIA

El número total de muertes en la guerra de los Siete Años se calcula entre

900 000 y 1,4 millones.

EJÉRCITOS EUROPEOS

Este diagrama ilustra el tamaño de los ejércitos que participaron en el conflicto. Con la ayuda de las fuerzas británicas, Federico II se enfrentó a las fuerzas conjuntas de Rusia, Austria y Francia.

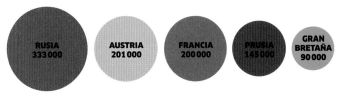

RUSIA 333000 — AUSTRIA 201000 — FRANCIA 200000 — PRUSIA 145000 — GRAN BRETAÑA 90000

RIVALES COLONIALES

La rivalidad colonial entre Gran Bretaña y Francia propagó la guerra por todo el mundo. En la India, Gran Bretaña ganó la batalla de Plassey en 1757 contra el soberano de Bengala (un aliado de Francia) y en 1761 se hizo con el crucial puerto francés de Pondicherry. Gran Bretaña también capturó las bases francesas de África occidental y las islas caribeñas de Guadalupe y Martinica. Con la entrada de España en la guerra por el bando francés en 1761, la lucha llegó a las colonias españolas de Filipinas, Cuba y Sudamérica.

Batalla de Plassey
A pesar de estar en clara inferioridad numérica de seis a uno, la fuerza británica derrotó al ejército indio, respaldado por el francés, en la batalla de Plassey.

TRATADOS DE PAZ

En 1763 todos los bandos querían dejar la lucha. El tratado de París firmó la paz entre Gran Bretaña y Francia y sus respectivos aliados, mientras que el tratado de Hubertusburg concluía la guerra entre Prusia y Austria. En Europa, Silesia quedó en manos de Prusia. Gran Bretaña tomó el control de la Norteamérica francesa y ganó colonias en la India y el Caribe, y se convirtió en el mayor imperio colonial del mundo.

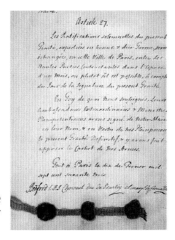

Tratado de París
Francia, Gran Bretaña y España lo firmaron en 1763.

La Revolución Industrial

La Revolución Industrial fue un período de rápidos cambios económicos y sociales surgido en Gran Bretaña hacia la mitad del siglo XIX y se diseminó por Europa y Estados Unidos. Con el proceso de la industrialización, las personas dejaron de trabajar en las granjas del campo para ir a trabajar en las nuevas fábricas y minas.

Diversos inventos hicieron posible la revolución. Las mejoras en la agricultura permitieron producir más comida para alimentar a una mayor población, pero también se tradujo en una menor demanda de mano de obra en las granjas para trabajar la tierra. Las nuevas tecnologías industriales permitieron producir en masa ropa, cerámica, herramientas... Los ricos compraban bienes hechos a máquina e invertían en las nuevas empresas industriales. La revolución estaba servida.

Cambio de paisaje

La era industrial cambió el paisaje de forma radical con la construcción de fábricas y la extracción de carbón a gran escala. Nuevas ciudades aparecieron alrededor de los nuevos lugares de producción; las altas chimeneas de las fábricas emitían humo sucio hacia la atmósfera. Una red de canales unía los centros industriales con puertos y ciudades comerciales.

Contaminación
El consumo de carbón para alimentar las máquinas de vapor contaminó las nuevas ciudades industriales.

Rueda
La rueda giratoria subía y bajaba la barquilla cargada de mineros y carbón por el pozo.

Máquina de vapor
En 1712 Thomas Newcomen diseñó una máquina de vapor para bombear el agua de las minas. El diseño de James Watt de 1765 (arriba) transformó el brusco movimiento arriba y abajo de la máquina de Newcomen en un movimiento fluido y eficiente que hacía girar una rueda. La máquina de vapor mejorada de Watt se popularizó rápidamente para hacer mover las máquinas de las fábricas.

Vagonetas de madera
El carbón se cargaba en vagonetas bajas de madera con ruedas de hierro.

Pozo de subida
El carbón llegaba a la superficie por los pozos de subida.

Horno
El horno ventilaba la mina y eliminaba los gases tóxicos.

Trabajo infantil
Las familias pobres no podían mandar a sus hijos a la escuela y les hacían ir a trabajar a la mina o a la fábrica incluso con cinco años de edad. Con sus pequeños dedos podían encargarse de tareas delicadas; sus cuerpos también les permitían entrar en espacios estrechos. Sin embargo, los accidentes eran frecuentes, causaban lesiones terribles y hasta la muerte.

Puntales
Los puntales de madera evitaban que la mina se derrumbara.

Pozo de bajada
Un segundo pozo bajaba a los trabajadores en una gran cesta de mimbre.

Caballos
Se usaban caballos y ponis de mina para tirar de las pequeñas vagonetas bajo tierra.

500 máquinas de vapor se calcula que se usaban en minas y fábricas británicas hacia el 1800.

100 000 km de hilo podían producirse en un turno de 12 horas con una sola máquina de 100 caballos.

131

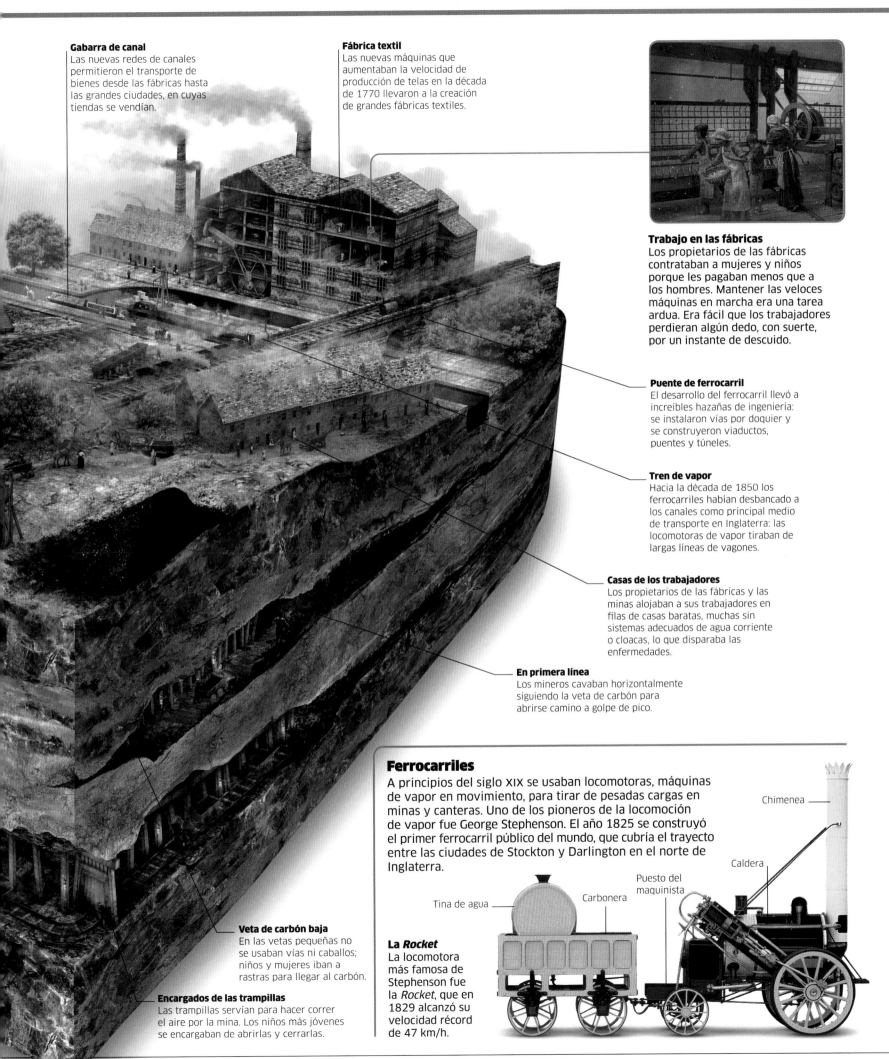

Gabarra de canal
Las nuevas redes de canales permitieron el transporte de bienes desde las fábricas hasta las grandes ciudades, en cuyas tiendas se vendían.

Fábrica textil
Las nuevas máquinas que aumentaban la velocidad de producción de telas en la década de 1770 llevaron a la creación de grandes fábricas textiles.

Trabajo en las fábricas
Los propietarios de las fábricas contrataban a mujeres y niños porque les pagaban menos que a los hombres. Mantener las veloces máquinas en marcha era una tarea ardua. Era fácil que los trabajadores perdieran algún dedo, con suerte, por un instante de descuido.

Puente de ferrocarril
El desarrollo del ferrocarril llevó a increíbles hazañas de ingeniería: se instalaron vías por doquier y se construyeron viaductos, puentes y túneles.

Tren de vapor
Hacia la década de 1850 los ferrocarriles habían desbancado a los canales como principal medio de transporte en Inglaterra: las locomotoras de vapor tiraban de largas líneas de vagones.

Casas de los trabajadores
Los propietarios de las fábricas y las minas alojaban a sus trabajadores en filas de casas baratas, muchas sin sistemas adecuados de agua corriente o cloacas, lo que disparaba las enfermedades.

En primera línea
Los mineros cavaban horizontalmente siguiendo la veta de carbón para abrirse camino a golpe de pico.

Veta de carbón baja
En las vetas pequeñas no se usaban vías ni caballos; niños y mujeres iban a rastras para llegar al carbón.

Encargados de las trampillas
Las trampillas servían para hacer correr el aire por la mina. Los niños más jóvenes se encargaban de abrirlas y cerrarlas.

Ferrocarriles

A principios del siglo XIX se usaban locomotoras, máquinas de vapor en movimiento, para tirar de pesadas cargas en minas y canteras. Uno de los pioneros de la locomoción de vapor fue George Stephenson. El año 1825 se construyó el primer ferrocarril público del mundo, que cubría el trayecto entre las ciudades de Stockton y Darlington en el norte de Inglaterra.

La _Rocket_
La locomotora más famosa de Stephenson fue la _Rocket_, que en 1829 alcanzó su velocidad récord de 47 km/h.

Chimenea

Caldera

Puesto del maquinista

Carbonera

Tina de agua

Independencia estadounidense

A finales del siglo XVIII las colonias británicas de la costa este de Norteamérica exigían acabar con el dominio británico y se prepararon para la independencia.

Los colonos estaban enfurecidos por los impuestos del Parlamento británico, el gobierno distante al otro lado del océano, aprobados sin su consentimiento. Los disturbios escalaron hasta convertirse en una guerra cuando los norteamericanos lucharon por su independencia. Al final derrotaron a los británicos, que se vieron obligados a retirarse, y crearon un nuevo país: Estados Unidos de América.

1764
Los británicos aprobaron un impuesto sobre el azúcar que llegaba a las colonias.

1765
El Parlamento británico aprobó la Ley del timbre, que gravaba con impuestos todos los documentos legales, libros y periódicos de los colonos.

1770
Durante una protesta en Boston, Massachusetts, los soldados británicos abrieron fuego contra los manifestantes y mataron a cinco personas.

1773
Para protestar contra la tributación sobre el té de importación británica, los colonos vaciaron toda la carga de té en las aguas del puerto de Boston, en un suceso conocido como el motín del té de Boston.

1775
Los ejércitos coloniales derrotaron a las fuerzas británicas en las batallas de Lexington y Concord, Massachusetts y dieron comienzo a la guerra de la Independencia de Estados Unidos.

1776
El 4 de julio los representantes de las 13 colonias en el Congreso aprobaron la declaración de independencia, que establecía los motivos para acabar con el dominio británico.

1778
Francia declaró la guerra a Gran Bretaña para apoyar a los norteamericanos. Al cabo de poco España se unió a la alianza contra los británicos.

1781
La rendición de los británicos en Yorktown, Virginia, puso punto y final a la guerra de independencia.

1783
Gran Bretaña firmó el tratado de París, confirmándose así la independencia de Estados Unidos de América.

Declaración de independencia
Thomas Jefferson, un abogado que acabó convirtiéndose en el tercer presidente de Estados Unidos, fue el encargado de redactar casi toda la declaración de independencia. Aquí aparece presentando el primer borrador al Congreso en junio de 1776.

Desahucio forzoso

Para dejar más espacio a los colonos, la ley de Traslado Forzoso de 1830 obligó a los cherokee y otros grupos nativos americanos a abandonar sus tierras del sudeste e irse al territorio indio, al oeste del río Misisipi.

Sendero de lágrimas
La marcha al oeste fue tan dura que los cherokee la conocen como el «sendero de lágrimas». Miles de cherokee murieron por enfermedad o hambruna.

Fiebre del oro californiana

En 1848 corrió la noticia de que se había descubierto oro en California, una remota área despoblada de la costa oeste. En cinco años llegaron 250 000 inmigrantes de todo el mundo con la esperanza de encontrar oro.

¡Ven a California!
Carteles y anuncios animaban a los colonos a probar suerte en los yacimientos de oro de California.

La tierra como incentivo

En 1862, para alentar la expansión hacia el oeste, el gobierno estadounidense ofreció a sus habitantes una parcela de tierra gratis en el oeste si vivían ahí un mínimo de cinco años.

Vida nueva
Para algunos esclavos liberados la oferta de tierra era una de las pocas oportunidades que tenían de empezar una vida nueva en libertad.

Caravana de carretas
Para una mayor seguridad, los colonos viajaban juntos en grandes caravanas, cada una formada por unas 30 carretas. A veces se juntaban hasta 200 carretas.

Familias en la senda
Las familias de pioneros al completo realizaban el viaje. Los niños, enfermos y mayores iban montados en las carretas.

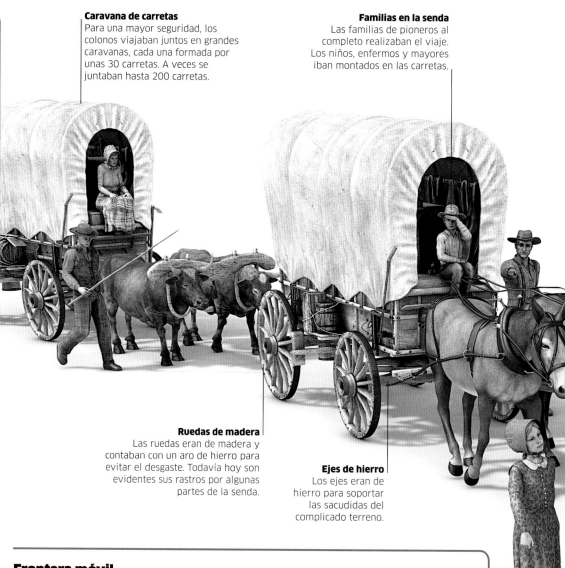

Ruedas de madera
Las ruedas eran de madera y contaban con un aro de hierro para evitar el desgaste. Todavía hoy son evidentes sus rastros por algunas partes de la senda.

Ejes de hierro
Los ejes eran de hierro para soportar las sacudidas del complicado terreno.

Frontera móvil

Entre 1780 y 1850 la frontera de Estados Unidos fue avanzando hacia el oeste por el continente, desde las 13 colonias originales de la costa este, con compras, tratados y guerras. En 1803 Francia vendió su enorme territorio del Medio Oeste en una operación conocida como la Compra de Luisiana. Se consiguieron también otros territorios que eran de España, Gran Bretaña y México.

TERRITORIO DE OREGÓN
(TRATADO CON GRAN BRETAÑA)
1846

CESIÓN DE GRAN BRETAÑA
1818

CESIÓN DE GRAN BRETAÑA
1842

Oregon City

Misuri

Misisipi

COMPRA A FRANCIA
(COMPRA DE LUISIANA)
1803

Senda de Oregón

Ohio

CESIÓN DE MÉXICO
1848

Independencia, Misuri

ESTADOS UNIDOS
1800

OCÉANO PACÍFICO

OCÉANO ATLÁNTICO

ANEXIÓN DE TEXAS
ANTES DE MÉXICO
1845

ANEXIÓN DE ESTADOS UNIDOS
1810 1813

CESIÓN DE FLORIDA POR PARTE DE ESPAÑA
1819

VENTA DE LA MESILLA
1853

CESIÓN DE ESPAÑA
1818

Golfo de México

0   500   1000 km
0   250   500 millas

En la **primera gran caravana de carretas** hacia Oregón en **1843** iban más de **100 carretas** y **1000 colonos**.

80 000 **buscadores de oro** se dirigieron hacia **California** en **1848**.

Entre **1800** y **1900**, la población de Estados Unidos aumentó de **5 millones** a **76 millones**.

135

Víveres y carga
Las carretas iban repletas de comida para el viaje, además de armas y herramientas y los pocos elementos valiosos del hogar.

Goleta de la pradera
Las carretas cubiertas también se conocían como goletas de la pradera porque su forma recordaba a un barco de vela (una goleta) con las velas desplegadas.

La expansión de Estados Unidos

Tras lograr la independencia en 1783, Estados Unidos empezó a ampliar su territorio hacia el sur y el oeste desde las 13 colonias originales de la costa este. Al cabo de 70 años, el joven país ya había tomado posesión de enormes áreas de Norteamérica.

Muchos estadounidenses creían que su destino consistía en colonizar nuevas tierras para cultivar trigo y criar ganado. El descubrimiento de oro en California el año 1848 aún aceleró más la expansión hacia el oeste, pues atrajo a miles de inmigrantes de todo el planeta. Sin embargo, a medida que los colonos avanzaban hacia el oeste, iban chocando con los nativos americanos, a quienes expulsaban de sus tierras tradicionales y obligaban a vivir en reservas.

Lona
La cubierta de lona era impermeable y reposaba sobre una estructura de aros de madera. En caso de mal tiempo se cerraba por ambos extremos.

Frenos de madera

Tina de agua
Los toneles laterales de la carreta tenían agua suficiente para dos días.

Ruedas delanteras
Las ruedas delanteras eran más pequeñas que las traseras para que fuera más fácil maniobrar.

La senda de Oregón
Atraídas por las perspectivas de tierras libres y una mejor vida, muchas familias vendieron todo lo que tenían para buscar nuevas oportunidades en el Territorio de Oregón (en los actuales estados de Oregón, Washington e Idaho). Realizaban el arriesgado viaje por la senda de Oregón en carretas cubiertas, un trayecto de unos 3200 km entre Misuri y Oregón.

Viaje a pie
Para reducir el peso de las carretas, la mayoría de los hombres y mujeres hacían la senda a pie.

Equipo de bueyes
Las carretas solían ir tiradas por bueyes, ya que eran más baratos, fuertes y fáciles de manejar que los caballos.

Colonización de Australia y el Pacífico

Entre los siglos XVII y XIX los países europeos ampliaron su presencia en el océano Pacífico.

Exploradores, cartógrafos y mercaderes zarparon para buscar nuevas oportunidades comerciales y construir nuevos puertos marinos. Exploraron y cartografiaron Australia, Nueva Zelanda y el sinfín de islas del Pacífico. Gobiernos, mercaderes y misioneros fundaron colonias por toda la región. Los primeros colonos entraron en contacto con los indígenas y les reclamaron su tierra. Las enfermedades europeas se contagiaron entre la población local y estallaron violentos conflictos por la propiedad de la tierra y los derechos de las tribus autóctonas.

EXPLORADORES EUROPEOS

Willem Janszoon, explorador neerlandés, fue el primer europeo del que se tiene registro que pisó Australia, con su tripulación, el año 1606, seguido de cerca por los exploradores españoles y portugueses. Otro explorador neerlandés, Abel Tasman, zarpó y cartografió la isla actualmente conocida como Tasmania. Más de un siglo después un explorador y cartógrafo británico, el capitán James Cook, se embarcó en un viaje por las costas orientales de Australia y Nueva Zelanda. En expediciones posteriores cartografió las costas hawaianas y áreas del océano Pacífico y la Antártida.

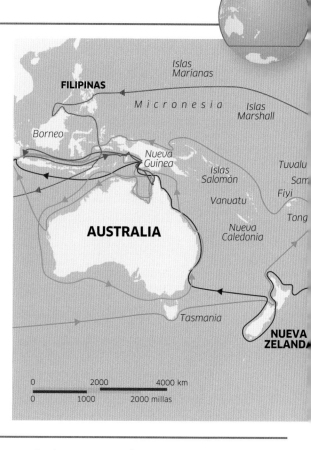

AUSTRALIA

Los aborígenes llevaban viviendo en Australia más de 50 000 años cuando los británicos empezaran a colonizar sus costas a finales del siglo XVIII. Los aborígenes locales primero se mostraron abiertos, pero a medida que iban perdiendo tierra, comenzaron a estallar los enfrentamientos; murieron decenas de miles de aborígenes. A principios del siglo XIX los asentamientos británicos ocupaban ya toda la costa. En 1827, Gran Bretaña reclamó toda Australia.

Animales desconocidos

Los europeos desconocían muchos animales australianos, especialmente los marsupiales, como canguros y ualabíes, que los exploradores describían como una mezcla de gatos, simios, suricatas, ratas, serpientes y ardillas. Algunos exploradores, curiosos por conocer su sabor, cazaron la fauna local.

Canguro
El artista británico George Stubbs fue uno de los primeros en pintar un canguro en 1772. Para ello, se basó en bocetos de los exploradores.

Fiebre del oro

En 1851 se descubrió oro en Nueva Gales del Sur (en el sudeste de Australia), lo que provocó una fiebre del oro: llegaban barcos de Gran Bretaña, Europa, Estados Unidos y China, cargados de pasajeros con la esperanza de obtener y vender el oro y hacerse ricos. En 10 años también se encontró oro en los estados vecinos de Victoria y Queensland, donde se dobló el número de colonos, desde 450 000 hasta más de 1 millón.

Colonia de prisioneros

Casi todos los primeros colonos enviados a Australia contra su voluntad eran delincuentes convictos. Trabajaban la tierra, construían carreteras y asentamientos y preparaban la nueva colonia para los futuros habitantes. Los convictos se convirtieron en expertos en su especialidad, ya fueran granjeros, pastores, zapateros o sastres. Muchos acababan cumpliendo las sentencias de prisión en Australia y recibían un certificado de libertad que les permitía casarse y comprar tierras.

Asentamiento de Sídney, 1788
La primera colonia británica se fundó en Port Jackson el año 1788. Se le llamó Sídney en honor al secretario de Interior británico, lord Sydney.

Pepita de oro La Trobe
La pepita La Trobe, descubierta en 1853, fue uno de los mayores trozos de oro jamás encontrados, con un peso de 717 g.

1803 Año en que el británico **Matthew Flinders** se convirtió en el primer europeo en dar **toda la vuelta a Australia en barco**.

c. 160 000 Número **de delincuentes** enviados a Australia entre 1788 y 1850.

137

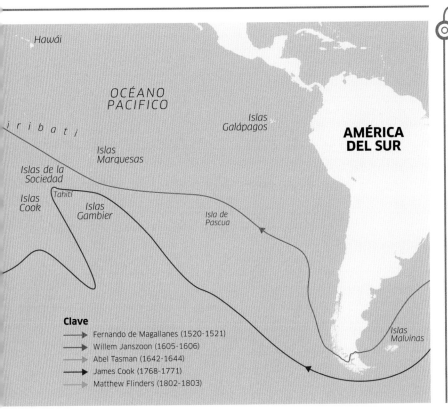

OCÉANO PACÍFICO

Hawái

iribati

Islas Galápagos

Islas Marquesas

Islas de la Sociedad

Tahití

Islas Cook

Islas Gambier

Isla de Pascua

AMÉRICA DEL SUR

Islas Malvinas

Clave
- Fernando de Magallanes (1520-1521)
- Willem Janszoon (1605-1606)
- Abel Tasman (1642-1644)
- James Cook (1768-1771)
- Matthew Flinders (1802-1803)

EFECTO EN LAS POBLACIONES INDÍGENAS

El número de colonos británicos y europeos que llegaron a Australia y Nueva Zelanda ascendió de manera pronunciada a principios del siglo XIX. Con el aumento de colonos descendió la población indígena, a causa del contagio involuntario de enfermedades como la gripe, la viruela y el sarampión, que acabaron con muchos indígenas. Los colonos también reclamaban la tierra, lo que provocó violentos enfrentamientos y aún más pérdida de población.

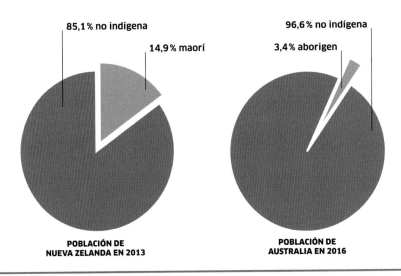

85,1 % no indígena

14,9 % maorí

96,6 % no indígena

3,4 % aborigen

POBLACIÓN DE NUEVA ZELANDA EN 2013

POBLACIÓN DE AUSTRALIA EN 2016

NUEVA ZELANDA Y LAS ISLAS DEL PACÍFICO

Los indígenas polinesios llevaban viviendo más de 3000 años en las islas del Pacífico; los maoríes se habían instalado en Nueva Zelanda en el siglo XIII, antes de la llegada de los exploradores europeos. Tras la visita de Nueva Zelanda por parte de los exploradores Tasman y Cook, llegaron balleneros, misioneros y comerciantes europeos a la región. Los colonos británicos acabaron asentándose en las islas en 1840 después de firmar unos acuerdos con los maoríes. Durante los siguientes cincuenta años, los representantes de Gran Bretaña, Francia, Alemania y Estados Unidos reclamaron otras islas del Pacífico.

Misioneros

Los misioneros cristianos desempeñaron un papel vital en las relaciones entre colonos y tribus locales en las islas del Pacífico, además de facilitar la educación y ayuda médica. En Nueva Zelanda enseñaron a las tribus maoríes a leer y les ayudaron a crear un idioma maorí escrito.

Llegada del cristianismo a Hawái
En la década de 1820 la población de Hawái empezó a convertirse al cristianismo con la llegada de misioneros de Estados Unidos.

Maoríes y europeos

Los europeos llegaron a Nueva Zelanda a mediados del siglo XVII y en los 200 años siguientes las tribus indígenas maoríes se enfrentaron a los colonos, aunque a veces también comerciaron con ellos. Los maoríes intercambiaban patatas, higos y lino por armas europeas.

Tratado de Waitangi

El 6 de febrero de 1840, británicos y maoríes firmaron el tratado de Waitangi, que daba derecho a Gran Bretaña a comprar tierra en Nueva Zelanda.

Caza de ballenas

A finales del siglo XVIII los balleneros europeos cazaban muchas ballenas que migraban por los mares de Nueva Zelanda y vendían su carne y grasa. Se crearon estaciones y puestos balleneros por toda la región.

Caza de ballenas
Los balleneros necesitaban una gran tripulación, que cubrían con maoríes.

Luis XVI

En 1791, Luis XVI y María Antonieta
intentaron fugarse de Francia pero les
atraparon, les devolvieron a París y
los encarcelaron. El rey fue ejecutado
en la guillotina por traición en 1793.

La guillotina

La guillotina, introducida en
Francia en 1792, fue diseñada
para ejecutar a los criminales de
la manera más indolora posible.
El dispositivo lleva el nombre del
piadoso médico Joseph-Ignace
Guillotin, quien propuso utilizarla.
Los anteriores métodos de
ejecución eran más brutales.

Hoja de la guillotina

Una afilada hoja de pesado acero
caía sobre el cuello de la víctima
para separarle la cabeza del cuerpo.

Cesta

La cabeza
de la víctima
acababa en
un cesto de
mimbre.

Verdugo
público

Bandera
francesa

Cadalso de
madera

Coche

El rey llegó en coche a
su ejecución; el resto de
los prisioneros, en carro.

Plaza de la ciudad

La guillotina se instalaba en la plaza de las
ciudades. En París, la Place de la Révolution
(plaza de la Revolución), hoy la Place de la
Concorde, fue escenario de muchas ejecuciones.

Las mujeres fueron muy **activas durante la revolución** y lideraron muchas marchas.

Los revolucionarios franceses seguían el lema «**Libertad, igualdad, fraternidad**».

La bandera francesa tricolor se usó por primera vez durante la Revolución francesa.

139

«El rey debe morir para que el país pueda vivir»

Maximilien Robespierre, 1792

El final de un rey

Unas 20000 personas se dieron cita para ver la decapitación de Luis XVI el 21 de enero de 1793. Al cabo de nueve meses le llegó el turno a María Antonieta, ejecutada durante el Reinado del Terror, un período en el que se juzgaba y sentenciaba a muerte a los considerados enemigos de la revolución. Se calcula que durante la campaña del terror murieron en total entre 18000 y 40000 personas.

La Revolución francesa

Los violentos disturbios de París del verano de 1789 marcaron el inicio de la Revolución francesa, que llevó, tres años después, a la ejecución del rey Luis XVI.

Como tantos otros países europeos del siglo XVIII, Francia era una monarquía absoluta. El rey gobernaba con la ayuda de un pequeño grupo de aristócratas y tenía control total sobre sus súbditos. Una serie de malas cosechas y el aumento del precio de los alimentos acabó con miles de personas muriendo de hambre en todo el país, y especialmente en París. El hervor de la furia y el resentimiento contra el rey y la reina, María Antonieta, acabó explotando en una revolución que cambió Francia y Europa para siempre.

Toma de la Bastilla

El 14 de julio de 1789 unas 600 personas atacaron la Bastilla, una fortaleza medieval de París usada como prisión y que simbolizaba la autoridad del rey. La turba liberó a los siete prisioneros de su interior y se hizo con las armas y la pólvora. Este hecho marca el inicio de la revolución. La fiesta nacional francesa del 14 de julio continúa conmemorando cada año la toma de la prisión de la Bastilla.

Robespierre

El abogado francés Maximilien de Robespierre se erigió como paladín de los pobres y defensor de los derechos humanos, pero las medidas extremas que tomó contra los compañeros revolucionarios que consideraba enemigos políticos desataron el Reinado del Terror. El propio Robespierre acabó guillotinado en julio de 1794.

Derechos humanos

La *Declaración de los derechos del hombre y el ciudadano*, de 1789, fijaba los objetivos del nuevo gobierno revolucionario. A pesar de que no mencionaba los derechos de las mujeres, el documento afirmaba que todos los hombres eran iguales ante la ley y que todas las personas debían tener la oportunidad de gobernarse a ellas mismas.

Boina roja
Un símbolo de la revolución eran las boinas rojas decoradas con una insignia tricolor.

Sans-culottes
Los revolucionarios de París recibían el nombre de *sans-culottes* («sin calzones») porque llevaban pantalones anchos. Solo los ricos llevaban calzones de seda.

Guardia Nacional
La Guardia Nacional era un ejército de ciudadanos creado para hacer cumplir la ley y el orden tras la revolución.

Tricotosas
Las mujeres del mercado de París tomaron parte activa en los disturbios contra el rey y la reina: durante el Reinado del Terror un grupo de mujeres se sentaban para ver las ejecuciones públicas; se las conocía como las tricotosas (las mujeres que hacen punto) porque tricotaban boinas rojas para los revolucionarios mientras esperaban para abuchear a las víctimas.

Guerras napoleónicas

Napoleón Bonaparte fue un brillante soldado que se proclamó emperador francés. Entre 1803 y 1815 dirigió a Francia en las guerras napoleónicas, que ampliaron el dominio francés en Europa.

Las guerras napoleónicas fueron la continuación de las guerras revolucionarias francesas de 1792-1802 libradas entre la nueva República Francesa, que quería revolucionar Europa, y las grandes monarquías (principalmente Gran Bretaña, Austria, Rusia y Prusia), que querían aplastar la Revolución francesa y que volviera el rey. En 1802 Gran Bretaña y Francia firmaron un tratado para acabar el conflicto, pero ninguno de ambos lados mantuvo la paz y en 1803 estallaron las guerras napoleónicas. Napoleón, por ese entonces el soberano supremo de Francia, dirigió el ejército francés en una serie de triunfales campañas hasta conquistar gran parte de Europa.

Batalla de Austerlitz
El 2 de diciembre de 1805 Napoleón tuvo una de sus mayores victorias al derrotar a los ejércitos de Austria y Rusia en Austerlitz, en la actual República Checa. Aquí aparece Napoleón (a la derecha, montando el caballo gris) tras la batalla.

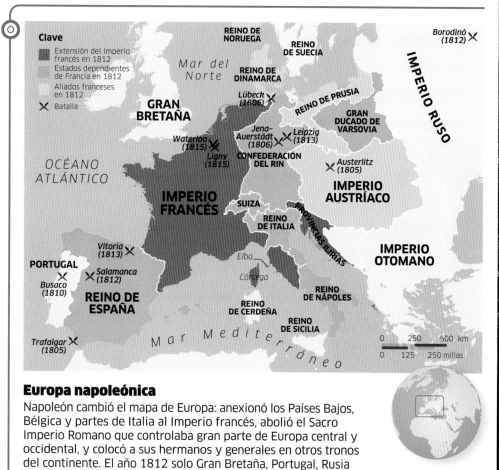

Europa napoleónica
Napoleón cambió el mapa de Europa: anexionó los Países Bajos, Bélgica y partes de Italia al Imperio francés, abolió el Sacro Imperio Romano que controlaba gran parte de Europa central y occidental, y colocó a sus hermanos y generales en otros tronos del continente. El año 1812 solo Gran Bretaña, Portugal, Rusia y Suecia quedaban fuera del control de Napoleón.

Cronología

Napoleón
Nacido en la isla de Córcega en 1769, Napoleón empezó a recibir educación militar en Francia a los 10 años de edad. Al convertirse en soberano de Francia, nombró generales a oficiales de talento, leales y de cualquier procedencia. Era un gran estratega y gracias a ello consiguió imponerse en muchas de sus batallas.

1795-1802
Ascenso al poder
Como oficial de artillería en el ejército revolucionario francés, Napoleón sofocó una rebelión en París y se le asignó el mando del ejército en Italia. Sus grandes éxitos contra los austríacos y más adelante en Egipto convirtieron a Napoleón en un héroe nacional. Formó parte de una trama para derrocar el débil gobierno revolucionario, lo consiguió y se convirtió en primer cónsul (soberano de Francia).

1804
Emperador de Francia
El 2 de diciembre Napoleón se coronó emperador de Francia en la catedral de Notre-Dame, en París, para coronar después a su esposa Josefina como emperatriz. Ese mismo año introdujo el código napoleónico, un sistema de leyes que se basaba en los principios de la Revolución francesa.

1805
Batalla de Trafalgar
La flota británica dirigida por el almirante Nelson destruyó a la armada francesa en la batalla de Trafalgar. Nelson murió justo antes de la victoria británica.

1806
Soberano de Europa
Tras la aplastante derrota de Austria y Rusia en la batalla de Austerlitz, Napoleón se convirtió en el soberano supremo. Ocupó gran parte de Alemania y acabó con los 1000 años de historia del Sacro Imperio Romano convenciendo al emperador Francisco II para que abdicara.

4 millones de soldados fueron **reclutados a la fuerza** para luchar en las **campañas de Napoleón**.

Austerlitz se conoce como la **batalla de los tres emperadores**, pues **Napoleón, Alejandro I de Rusia y Francisco II de Austria** estaban en el campo de batalla.

141

1812

Batalla de Salamanca

El duque de Wellington mandó a los británicos, portugueses y españoles que ganaron la batalla de Salamanca, punto de inflexión en la guerra de la Independencia española (1808-1814) contra el ejército de Napoleón.

1812

Catástrofe rusa

Napoleón invadió Rusia. Tras una ajustada victoria en Borodinó, marchó hacia Moscú, pero la halló abandonada y, con la llegada del frío invierno ruso, se vio obligado a retirarse. Perdió casi la totalidad de su ejército.

1813

Batalla de Leipzig

Tras la humillante retirada de Rusia, Napoleón volvió a conocer la derrota en la batalla de Leipzig, también conocida como la batalla de las Naciones, librada entre el 16 y el 19 de octubre de 1813. Su enorme ejército de casi 185 000 hombres fue superado en número por los más de 300 000 militares de Rusia, Prusia, Austria y Suecia. La batalla de Leipzig fue la mayor batalla terrestre en Europa antes de la Primera Guerra Mundial.

1814

Abdicación y exilio

Napoleón se negó a rendirse. Sus enemigos le persiguieron hasta Francia. Cuando el ejército aliado se acercaba a París, generales de su ejército le convencieron para que abdicara. Fue enviado al exilio en la isla italiana de Elba; el trono francés fue restaurado en la persona de Luis XVIII, hermano del último rey francés Luis XVI. Los aliados victoriosos se reunieron en Viena para planificar la redistribución de Europa.

1815

Batalla de Waterloo

Tras escapar de Elba en marzo de 1815, Napoleón dirigió a su ejército en la batalla de Waterloo, cuya derrota marcó el final de las guerras napoleónicas. Se le mandó al exilio a la remota isla de Santa Helena, en el océano Atlántico, lugar en el que murió en 1821.

La liberación de Latinoamérica

Las colonias españolas y portuguesas de las Américas, conocidas colectivamente como Latinoamérica, se libraron del control europeo en una serie de revoluciones entre 1810 y 1825.

A finales del siglo XVIII los españoles aprobaron nuevas leyes que limitaban el poder de los criollos (personas de sangre española nacidos en las Américas), lo que enfureció a los habitantes de Latinoamérica, que lo consideraron un ataque a sus derechos. En el sur del continente, el general argentino José de San Martín lideró una campaña para liberar Argentina, Chile y el sur de Perú del dominio de España. Simón Bolívar, un venezolano, fue el líder que liberó la parte norte del continente, lo que le valió el calificativo de *El Libertador*. Mientras tanto, el príncipe Dom Pedro de Portugal declaró la independencia de Brasil tras el regreso a Portugal de su padre, el rey, en 1821.

1810
Un levantamiento en México marcó el inicio de la guerra por la independencia de México.

1811
Se declaró la república en Venezuela pero esta se desintegró en menos de un año.

1816
Argentina declaró su independencia de España.

1817–1818
José de San Martín cruzó los Andes desde Argentina para iniciar la liberación de Chile.

1819–1821
Tras liberar Nueva Granada (hoy Colombia, Panamá, Venezuela y Ecuador), Simón Bolívar se convirtió en el primer presidente del estado independiente de Gran Colombia.

1821
España aceptó la independencia de México.

1822
El príncipe de Portugal Dom Pedro se convirtió en el primer emperador de Brasil tras declarar su independencia.

1825
Alto Perú, el último reducto español de Sudamérica, fue liberado. Recibió el nombre de Bolivia en honor a Simón Bolívar.

La batalla de Ayacucho
La batalla de Ayacucho se libró en diciembre de 1824 en la cordillera de los Andes, en Perú, y fue la última gran batalla de las guerras de independencia. Una fuerza de 6000 soldados derrotaron y destruyeron a un ejército español mucho mayor y liberaron Perú.

144 la edad de la revolución ○ **EL AUGE DE LAS NACIONES**

39 estados forman la **Confederación Germánica** en su creación en 1815.

Gobierno autónomo de Irlanda
En 1801, la isla de Irlanda pasó a formar parte del Reino Unido. Los grupos nacionalistas pedían la Home Rule, el derecho de Irlanda a gobernarse de forma autónoma.

DUBLÍN

Independencia belga
Tras la unificación de Holanda y los «Países Bajos austríacos» (Bélgica), los belgas se levantaron en rebelión el año 1830 y consiguieron su independencia. Leopoldo I se convirtió en el primer rey de Bélgica en 1831.

BÉLGICA

El auge de las naciones

Las guerras napoleónicas popularizaron la idea de la revolución por Europa. Muchas personas con el mismo idioma y cultura creyeron que debían ser una sola nación y tenían derecho a ser sus propios soberanos.

Durante el siglo XIX ciertas partes de Europa estaban divididas en pequeños estados, cuyos habitantes deseaban tener una identidad nacional unificada. En otras regiones las personas decidieron rebelarse contra sus soberanos. Estos revolucionarios querían elegir libremente a su gobierno y determinar su propio futuro.

Revoluciones en Francia
Los franceses se rebelaron contra el rey Carlos X en 1830 y su sucesor, Luis Felipe I, en 1848. Ambos fueron derrocados. Luis Felipe fue el último rey de Francia de la historia.

PARÍS

FRANCIA

PORTUGAL

ESPAÑA

MAR MEDITERRÁNEO

El *Manifiesto comunista* de Karl Marx, que animaba a los obreros a levantarse en una revolución, se publica en 1848.

1089 voluntarios se unen al ejército de liberación de Garibaldi en Italia en 1860.

145

La unificación de Alemania
Prusia y Austria lucharon por el control de los estados de la Confederación Germánica; al final Prusia se hizo con la victoria. En 1871 el rey Guillermo I de Prusia se convirtió en el primer emperador de la Alemania unida.

ALEMANIA

Congreso de Viena
El Congreso de Viena, celebrado en 1814-1815, creó un tratado para volver a dar forma a Europa tras las guerras napoleónicas. Restauró el poder a muchas monarquías europeas antiguas y creó la Confederación Germánica.

VIENA

AUSTRIA

HUNGRÍA

Año de revoluciones
El año 1848 una ola de revoluciones azotó Europa, aunque los revolucionarios no tenían los mismos objetivos: en Francia buscaban más libertad, mientras que los habitantes de Alemania pedían la unificación y un gobierno democrático; en partes de Italia y Hungría se luchaba para abandonar el Imperio austríaco. Las revoluciones derramaron sangre, pero la mayoría no consiguieron cambiar la situación.

Revolución en Berlín
En 1848 se sublevaron los habitantes de Berlín, en la actual Alemania, y se envió al ejército a despejar las calles; hubo cientos de muertos.

ITALIA

La unificación de Italia
El rey de Cerdeña y Piamonte, Víctor Manuel, unificó los reinos del norte de Italia, mientras que el general Giuseppe Garibaldi hizo lo propio en el sur. En 1860 se reunieron en Teano y Garibaldi cedió el sur a Víctor Manuel para convertirlo en el rey de la Italia unificada.

Siglo de cambios
El siglo XIX fue una época de cambios en Europa: Grecia, Serbia y Bulgaria consiguieron independizarse del Imperio otomano, e Italia y Alemania se convirtieron en estados unificados. Por toda Europa el pueblo llano luchó para conseguir más derechos políticos.

Guerra de Independencia de Grecia
En 1821 se iniciaron los levantamientos contra el dominio turco en las áreas de habla griega del Imperio otomano. Con el apoyo de Gran Bretaña, Francia y Rusia, los griegos consiguieron la independencia en 1832.

146 la edad de la revolución ○ **AVANCES MÉDICOS**

Hasta el uso de la **anestesia** (a mediados del siglo XIX), había que atar a los pacientes durante las operaciones.

Quirófano

En el siglo XIX las operaciones quirúrgicas solían hacerse en público, en un espacio central rodeado por filas de sillas, como si fuera un teatro. La palabra quirófano viene del griego y significa «mostrar la cirugía».

Público
Las primeras operaciones quirúrgicas eran abiertas al público.

Uniforme de trabajo
Los cirujanos se cubrían con delantales largos, pero llevaban debajo su ropa de calle.

Herramienta pedagógica
Se usaban esqueletos humanos para dar clases de anatomía a los estudiantes de medicina.

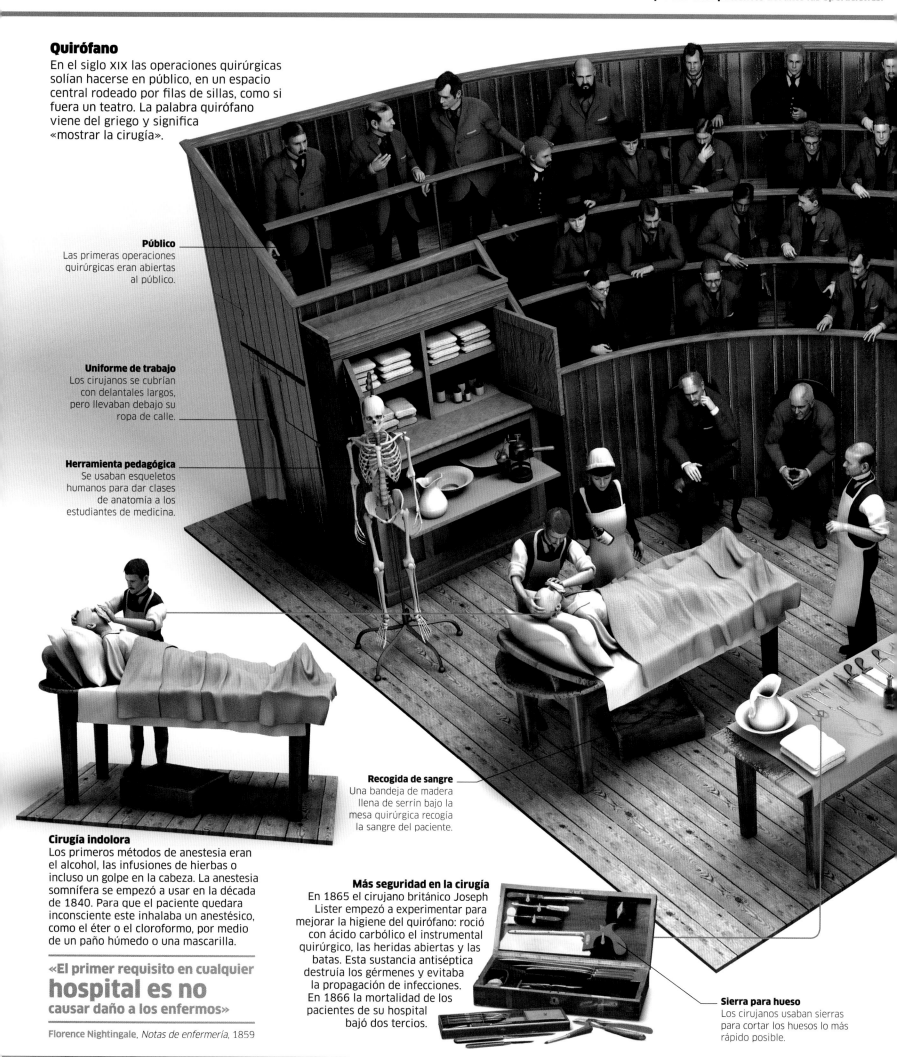

Recogida de sangre
Una bandeja de madera llena de serrín bajo la mesa quirúrgica recogía la sangre del paciente.

Cirugía indolora

Los primeros métodos de anestesia eran el alcohol, las infusiones de hierbas o incluso un golpe en la cabeza. La anestesia somnífera se empezó a usar en la década de 1840. Para que el paciente quedara inconsciente este inhalaba un anestésico, como el éter o el cloroformo, por medio de un paño húmedo o una mascarilla.

> «El primer requisito en cualquier **hospital es no** causar daño a los enfermos»

Florence Nightingale, *Notas de enfermería*, 1859

Más seguridad en la cirugía

En 1865 el cirujano británico Joseph Lister empezó a experimentar para mejorar la higiene del quirófano: roció con ácido carbólico el instrumental quirúrgico, las heridas abiertas y las batas. Esta sustancia antiséptica destruía los gérmenes y evitaba la propagación de infecciones. En 1866 la mortalidad de los pacientes de su hospital bajó dos tercios.

Sierra para hueso
Los cirujanos usaban sierras para cortar los huesos lo más rápido posible.

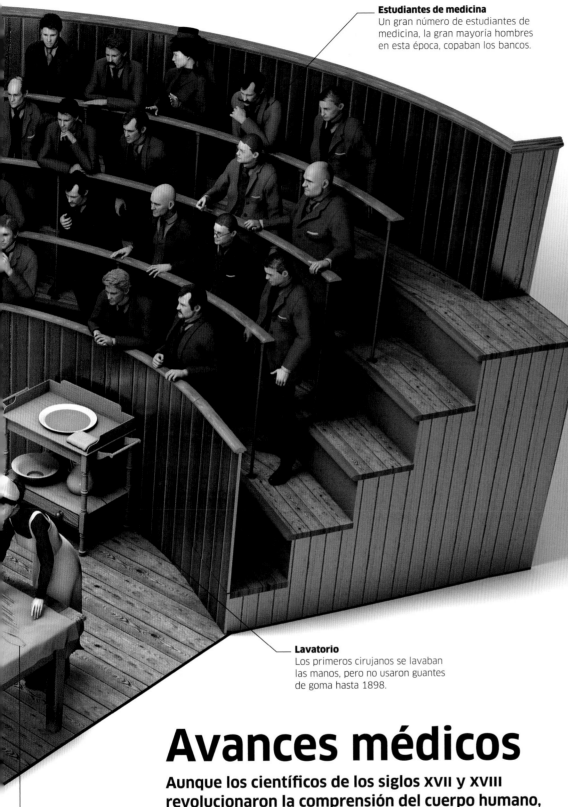

Estudiantes de medicina
Un gran número de estudiantes de medicina, la gran mayoría hombres en esta época, copaban los bancos.

Lavatorio
Los primeros cirujanos se lavaban las manos, pero no usaron guantes de goma hasta 1898.

Instrumental quirúrgico
Las sierras y otras herramientas para la operación se disponían sobre una mesa.

Avances médicos

Aunque los científicos de los siglos XVII y XVIII revolucionaron la comprensión del cuerpo humano, no fue hasta el siglo XIX que los rompedores avances cambiaron el curso de la medicina.

En el siglo XIX, gracias al desarrollo de anestesias efectivas de desactivación del dolor, los pacientes dejaron de sufrir un dolor intolerable y los cirujanos pudieron realizar operaciones más complejas. Los médicos también empezaron a entender el papel que desempeñaban los gérmenes para diseminar enfermedades, lo que desembocó en una mayor higiene en los quirófanos. Hacia finales del siglo XIX, los avances en la mejora de las técnicas sanitarias produjo una espectacular caída en los índices de infección de todo el mundo.

Cronología

Ciencia médica
Hace 5000 años, los egipcios usaban hierbas para tratar cualquier dolencia, desde uñas encarnadas hasta mordeduras de cocodrilo. El médico de la antigua Grecia Hipócrates (460-370 a. C.) fue el primero que rechazó la creencia popular de que las enfermedades se producían por voluntad divina; desde entonces, los médicos han continuado explorando las causas que las provocan.

1025 d. C. Medicina islámica
El médico persa Ibn Sina (también conocido como Avicena) recopiló *El canon de medicina*, una obra en cinco volúmenes con todo el conocimiento médico del momento. Su obra describía cómo reconocer y tratar las enfermedades, y era el libro de texto médico estándar de todo el mundo islámico y la Europa medieval.

1543 Estudios anatómicos
El anatomista flamenco Andreas Vesalius diseccionó los cadáveres de criminales ejecutados para realizar detallados estudios del cuerpo humano. Publicó sus investigaciones en un libro ilustrado: *De Humani Corporis Fabrica.*

1628 Circulación sanguínea
El médico inglés William Harvey demostró que el corazón bombea la sangre por el cuerpo a través de las arterias antes de volver por las venas. Hasta ese momento los médicos habían confiado en las ideas del cirujano de la antigua Grecia Galeno, que creía que la sangre se producía en el hígado.

1796 Vacunación
Edward Jenner desarrolló la vacuna de la viruela. Inyectó una muestra de viruela vacuna (una enfermedad similar, pero más leve) a un niño para aumentar su inmunidad.

1895 Rayos X
El físico alemán Wilhelm Röntgen descubrió unas ondas de energía capaces de atravesar la carne pero no el hueso, lo que permitía captar el esqueleto sobre placas fotográficas. Gracias a este descubrimiento los médicos pudieron ver por primera vez el cuerpo humano por dentro.

1928 Penicilina
Alexander Fleming, un bacteriólogo escocés, descubrió por azar una sustancia en un moho capaz de destruir bacterias. Fleming denominó penicilina a esta sustancia, que fue el primer antibiótico efectivo fabricado.

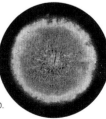

1967 Trasplante de corazón
En Sudáfrica el cirujano Christiaan Barnard realizó el primer trasplante de corazón humano con éxito de la historia. Pese a que el receptor del órgano murió de neumonía al cabo de 18 días, el corazón funcionó hasta el momento de su muerte. Fue un hito que marcó una nueva era en la cirugía del trasplante de corazón.

La guerra de Secesión de Estados Unidos

Entre 1861 y 1865 una amarga guerra civil dividió Estados Unidos entre el norte y el sur.

Los estados del sur dependían de los esclavos para cultivar tabaco y algodón, vitales para su economía. En cambio, el norte industrial no necesitaba esclavos y el clamor popular contra la esclavitud creció hasta que en 1860 estalló el conflicto tras la elección de Abraham Lincoln, un gran defensor de la abolición.

○ LA UNIÓN Y LA CONFEDERACIÓN

En febrero de 1861 siete estados del sur (Carolina del Sur, Misisipi, Florida, Alabama, Georgia, Luisiana y Texas) se separaron del resto de Estados Unidos. El 4 de febrero acordaron formar un gobierno independiente: los Estados Confederados de América. Los primeros disparos de la guerra se oyeron en Fort Sumter, Carolina del Sur, el 12 de abril; en tres meses Virginia, Arkansas, Carolina del Norte y Tennessee se habían unido a los confederados. La Unión quedó conformada por 23 estados, incluidos los «estados fronterizos», esclavistas.

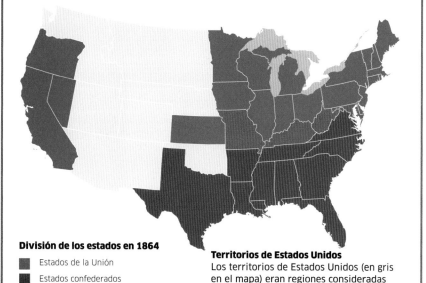

División de los estados en 1864

- ■ Estados de la Unión
- ■ Estados confederados
- ■ «Estados fronterizos»
- ■ Territorios de Estados Unidos

Territorios de Estados Unidos
Los territorios de Estados Unidos (en gris en el mapa) eran regiones consideradas parte de Estados Unidos pero que todavía no habían sido admitidas como estados. Nevada se convirtió en estado en 1864.

○ NUEVA TECNOLOGÍA

La guerra de Secesión de Estados Unidos fue una de las primeras guerras industriales de la historia al aprovechar las tecnologías desarrolladas en el transcurso del siglo XIX. La guerra tuvo lugar en una gran área y, por lo tanto, los ferrocarriles fueron cruciales para transportar tropas y suministro donde hicieran falta en la línea de fuego. Los generales podían comunicarse entre sí mediante el telégrafo.

Armas

En la guerra de Secesión se usaron por primera vez rifles de repetición, como el fusil Spencer. El popular cañón de campo Napoleón podía hacer diana a 1600 m de distancia. Durante esta época también se desarrolló una ametralladora primigenia, la ametralladora Gatling.

AMETRALLADORA GATLING

Barcos acorazados

Los barcos acorazados con placas de hierro o acero se conocían como buques blindados. La primera batalla de la historia entre naves de este tipo se libró en la guerra de Secesión el año 1862, en el estuario del río James, Virginia.

Fotografía de guerra

La guerra de Secesión fue uno de los primeros conflictos muy fotografiados. Docenas de fotógrafos rondaban por los campos de batalla; sus crudas imágenes de soldados, vivos y muertos, acercaron las brutales escenas de la guerra al público de todo el mundo.

Cronología

	12 de abril de 1861	17 de septiembre de 1862	13 de diciembre de 1862	1 de enero de 1863
Un país dividido Cuando siete estados de Estados Unidos decidieron separarse de la Unión y formar la Confederación, el presidente Lincoln se negó a reconocer el nuevo gobierno y les ordenó que volvieran a la Unión. Los confederados se negaron a hacerlo e intentaron tomar el control de los fuertes federales del sur. Todo estaba a punto para una guerra que iba a prolongarse durante los cuatro años siguientes.	**Ataque al Fort Sumter** Las tropas confederadas mandadas por el general de brigada Beauregard abrieron fuego contra los soldados de la Unión que hacían guardia en Fort Sumter, Charleston, Carolina del Sur. Fueron los primeros disparos de la guerra Civil.  **BATALLA DE FORT SUMTER**	**Batalla de Antietam** El día más cruento de la guerra se produjo en la batalla de Antietam, durante la cual resultaron heridos o muertos casi 23 000 soldados. El ejército de la Unión fue el que sufrió más bajas, pero consiguió detener el avance de las fuerzas confederadas del general Robert E. Lee hacia Maryland, un estado de la Unión. El día siguiente Lee obtuvo permiso para devolver su maltrecho ejército a Virginia.	**Victoria confederada** La fortuna sonrió a los confederados en la batalla de Fredericksburg, Virginia. El general Burnside, recién nombrado por Lincoln para liderar el ejército de la Unión, dirigió el ataque de 120 000 soldados contra una fuerza confederada de 80 000, de lejos el número más importante de hombres enfrentándose en todos los conflictos de la guerra de Secesión. Burnside recibió una clara derrota; la victoria dio aliento y esperanza a los confederados e hizo aparecer quejas por la mala gestión de los generales de la Unión.	**Liberación de todos los esclavos** El presidente Lincoln reorientó la guerra al firmar la Proclamación de Emancipación, una orden que liberaba a todos los esclavos de los estados confederados. Estaba claro que esto no iba a suceder hasta la victoria de la Unión sobre los confederados, pero sus palabras acabarían con la liberación de millones de esclavos afroamericanos.

625 000 soldados **norteamericanos murieron** en la guerra de Secesión.

2100 millones de dólares **se estima que** costó la guerra de Secesión.

149

LA BATALLA DE GETTYSBURG

La batalla más famosa de la guerra de Secesión duró tres días, del 1 al 3 de julio de 1863, y se produjo cerca de la ciudad de Gettysburg, Pensilvania. Los confederados atacaron con la confianza de ganar, pero el ejército de la Unión no cedió y consiguió la victoria. Este choque tiene el dudoso honor de ser la batalla con más bajas de toda la guerra. Al cabo de cuatro meses, el presidente Lincoln visitó el lugar y pronunció un famoso discurso, conocido como el discurso de Gettysburg, en el que afirmó que Estados Unidos, la nación, estaba «consagrada al principio de que todas las personas son creadas iguales».

Grandes pérdidas
Se calcula que en la batalla de Gettysburg 51 000 soldados resultaron muertos, heridos o desaparecidos.

RECONSTRUCCIÓN

El lento proceso para rehacer la economía del sur, en ruinas tras la guerra, se conoce como la Reconstrucción. Antes de volver a unirse a Estados Unidos, cada estado de la Confederación debía aprobar las enmiendas de la Constitución que acababan con la esclavitud, concedían la ciudadanía a los afroamericanos y garantizaban el voto a todos los ciudadanos de sexo masculino.

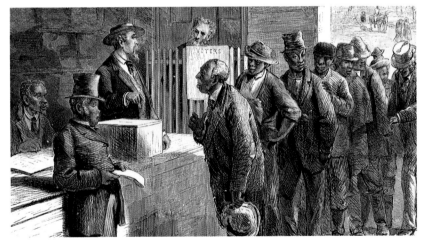

LA RECONSTRUCCIÓN TERMINÓ EN 1877, Y LOS GOBIERNOS DE MUCHOS ESTADOS
NO TARDARON EN REVOCAR LOS **DERECHOS OTORGADOS A LOS AFROAMERICANOS,** PONIÉNDOLES TRABAS PARA VOTAR, ESTUDIAR O TENER TRABAJO REMUNERADO.

AFROAMERICANOS VOTAN EN RICHMOND, VIRGINIA, 1871

---

3 de marzo de 1863

Primer regimiento afroamericano
Se formó el primer regimiento oficial de soldados afroamericanos, el 54.º Regimiento de Infantería de Massachusetts, para luchar en el ejército de la Unión.

SARGENTO HENRY F. STEWARD DEL 54º DE INFANTERÍA DE MASSACHUSETTS

4 de julio de 1863

Captura de Vicksburg
Tras dos meses de asedio las tropas de la Unión capturaron la fortaleza confederada de Vicksburg, en el río Misisipi. Fue un gran punto de inflexión en la guerra, justo el día después de la victoria de la Unión en Gettysburg. La Unión controlaba todo el río Misisipi, dividió así Luisiana, Texas y Arkansas del resto de los estados confederados y les cortaba la cadena de suministros.

15 de noviembre de 1864

Marcha hacia el mar
La captura de Atlanta en Georgia por parte del general de la Unión William T. Sherman en septiembre fue un golpe duro para los confederados. A pesar de encontrarse en territorio enemigo, Sherman decidió hacer marchar a su ejército desde Atlanta hasta la costa, en Savannah. Ordenó a sus hombres que arrasaran todo lo que encontraran por el camino: cultivos, granjas y fábricas. Esta brutal política de «tierra quemada» provocó daños a largo plazo.

9 de abril de 1865

Lee se rinde ante Grant
La capital confederada de Richmond, Virginia, cayó el 3 de abril. El ejército confederado de Virginia estaba agotado y cansado. Para evitar más bajas, el general confederado Robert E. Lee se rindió ante el general Ulysses S. Grant en el juzgado de Appomattox, Virginia. En mayo todos los ejércitos confederados habían abandonado la lucha: la guerra por fin había acabado.

14 de abril de 1865

Asesinato de Lincoln
El presidente Lincoln recibió un disparo cuando asistía a una obra en el teatro Ford de Washington D. C. y murió la mañana siguiente. Un tren funerario tardó catorce días en llevar su cuerpo hasta Springfield, su ciudad natal en el estado de Illinois.

MONUMENTO AL PRESIDENTE LINCOLN EN WASHINGTON D. C.

150 la edad de la revolución ○ **VIDA EN EL OESTE**

La trashumancia de larga distancia
podía llegar a durar unos **tres meses**.

Ranchos de ganado

Durante el siglo XIX la cría de ganado en ranchos se popularizó en las grandes llanuras hasta convertirse en un importante tipo de granjas del Oeste americano. Los trabajadores en los ranchos incluían colonos europeos, mexicanos y afroamericanos liberados. Pastoreaban miles de cabezas de ganado y las llevaban a ciudades con ferrocarril para su transporte.

Trabajo duro
La trashumancia era un trabajo duro y polvoriento: a veces los vaqueros trabajaban hasta 15 horas al día.

Ciudades fronterizas

Aparecieron pueblos con edificios de madera y calles sin asfaltar en el Oeste americano, donde era barato comprar tierra, pero la vida no era fácil por la escasez de víveres básicos. Algunas ciudades fronterizas se abandonaban al cabo de poco, mientras que otras prosperaron, como Dodge City en Kansas.

DODGE CITY EN 1878

Ley y orden

La vida en el Oeste americano podía ser peligrosa. Grupos de bandidos robaban ganado, asaltaban trenes y saqueaban pueblos. Los *sheriffs* tenían problemas para hacer cumplir la ley. Criminales como Billy el Niño y el Wild Bunch (Grupo Salvaje) se hicieron muy famosos en el Oeste.

BILLY EL NIÑO

Campamento sioux

El grupo más grande de nativos americanos en las llanuras del norte eran los sioux. Tenían un estilo de vida nómada: se trasladaban siguiendo la migración de los rebaños de bisontes. Los sioux dependían del bisonte para comer, pero no desperdiciaban nada del animal: usaban la piel para hacer ropa, mantas y la cubierta de los tipis portátiles, mientras que los huesos y los cuernos servían para hacer herramientas y juguetes.

Estructura
La estructura del tipi estaba compuesta por hasta 20 palos, atados por la parte superior para darle forma de cono.

Campamento a punto
Las mujeres se encargaban de montar y desmontar los tipis, además de preparar la comida, hacer la ropa y fabricar las herramientas.

Chamán
El chamán era una figura importante en la vida de los sioux, ya que con sus cantos protegía la tribu de los espíritus malignos.

Vida en el Oeste

En los siglos XVIII y XIX los nativos americanos habitaban las grandes llanuras al oeste del río Misisipi, pero su vida cambió radicalmente con la llegada de los primeros colonos.

Conocidos como indios de las llanuras, estos nativos americanos vivían cazando los bisontes que pastaban por las praderas. A finales del siglo XIX, miles de colonos europeos habían ocupado sus tierras de caza con campos de cultivo y ranchos. Los colonos construyeron pueblos y líneas de ferrocarril y cazaron bisontes hasta su extinción: ambos hechos añadieron más leña al fuego del conflicto.

600 000 nativos americanos se calcula que había en 1800. Hacia **1900**, la cifra había descendido hasta los **250 000**.

151

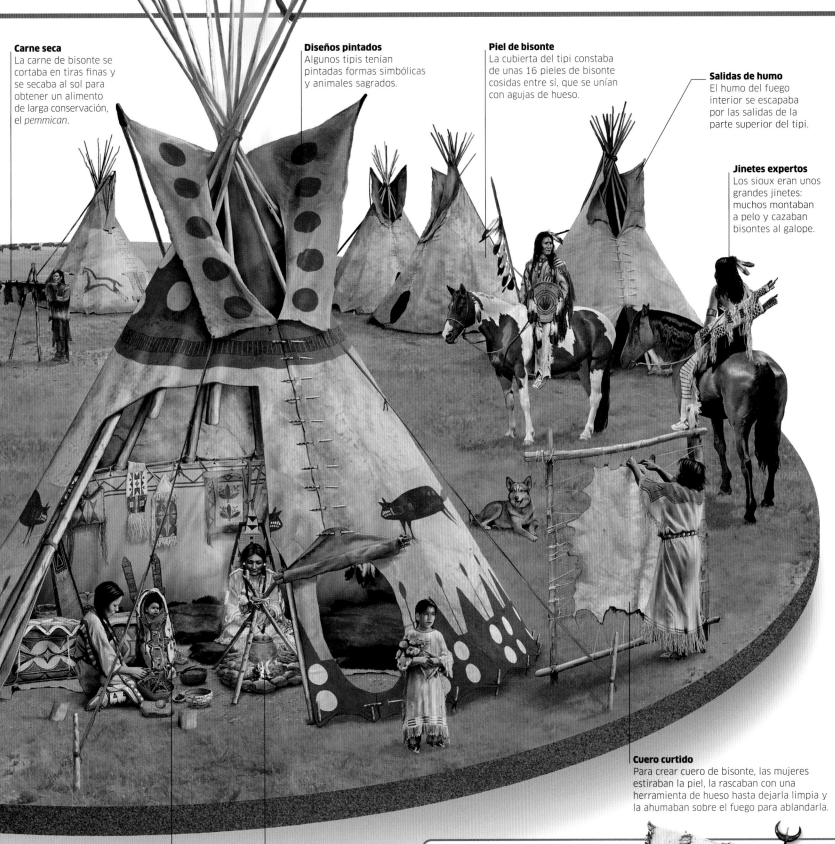

Carne seca
La carne de bisonte se cortaba en tiras finas y se secaba al sol para obtener un alimento de larga conservación, el *pemmican*.

Diseños pintados
Algunos tipis tenían pintadas formas simbólicas y animales sagrados.

Piel de bisonte
La cubierta del tipi constaba de unas 16 pieles de bisonte cosidas entre sí, que se unían con agujas de hueso.

Salidas de humo
El humo del fuego interior se escapaba por las salidas de la parte superior del tipi.

Jinetes expertos
Los sioux eran unos grandes jinetes: muchos montaban a pelo y cazaban bisontes al galope.

Cuero curtido
Para crear cuero de bisonte, las mujeres estiraban la piel, la rascaban con una herramienta de hueso hasta dejarla limpia y la ahumaban sobre el fuego para ablandarla.

Portabebés
Los bebés iban seguros dentro de su portabebés, una bolsa de piel atada y con un marco de madera que podía llevarse en la espalda o colgarla de la silla de montar.

Fuego
El pequeño fuego del interior del tipi servía para cocinar y mantener el calor.

Masacre de Wounded Knee

En 1890, el ejército mató o hirió a unos 200 sioux en el arroyo de Wounded Knee, Dakota del Sur. Los sioux pertenecían al movimiento religioso de la danza de los espíritus, que prometía el retorno de la cultura nativa americana; muchos llevaban blusas de la danza de los espíritus. Tras la masacre, se los obligó a vivir en reservas, lo que hizo imposible que continuaran con su tradicional estilo de vida nómada.

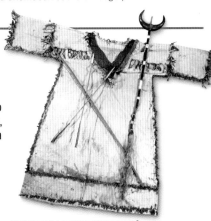

BLUSA DE LA DANZA DE LOS ESPÍRITUS

13 millones de bisontes
pastaban por las grandes llanuras en 1840. En 1885 solo quedaban unos 200.

152 la edad de la revolución ○ **EL AUTOMÓVIL**

16 km/h era la velocidad **máxima** del **Benz Patent-Motorwagen**.

Historia del diseño de los coches

Al principio el automóvil era una manera lenta, peligrosa y poco fiable de moverse, pero a lo largo del siglo XX se convirtió en una sofisticada máquina de gran rendimiento. Actualmente la seguridad y el medio ambiente han animado a los fabricantes de coches a fabricar vehículos autónomos y eléctricos.

Cronología

Ford modelo T
1908

El modelo T fue el primer coche que se produjo en masa; era barato y de producción rápida. Durante 12 años solo se vendieron en color negro porque era la pintura que se secaba más rápido.

Volkswagen Escarabajo
1938

El dictador alemán Adolf Hitler encargó este fiable vehículo familiar como un «coche para el pueblo» (en alemán, Volkswagen). Diseñado por Ferdinand Porsche, este cinco plazas podía alojar a dos adultos y tres niños. El año 1972 el Volkswagen Escarabajo se convirtió en el coche más vendido del mundo tras superar el anterior récord del Ford modelo T, del que se habían vendido 15 007 033 vehículos.

Jeep Willy's
1940

La Segunda Guerra Mundial hizo que los fabricantes diseñaran vehículos todoterreno: resistentes cuatro por cuatro capaces de rodar por cualquier terreno. Este modelo militar era ligero y rígido, y podía ser lanzado en paracaídas desde un helicóptero.

Mini
1959

Los coches bajaban de precio y las carreteras del mundo se colapsaban por el tráfico. Los fabricantes empezaron a producir vehículos más pequeños. El Mini se convirtió en un auténtico icono de la automoción británica.

Toyota Prius
1997

El Toyota Prius, uno de los primeros coches híbridos, disponía de un motor de gasolina y otro eléctrico para reducir las emisiones tóxicas.

El automóvil

Antes de que llegara el coche las personas cubrían grandes distancias con carruajes tirados por caballos, hasta que en 1888 salió a la venta el primer vehículo de gasolina, sin caballos: se iniciaba la era del automóvil.

El automóvil fue evolucionando poco a poco a lo largo del siglo XIX con los experimentos de diferentes ingenieros en talleres de todo el mundo. La gloria fue para Karl Benz, de Alemania, quien con la ayuda de su esposa Bertha consiguió poner a la venta su diseño de tres ruedas: el primer automóvil disponible para el gran público. Con su motor de combustión interna, el Benz Patent-Motorwagen empezó inspirando miedos y sospechas: el gobierno alemán lo prohibió y la Iglesia católica lo denominó el «carruaje del diablo».

Volante giratorio
Gracias a este pesado disco horizontal el motor funcionaba con una mayor suavidad.

Depósito refrigerante
El agua refrigerante evitaba que el motor se calentara demasiado.

Asiento acolchado
El automóvil no tenía suspensiones que lo estabilizaran, así que el traqueteo era constante.

Motor de combustión interna
El motor del automóvil tenía un funcionamiento similar al de los motores de gasolina actuales: quemaba combustible dentro de un cilindro para producir gases que empujaban arriba y abajo pequeños pistones. A su vez, estos pistones impulsaban un cigüeñal que hacía girar las ruedas traseras.

Viaje histórico

Karl Benz inventó el primer automóvil, pero fue su esposa Bertha la que lo convirtió en un éxito comercial. En 1888 tomó prestado el coche en secreto y viajó con sus hijos de Mannheim a Pforzheim, en Alemania. Pese a que el coche se averió varias veces, Bertha consiguió solucionar todos los problemas y completó el viaje de 106 km. Este logro llegó a la prensa y las ventas del Motorwagen se dispararon.

Ruedas de carruaje
Las ruedas traseras con cubierta de acero eran tan grandes como las de un tradicional carruaje de caballos.

1891 Año del primer **accidente de coche**, en Ohio, Estados Unidos.

1896 Año en que **un conductor** fue multado por primera vez **por exceso de velocidad**.

153

Producción en masa

En 1913 el empresario estadounidense Henry Ford introdujo una nueva línea de montaje móvil en su fábrica de coches. Dividió la producción del coche, el modelo T, en varias fases y los operarios especializados instalaban piezas en todos los vehículos a medida que estos avanzaban por una cinta transportadora mecanizada. La línea de montaje móvil de Ford aceleró la fabricación de coches, que fueron cada vez más asequibles. Hacia la década de 1920, los fabricantes de todo el mundo producían vehículos del mismo modo.

Línea de montaje móvil
Entre 1908 y 1927 la Ford Motor Company produjo más de 15 millones de Ford T. Cada diez segundos, un coche completaba la línea de montaje, a punto para salir a la calle.

Coches de carreras

A principios del siglo XX los coches se hicieron muy populares. Al objeto de aumentar las ventas, los fabricantes competían para producir el coche más rápido y más potente que participaría en un nuevo deporte: las carreras de motor. La primera carrera oficial se celebró en Francia en 1895. Desde entonces las carreras de motor no han hecho más que crecer, desde las velocidades extremas de la Fórmula 1 hasta las 24 Horas de Le Mans, una prueba anual de resistencia.

París-Burdeos-París
En 1895 el ingeniero francés Émile Levassor cruzó la línea de llegada de la primera carrera automovilística del mundo tras completar la ruta de 1180 km de París a Burdeos, ida y vuelta, a una velocidad media de 25 km/h.

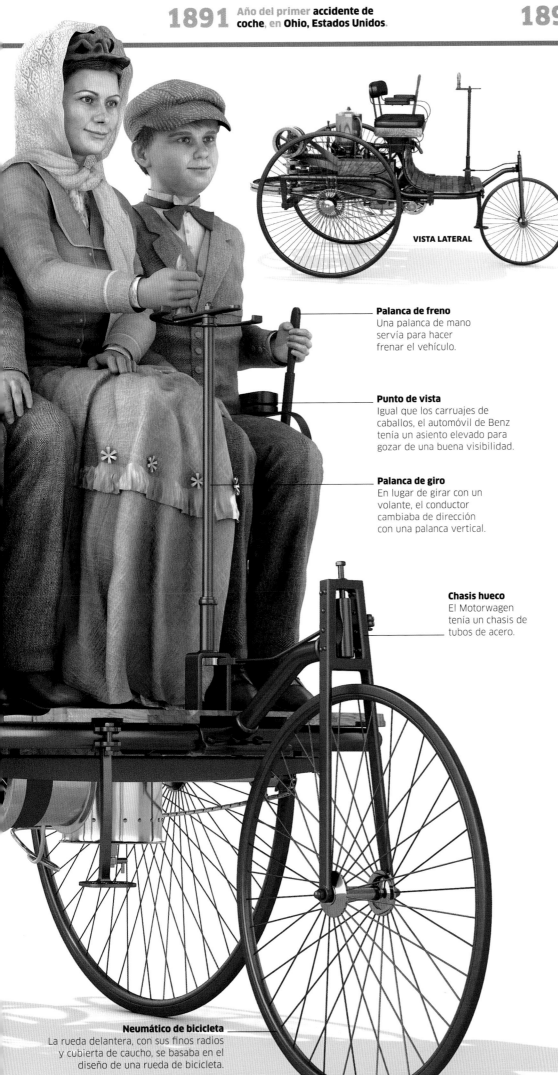

VISTA LATERAL

Palanca de freno
Una palanca de mano servía para hacer frenar el vehículo.

Punto de vista
Igual que los carruajes de caballos, el automóvil de Benz tenía un asiento elevado para gozar de una buena visibilidad.

Palanca de giro
En lugar de girar con un volante, el conductor cambiaba de dirección con una palanca vertical.

Chasis hueco
El Motorwagen tenía un chasis de tubos de acero.

Neumático de bicicleta
La rueda delantera, con sus finos radios y cubierta de caucho, se basaba en el diseño de una rueda de bicicleta.

Inmigración en Estados Unidos

En el siglo XIX millones de personas abandonaron sus casas para ir a Estados Unidos. Huían de catástrofes naturales, la persecución religiosa y la pobreza en Asia y Europa.

Quienes buscaban refugio y trabajo veían Estados Unidos como una tierra de oportunidad. Llegaban en barco desde Asia a San Francisco y desde Europa a Nueva York. A principios del siglo XX, el centro de inmigración de la isla de Ellis, en Nueva York, era el principal punto de entrada al país, con más de 5000 llegadas al día. Algunos se quedaban en Nueva York, pero muchos iban hacia el interior: Chicago, el Medio Oeste, California...

1845-1849
En Irlanda, un hongo destruyó el cultivo de patata y causó una gran hambruna. 500 000 personas emigraron a Estados Unidos.

1881-1924
Más de dos millones de judíos de Rusia, el Imperio austrohúngaro y Rumanía llegaron a Estados Unidos huyendo de la pobreza, la violencia y el racismo.

1892
Se inauguró la estación de inmigración de la isla de Ellis como punto de entrada a Estados Unidos desde Europa.

1900-1910
Viajar por mar cada vez era más asequible y por ello más de dos millones de italianos huyeron de la miseria de su tierra natal.

Febrero 1907
Japón aceptó restringir la emigración a Estados Unidos, pues en California temían que los japoneses quitaran el trabajo a los obreros estadounidenses.

Abril 1907
El puerto de Nueva York vivió el mes con más tráfico de su historia: 197 barcos que transportaron más de 250 000 pasajeros.

1910-1940
Un millón de inmigrantes chinos, japoneses, indios y mexicanos pasaron por la isla de los Ángeles de la bahía de San Francisco.

Década de 1920
La opinión pública se opuso a la inmigración: se echó la culpa a los recién llegados del elevado desempleo y la falta de viviendas.

1924
Para controlar la inmigración se aprobó una ley que requería el registro previo.

La puerta de entrada a América
Cuando llegaban los inmigrantes, los médicos los exploraban buscando signos de enfermedades físicas o problemas de salud mental. En esta fotografía de 1907, los inmigrantes esperan en «gallineros» tras superar la primera inspección.

Posesiones europeas en África

- Gran Bretaña
- Francia
- Alemania
- Bélgica
- Portugal
- Italia
- España
- Independiente

MARRUECOS ESPAÑOL

RÍO DE ORO

TÚNEZ

ARGELIA

MARRUECOS FRANCÉS

LIBIA

ÁFRICA OCCIDENTAL FRANCESA

La expedición de Benín
En 1897 en Benín, África occidental, un grupo de oficiales británicos cayó en una emboscada de la que no salieron con vida. A los dos meses, las fuerzas británicas capturaron Benín y requisaron sus tesoros de bronce como represalia.

ÁFRICA ECUATORIAL FRANCESA

GAMBIA

GUINEA PORTUGUESA

SIERRA LEONA

NIGERIA

CAMERÚN

LIBERIA

COSTA DE ORO

TOGO

RÍO MUNI

GABÓN

Época de los imperios

Durante el siglo XIX la codicia por conseguir más riqueza, tierras y recursos llevó a los países europeos a ejercer su poder e influencia más allá de sus fronteras.

Se produjo una oleada de colonizaciones en la que los ricos y poderosos países europeos invadieron y gobernaron territorios fuera de Europa. Gran Bretaña, Francia, Alemania, Bélgica, Portugal, Italia y España se dividieron el continente africano entre ellos, reclamaron grandes áreas de tierra y asumieron el control político y económico. Entre todas las potencias europeas, Gran Bretaña fue la que construyó el mayor imperio: consiguió territorios en India, Australia, Nueva Zelanda y las Indias Occidentales.

Guerra por el Taburete Dorado
En 1900 el gobernador británico de Ghana exigió a la tribu ashanti que le entregaran el Taburete Dorado, un trono que la tribu consideraba sagrado. Se negaron a hacerlo y estalló la guerra. Aunque los británicos ganaron el conflicto y aumentó su control en Ghana, los ashanti consiguieron conservar el Taburete Dorado.

CABINDA

ANGOLA

ÁFRICA DEL SUDOESTE ALEMANA

El Raj británico

Entre 1858 y 1947 la India vivió bajo dominio británico, en un período conocido como el «Raj británico». La India era considerada la «joya de la corona» del imperio, que llevó la democracia y el ferrocarril al país pero lo explotó y negó a sus soberanos y habitantes la participación en los recursos, los cultivos y el poder político.

Tren británico
Este tren todavía transporta viajeros en la línea Darjeeling del Himalaya.

Los Tratados desiguales

Tras la derrota de China en las guerras del Opio (1839-42 y 1856-60), Francia y Gran Bretaña la obligaron a firmar acuerdos, conocidos más tarde como los «Tratados desiguales», que forzaron a China a renunciar al control de sus puertos y a entregar grandes áreas de territorio a otros países.

CANTÓN (ACTUAL GUANGZHOU), UN PUERTO DEL TRATADO

Plantación de caucho
Supervisores coloniales comprobaban las cajas de caucho antes de exportarlas.

Sudeste asiático

En Europa la Revolución Industrial hizo crecer la demanda de caucho, petróleo y estaño, productos que podían encontrarse en el sudeste asiático. Para obtener acceso a estos recursos, los británicos tomaron el control de la península de Malaca y Myanmar, y los franceses ocuparon Vietnam, Camboya e Indochina francesa (actual Laos).

10 millones de congoleños se calcula que murieron bajo el dominio del rey Leopoldo II de Bélgica.

Los **dos únicos países africanos** que **continuaron siendo independientes** fueron **Abisinia** (hoy Etiopía) y **Liberia**.

157

Canal de Suez
La inauguración del canal de Suez en 1869 unió el Mediterráneo y el mar Rojo. Este gran logro de la ingeniería reducía espectacularmente la duración del viaje entre Asia y Europa, pues los barcos no tenían que dar la vuelta alrededor de África.

EGIPTO

Congo Belga
El rey Leopoldo II de Bélgica convirtió el Congo en su posesión personal entre 1885 y 1908. Fue la parcela privada más grande propiedad de una única persona de toda la historia. Leopoldo fue un líder brutal, responsable de millones de muertes; esquilmó los recursos naturales del país, incluido el marfil de elefante.

Victoria abisinia
En 1896 un ejército abisinio liderado por el emperador Menelik II derrotó a las fuerzas italianas invasoras y conservó así su independencia.

SOMALILANDIA FRANCESA

SUDÁN ANGLO-EGIPCIO

SOMALILANDIA BRITÁNICA

ABISINIA

SOMALILANDIA ITALIANA

ÁFRICA ORIENTAL BRITÁNICA

CONGO BELGA

ÁFRICA ORIENTAL ALEMANA

Exploración europea
Los exploradores partieron para descubrir y cartografiar nuevas tierras, a menudo bajo el patrocinio de los gobiernos, ansiosos por conseguir más territorios. Era un trabajo peligroso que acabó costando muchas vidas.

RODESIA

MOZAMBIQUE

MADAGASCAR

BECHUANALANDIA

Guerras de los bóeres
Los bóeres eran descendientes de los primeros colonos neerlandeses blancos del sur de África. Entre 1889 y 1902 los estados bóeres de la república de Transvaal y el Estado Libre de Orange lucharon para acabar con el control británico de Sudáfrica y sus minas de oro.

ESTADO LIBRE DE ORANGE

La guerra anglo-zulú
El 1879 los británicos libraron una guerra contra el reino zulú en el sudeste de África. Los británicos sufrieron una humillante derrota en la batalla de Isandlwana en enero, pero aplastaron el reino zulú en julio y lo convirtieron en su colonia.

UNIÓN SUDAFRICANA

Reparto de África
A finales del siglo XIX muchos países europeos competían por el control de África. Entre 1882 y 1899 Gran Bretaña tomó el control de Egipto, Nigeria, Kenia, Sudán y Rodesia, y tomó posesión de Sudáfrica. Entre 1884 y 1885 Alemania adquirió partes de África oriental y occidental. El año 1885 el rey Leopoldo II de Bélgica ocupó el Congo.

Minas de diamantes
En 1867 se descubrieron diamantes en Sudáfrica, lo que convirtió al empresario británico Cecil Rhodes en uno de los más ricos del mundo, si bien a costa de explotar y pagar poco a los obreros negros que trabajaban en las minas.

El primer vuelo

Los humanos han querido volar durante miles de años, pero no fue hasta 1903, cuando los hermanos Wright surcaron los cielos con su aeronave a motor *Wright Flyer*, que el sueño del vuelo humano se hizo realidad.

La invención de los motores ligeros a finales del siglo XIX hizo posible el vuelo con motor, ya que llevó a los hermanos Wright a probar nuevos diseños. Llevaban años intentando hacer despegar un avión y mantenerlo en el aire. En diciembre de 1903 tiraron una moneda al aire para decidir quién pilotaría el último diseño. Ganó el hermano mayor, Wilbur, pero esa primera prueba no tuvo éxito, al contrario que en otra prueba, realizada el 17 de diciembre, en la que Orville Wright pilotó la aeronave durante 12 segundos y tan solo realizó un vuelo rasante de 37 m por encima de la arena de la costa de Carolina del Norte, un corto vuelo que cambió la historia.

Primer vuelo

El *Wright Flyer* despegó en Kitty Hawk, Carolina del Norte, Estados Unidos. Orville Wright pilotó el avión estirado y lo dirigía moviendo las caderas. El *Wright Flyer* era más pesado que el aire, pero el motor y las hélices empujaban el avión adelante para que no se estrellara contra el suelo.

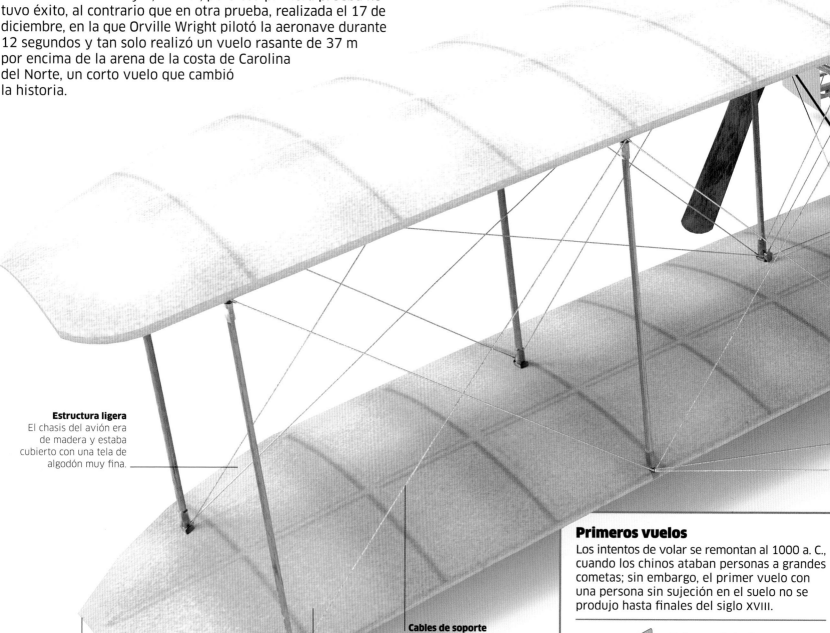

Timón
El timón detrás de las alas hacía girar la aeronave a izquierda y derecha.

Hélice
Dos hélices de madera de 2,4 m propulsaban el avión hacia delante.

Estructura ligera
El chasis del avión era de madera y estaba cubierto con una tela de algodón muy fina.

Cables de soporte
Unos resistentes cables de metal ayudaban a mantener la forma de la estructura de madera del avión.

Alas
La nave tenía una envergadura de 12,3 m.

Ala exterior
El piloto tiraba de unos cables conectados al ala exterior para alabear (inclinar el avión de lado).

Primeros vuelos

Los intentos de volar se remontan al 1000 a. C., cuando los chinos ataban personas a grandes cometas; sin embargo, el primer vuelo con una persona sin sujeción en el suelo no se produjo hasta finales del siglo XVIII.

Primeros intentos
Surcar los cielos era algo sumamente arriesgado. A lo largo de los siglos se ha intentado copiar el vuelo de las aves atándose «alas» de madera o plumas en los brazos y después lanzarse desde estructuras elevadas, habitualmente con resultados bastante desastrosos.

El agua de un depósito cerca del piloto no dejaba
que el motor del *Flyer* **se calentara demasiado**.

Al final del **día de su primer vuelo**, el *Flyer* estaba
tan estropeado que fue imposible arreglarlo.

159

Hélices propulsadas
Una cadena de bicicleta
conectaba el motor a las
hélices para que giraran.

Motor
Un motor de gasolina casero
propulsaba las dos hélices
montadas tras las alas y que
empujaban el avión adelante.

Controles del piloto
Para dirigir el avión, Orville Wright
iba tumbado dentro de una estructura
y ladeaba las caderas para tirar de los
cables enganchados a las puntas de las
alas y el timón.

Control de elevación
El piloto controlaba el cabeceo
del avión (movimiento arriba y
abajo) con una palanca conectada
a un sistema de poleas hasta
los timones de profundidad.

Timones de profundidad
Unas superficies horizontales
móviles, los timones de profundidad,
hacían subir y bajar el morro de
la aeronave.

Primer globo

Dos fabricantes de papel
de Francia, los hermanos
Montgolfier, observaron
que si calentaban el aire
de una bolsa de papel,
esta subía. En 1783
lo demostraron con
el sensacional vuelo
de un globo aerostático
con unos pasajeros de
excepción: una oveja, un
pato y un gallo. El primer
vuelo tripulado con
personas tuvo lugar ese
mismo año con Jean-
François Pilatre de Rozier
y François Laurent
d'Arlandes a bordo.

**GLOBO DE LOS
MONTGOLFIER**

Dirigible

Muchos inventores buscaron maneras de dirigir
vehículos «más ligeros que el aire». En el siglo XIX
el ingeniero francés Henri Giffard fabricó un
«dirigible», un tipo de aeronave: una bolsa de lona
de 44 m de largo capaz de contener 3200 metros
cúbicos del gas hidrógeno, más ligero que el aire.
En 1852 la aeronave de Giffard, dirigida por un
piloto y propulsada por un motor, demostró que
era posible realizar un vuelo controlado.

**DIRIGIBLE
PRIMIGENIO**

El hombre volador

El pionero de la aviación alemán Otto Lilienthal
realizó más de 2000 vuelos con planeadores a
finales del siglo XIX: despegaba desde la parte
superior de una colina artificial que había construido
a tal efecto cerca de Berlín. Sus planeadores no
tenían cola y eran poco más que un par de alas que
controlaba con los movimientos de su cuerpo. Los
hermanos Wright lo consideraban un héroe. Lilienthal
era conocido como «el hombre volador». Murió en
1896 cuando una de sus creaciones se estrelló.

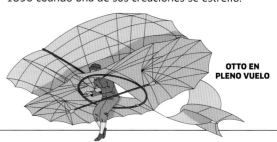

**OTTO EN
PLENO VUELO**

EL MUNDO MODERNO

Con el siglo XX, las innovaciones en transporte y comunicaciones conectaron el mundo como nunca antes lo habían hecho. Los conflictos se globalizaron y muchos países se enzarzaron en guerras lejos de sus tierras. Pero a finales del siglo XX y principios del XXI esto también brindó nuevas oportunidades a las personas, permitiendo que las ideas de libertad e igualdad proliferaran por todo el mundo.

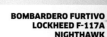

1961: el muro de Berlín
El gobierno de Alemania Oriental levantó un muro para evitar la fuga de personas hacia Berlín Occidental. La población hizo caer el muro el año 1989.

GUITARRA ELÉCTRICA

1969: Woodstock
Al final de los años 60 se organizó el festival de música y arte de Woodstock en Estados Unidos. Medio millón de personas se reunieron para escuchar a los músicos más famosos del momento.

BOMBARDERO FURTIVO LOCKHEED F-117A NIGHTHAWK

1990-1991: la guerra del Golfo
Irak invadió Kuwait, país rico en petróleo. Las fuerzas aliadas, bajo el mando de Estados Unidos, atacaron a los iraquíes en la operación «Tormenta del desierto».

TORRE DE VIGÍA DEL MURO DE BERLÍN

1960: el Año de África
El proceso de descolonización de África llegó a su punto álgido en 1960, cuando 17 países, incluidas 14 antiguas colonias francesas, declararon su independencia.

1955: boicot de autobuses
En Montgomery, Estados Unidos, la afroamericana Rosa Parks se negó a cederle el asiento del autobús a un pasajero blanco. Se inició un boicot de los autobuses urbanos para protestar contra la segregación racial en el transporte público.

RÉPLICA DEL AUTOBÚS DE MONTGOMERY

Cronología del mundo moderno

La Primera y la Segunda Guerras Mundiales arrastraron a muchos países a un conflicto global en el que murieron millones de personas de todo el mundo, tanto militares como civiles.

Durante la década de 1920 se intentó olvidar los horrores de la Primera Guerra Mundial. Se popularizaron músicas y bailes nuevos y el cine alcanzó su esplendor. Sin embargo, la década siguiente fue dramática, pues la economía global se desplomó y los dictadores tomaron el poder en Europa, lo que llevó a otra guerra. Tras la Segunda Guerra Mundial, los imperios, debilitados, perdieron el control de sus territorios de ultramar. Estados Unidos y la Unión Soviética se alzaron como superpotencias enfrentadas que luchaban por la supremacía participando en guerras regionales. Sin embargo, el final de la guerra también llevó optimismo y libertades nuevas, y los jóvenes se expresaron de nuevas maneras con la moda y la música. En el siglo XXI, gracias a los avances en la tecnología de la comunicación, existe una mayor conciencia de la discriminación que sufren muchas personas en su día a día, además del daño que la humanidad ha causado al medio ambiente.

1942: la solución final
El dictador alemán Adolf Hitler ultimó los planes para asesinar a toda la población judía de Europa. Se internó a millones de personas en campos de concentración, donde vivían en condiciones terribles hasta morir.

INSIGNIA IDENTIFICATIVA CON LA ESTRELLA DE DAVID

USS ENTERPRISE CV-6

1941: Estados Unidos en guerra
Hasta 1941 Estados Unidos se negó a tomar partido, pero cuando Japón atacó Pearl Harbor, una base naval en Hawái, respondió declarándole la guerra; Alemania hizo lo propio con Estados Unidos. Gran Bretaña celebró la alianza con Estados Unidos.

1914: Primera Guerra Mundial
Tras invadir Serbia el Imperio austrohúngaro, la guerra se hizo global. Hubo millones de bajas, pues los nuevos inventos, como los tanques y el gas venenoso, eran muy letales.

TANQUE BRITÁNICO DE LA PRIMERA GUERRA MUNDIAL

LA HOZ Y EL MARTILLO, SÍMBOLO DEL COMUNISMO SOVIÉTICO

1917: la Revolución rusa
Durante 300 años la familia Romanov había controlado Rusia, hasta que una revolución comunista les derrocó y acabó creando la Unión Soviética.

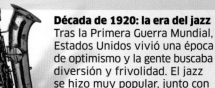

Década de 1920: la era del jazz
Tras la Primera Guerra Mundial, Estados Unidos vivió una época de optimismo y la gente buscaba diversión y frivolidad. El jazz se hizo muy popular, junto con divertidos bailes nuevos.

SAXOFÓN

1994: Nelson Mandela, presidente
Nelson Mandela se convirtió en el primer presidente negro de Sudáfrica y acabó así con décadas de *apartheid*, el sistema de discriminación de los negros del país.

NELSON MANDELA EN UN BILLETE DE SUDÁFRICA

2001: guerra contra el terrorismo
El 11 de septiembre de 2001 la banda terrorista islámica Al Qaeda perpetró atentados en Nueva York y Washington D. C. Estados Unidos declaró la «guerra contra el terrorismo» y lanzó guerras en Afganistán y más tarde en Irak.

2014: el robot *Pepper*
SoftBank Robotics presentó su nuevo robot *Pepper*, capaz de reconocer rostros y analizar las expresiones y el tono de voz de su interlocutor para detectar sus emociones.

PEPPER

CHINOOK CH-47 ESTADOUNIDENSE

1955-1975: la guerra de Vietnam
Estalló la guerra entre Vietnam del Norte y del Sur. Estados Unidos entró en guerra en 1965 junto al Sur, y la Unión Soviética y China apoyaron al Norte. Hubo protestas en todo el mundo por la participación norteamericana.

1949: República Popular China
El líder comunista chino Mao Zedong proclama la República Popular China. Mao ostentó el cargo de presidente del país hasta su muerte en 1976.

LIBRO DE CITAS DEL PRESIDENTE MAO ZEDONG

BOMBA ATÓMICA FAT MAN

1945: final de la Segunda Guerra Mundial
Tras cinco años de brutales combates acabó la Segunda Guerra Mundial cuando Estados Unidos lanzó dos bombas atómicas sobre Japón. Murieron decenas de miles de personas al instante; Japón se rindió al cabo de poco.

1947: partición de India
Con su independencia, la India se dividió en dos: Pakistán, de mayoría musulmana, y la India, de mayoría hindú. Millones de personas quedaron atrapadas en el lado equivocado de la nueva frontera.

1948: creación de Israel
Tras los horrores vividos por los judíos en la Segunda Guerra Mundial, se creó una patria judía en Palestina, en Oriente Medio. Los árabes palestinos se enfurecieron por la llegada de millones de judíos; desde entonces llevan años viviendo en conflicto permanente.

FUSIL MÁUSER ESPAÑOL DE 1893

1939: inicio de la Segunda Guerra Mundial
Adolf Hitler invadió Polonia, lo que hizo que Gran Bretaña y Francia declararan la guerra a Alemania. Hitler conquistó rápidamente gran parte de Europa, Francia incluida; Gran Bretaña supuso un obstáculo para su dominio.

1936-1939: la guerra civil española
El general español Francisco Franco se sublevó contra el legítimo gobierno de la República, y provocó una guerra civil. Tras su victoria, se convirtió en dictador y gobernó España 40 años.

1934-1945: Adolf Hitler
En Alemania Adolf Hitler se convirtió en Führer (líder). Persiguió a los judíos por toda Europa y su ambición hizo estallar la Segunda Guerra Mundial.

1927: cine sonoro
El primer largometraje que incluyó sonido, *El cantante de jazz*, abrió una nueva época del cine. Se usaron claquetas para sincronizar la acción y el sonido de las escenas, porque se grababan por separado.

CLAQUETA

1929: caída de Wall Street
Tras la optimista década de 1920, la economía norteamericana se desplomó con la Gran Depresión, cuyos efectos se notaron en todo el mundo. En 1933 el presidente Franklin D. Roosevelt presentó su New Deal para facilitar la recuperación económica.

MONUMENTO A ROOSEVELT Y LA GRAN DEPRESIÓN

164 el mundo moderno ∘ **PRIMERA GUERRA MUNDIAL**

65 millones de soldados lucharon en la **Primera Guerra Mundial**.

Primera Guerra Mundial

En julio de 1914 estalló la guerra en Europa. Los países se lanzaron a apoyar a sus aliados y acabaron enzarzados en una lucha de proporciones globales.

Las Potencias Centrales (Alemania, el Imperio austrohúngaro y Turquía) se enfrentaron a las potencias de la Entente (más tarde conocidas como los Aliados: Gran Bretaña, Francia y Rusia, junto a Italia en 1915 y Estados Unidos en 1917). Ambos bandos contaban con unas fuerzas similares y se dedicaron a intentar diezmar al otro en una guerra de trincheras.

RECLUTAMIENTO

Al estallar la guerra, los países implicados tenían sus ejércitos, pero pocos estaban listos para una guerra tan larga y extensa. Necesitaban muchos más soldados. Un sinfín de civiles fueron obligados a alistarse al ejército por ley. Otros, en cambio, fueron como voluntarios, empujados por el sentido del deber nacional. Todos los gobiernos usaron carteles inspiradores para animar a la lucha.

Campaña de carteles
Este cartel francés anima a recaudar fondos para sufragar la guerra.

TAMBORES DE GUERRA

Al principio del siglo XX los países europeos cada vez eran más hostiles entre sí. Pese a que habían pasado pocos años desde la unificación de Alemania, en 1871, el káiser Guillermo II, empezó a hacer crecer su armada e inició así una carrera armamentística con Gran Bretaña. Para ayudarse en caso de conflicto, Francia y Rusia unieron fuerzas en una alianza militar contra sus rivales, Alemania y el Imperio austrohúngaro. Gran Bretaña se acercó a Francia y Rusia como una de las potencias de la Entente. Solo hacía falta una chispa para que estallara la guerra.

«Las luces se apagarán en toda Europa»

Sir Edward Grey, ministro británico de Asuntos Exteriores, 1914

Un continente en guerra
La guerra acabó librándose en tres frentes europeos: el frente occidental, el frente oriental y el balcánico.

GUERRA SUBMARINA

A partir de 1915 los U-boats alemanes (abreviatura de «Unterseeboot», o «barco submarino») libraron la guerra bajo el agua: atacaron a barcos mercantes no armados cargados de suministros, víveres incluidos, que iban hacia Gran Bretaña. A punto estuvieron de provocar la rendición del país por hambruna en 1917. La nueva táctica naval de Alemania horrorizó al mundo. La guerra submarina se consideró incivilizada y contra las reglas de la guerra.

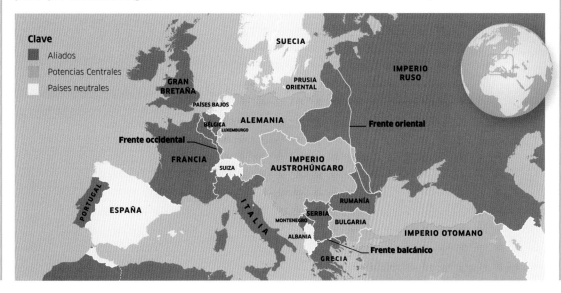

Clave
- Aliados
- Potencias Centrales
- Países neutrales

SUECIA
GRAN BRETAÑA
PAÍSES BAJOS
BÉLGICA
LUXEMBURGO
PRUSIA ORIENTAL
ALEMANIA
IMPERIO RUSO
Frente oriental
Frente occidental
FRANCIA
SUIZA
IMPERIO AUSTROHÚNGARO
PORTUGAL
ESPAÑA
ITALIA
RUMANÍA
MONTENEGRO
SERBIA
BULGARIA
ALBANIA
IMPERIO OTOMANO
Frente balcánico
GRECIA

U-boat alemán
En total, los U-boats alemanes hundieron 5554 barcos mercantes y barcos de guerra aliados. La tripulación a bordo de los U-boats vivía hacinada y con mucho calor.

Cronología

Una guerra global

Cuando estalló la guerra en julio de 1914, las Potencias Centrales y los Aliados creían que en Navidad ya habría finalizado. No obstante, la Primera Guerra Mundial iba a convertirse en el conflicto más brutal y destructivo que el mundo había visto, duró cuatro años y causó la muerte a millones de soldados y civiles.

Junio 1914

Asesinado Francisco Fernando
Un revolucionario serbio disparó al archiduque Francisco Fernando, el heredero del Imperio austrohúngaro, y su esposa en Sarajevo, Bosnia. El Imperio austrohúngaro culpó a Serbia del asesinato.

Julio 1914

Declaraciones de guerra
El Imperio austrohúngaro declaró la guerra a Serbia y recibió el apoyo de Alemania, su aliado. Rusia se puso del lado de Serbia y declaró la guerra al Imperio austrohúngaro, lo que provocó que Alemania le declarara la guerra a Rusia y a su aliado, Francia. Cuando Alemania invadió Bélgica, país neutral, al avanzar hacia Francia, Gran Bretaña declaró la guerra a Alemania.

Octubre-noviembre 1914

Batalla de Ypres
Alemania invadió Bélgica con la intención de asestar un golpe definitivo al ejército francés, pero se encontró con las fuerzas francesas y británicas en Flandes. Se libraron una serie de combates conocidos como la batalla de Ypres cerca de la costa septentrional. La lucha fue despiadada y la batalla acabó en empate.

Febrero 1915-enero 1916

Campaña de los Dardanelos
Las tropas británicas, francesas, australianas y neozelandesas lanzaron un ataque en la península de Galípoli, en Turquía, con el objetivo de hacerse con el control del país. El ataque fue un desastre en el que murieron unos 58 000 soldados aliados.

235 espías aliados fueron **acusados de espionaje** por los alemanes.

4,5 millones **de obuses de artillería** se dispararon en la **batalla de Passchendaele**.

165

NUEVA TECNOLOGÍA

La invención de nuevas tecnologías hizo que la Primera Guerra Mundial fuera más mortífera que cualquier guerra anterior. Todos los países se las ingeniaron para mejorar los métodos de lucha; para ello, desarrollaron nuevas herramientas y técnicas para conseguir ventaja sobre sus enemigos. Por primera vez en combate, los soldados tenían que enfrentarse a poderosas armas, como ametralladoras, gases tóxicos, lanzallamas y minas explosivas, además de tanques y aeronaves.

Guerra en los cielos
Con el avance tecnológico, los aviones cada vez eran más fiables y se usaban para misiones de reconocimiento, bombardear y librar batallas en los cielos. Los intrépidos pilotos se convirtieron en verdaderos héroes.

Terroríficos tanques
Los tanques, de invención británica, podían cruzar terreno difícil y embarrado, además de hacer de escudo para los soldados aliados durante el avance. Fueron estrenados en 1916 en la batalla del Somme.

Ametralladora
Esta ametralladora Schwarzlose se recargaba automáticamente, así los soldados podían volver a disparar de inmediato. Fue una de las principales armas del ejército del Imperio austrohúngaro.

GUERRA SECRETA

Ambos bandos usaron el espionaje para obtener información sobre el enemigo. Los espías capturaban las comunicaciones y los descifradores intentaban descifrar los códigos usados para enviar mensajes secretos por telégrafo y radio. Los agentes secretos trabajaban de forma encubierta en territorio enemigo para conseguir toda la información posible; no obstante, muchos eran atrapados y encarcelados.

Paloma con cartucho
Para enviar y recibir mensajes secretos en el campo de batalla, se introducían en un cartucho que se ataba a la pata de una paloma mensajera.

EL FRENTE EN CASA

La Primera Guerra Mundial afectó mucho a los civiles, especialmente en Bélgica y Francia, donde se produjeron muchos de los combates del frente occidental. Los efectos de la guerra se notaban en el campo de batalla y también en casa. En este «frente en casa», muchos civiles se enfrentaron a falta de alimentos y racionamiento; además, como millones de hombres se fueron a la guerra, las mujeres ocuparon sus puestos de trabajo. Al final de la guerra habían perdido la vida millones de civiles.

Zepelín sobre Londres
Los zepelines, descomunales aeronaves alemanas que se desplazaban lentamente, llegaron a volar por los cielos de Londres y bombardear a los ciudadanos aterrorizados.

Mayo 1915	1916	Julio-noviembre 1917	Noviembre 1918	28 junio 1919

Hundimiento del *Lusitania*
Un submarino alemán hundió el *Lusitania*, con pasajeros de Estados Unidos. Estos ataques hicieron que Estados Unidos se uniera al bando aliado en 1917.

Batalla de Jutlandia
En la única gran batalla naval de la guerra, se enfrentaron las armadas alemana y británica ante la península de Jutlandia, Dinamarca. Ambos dijeron haber ganado, pero Alemania decidió no volver a luchar en el mar.

Batalla del Somme
Esta larga batalla de cuatro meses, en el norte de Francia, acabó con más de un millón de soldados muertos o heridos. Los Aliados fueron incapaces de romper las líneas alemanas y retiraron el ataque tras una gran nevada que les dificultó el combate.

Batalla de Passchendaele
Los Aliados atacaron a las fuerzas alemanas cerca de Ypres con la intención de destruir las bases submarinas alemanas de la costa belga. Pero la lluvia torrencial convirtió el campo de batalla de arcilla en un barrizal, donde quedaron encallados tanques, tropas y caballos. Los Aliados consiguieron tan solo 8 km de territorio tras más de 475 000 bajas en ambos lados.

Fin de los combates
Tras perder una serie de batallas en 1918, Alemania firmó el armisticio (tregua) con los Aliados y acordó acabar la lucha a la 11.ª hora del 11.º día del 11.º mes.

Tratado de Versalles
Alemania firmó el tratado de paz en Versalles, Francia, pero el pueblo alemán no estuvo de acuerdo con sus condiciones. Según el tratado, Alemania y sus aliados eran los culpables de la guerra y debían pagar una compensación.

Nidos de ametralladoras
Refugios elevados de hormigón permitían a los soldados disparar con ametralladora desde una posición protegida.

Ataque de gas
Ambos bandos usaron gas tóxico por primera vez durante la Primera Guerra Mundial. Los soldados se protegían de los humos letales los ojos, la nariz y la garganta con máscaras de gas.

Sacos de arena
Los sacos de arena llenos de tierra no dejaban hundirse las paredes de las trincheras.

Centinelas
Vigilar a los enemigos entrañaba peligro: los centinelas se subían a un saliente y sacaban la cabeza de la trinchera para otear.

Ataque de francotirador
Por la noche se preparaban unos tiradores ocultos, los francotiradores, para lanzar ataques al alba colocados en posiciones ocultas tras los árboles cerca de la trinchera enemiga.

> «¡Qué baño de sangre! El infierno no puede ser tan **espantoso**»
>
> Albert Joubaire, soldado francés en Verdún, en su diario, 1916

Pelotón al ataque
Los soldados se arrastraban estirados hacia el enemigo para perpetrar ataques sorpresa.

Guerra subterránea
Ambos bandos intentaban colocar explosivos bajo las trincheras enemigas cavando túneles bajo la tierra de nadie.

Enfermeras de guerra

Las mujeres conducían ambulancias y hacían de enfermeras en el frente occidental ayudando a los heridos en combate. Estas enfermeras de campo trataban todo tipo de heridas, como quemaduras por gas tóxico, lesiones de metralla e infecciones.

Tregua de Navidad

El día de Navidad de 1914 algunos soldados de ambos bandos hicieron un alto el fuego en varios puntos del frente occidental. Cruzaron la tierra de nadie y cantaron villancicos juntos, se intercambiaron regalos y jugaron a fútbol. Los generales militares se enfadaron al enterarse de lo sucedido e intentaron evitar que volviera a producirse una tregua así.

Alambre de espino
La tierra de nadie estaba repleta de alambre de espino y obstáculos para frenar el ataque enemigo.

La tierra de nadie por la noche

Soldados alemanes y aliados luchaban en un área entre las trincheras conocida como «tierra de nadie», donde gran parte de la acción pasaba de noche, el momento más seguro para sorprender al enemigo, recuperar las bajas y reparar las defensas de las trincheras.

32 200 km de trincheras se excavaron durante la Primera Guerra Mundial.

El armisticio que puso fin a la Primera Guerra Mundial entraba en vigor el **11 de noviembre de 1918** a las 11 de la mañana.

167

Bajas
Los soldados caídos en combate solían quedar durante días en la tierra de nadie, hasta que era seguro ir a recoger sus cuerpos.

Luz brillante
Se usaban bengalas para iluminar la trinchera enemiga de noche.

¡Arriba!
Los soldados usaban escaleras para salir de la trinchera y avanzar por la tierra de nadie.

El frente occidental

La guerra estaba en punto muerto en las Navidades de 1914. Las tropas aliadas habían frenado el avance alemán y ambos bandos cavaban una línea de trincheras que acabó conociéndose como el frente occidental.

El frente occidental cubría 645 km desde la costa de Bélgica hasta la frontera de Suiza. Durante los siguientes años ambos bandos se enfrentaron con balas, obuses y gases tóxicos para ganar pocos kilómetros de territorio enemigo. Los soldados temían constantemente un ataque y vivían en condiciones muy duras en las trincheras: frías, húmedas y llenas de ratas.

Trinchera de apoyo
Una segunda trinchera detrás de la trinchera principal servía como línea de defensa de apoyo.

Teléfono de campo
Se usaban teléfonos para transmitir órdenes por el frente occidental, así como perros y palomas mensajeras.

Plataformas de madera
Las trincheras estaban embarradas; los tablones mantenían secos los pies de los soldados.

Refugio de soldados
Los soldados se refugiaban y descansaban en agujeros excavados en los laterales de la pared de la trinchera.

Puesto de los oficiales
El refugio de los oficiales, a gran profundidad, ofrecía algo de comodidad y servía para trazar los planes de los futuros avances.

La Revolución rusa

A principios del siglo XX, hacía ya 300 años que la familia Romanov gobernaba Rusia, pero tras años de guerra y hambruna, el pueblo empezó a exigir un cambio.

El zar Nicolás II no supo reaccionar a las exigencias de reforma lideradas por los bolcheviques, un partido comunista que defendía que los recursos debían compartirse entre las personas. La penosa actuación en las guerras contra Japón y Alemania alentaron el malestar, y en 1917 se produjeron dos cruciales revoluciones que acabaron transformando Rusia de una monarquía al primer país comunista del mundo: la Unión Soviética.

1905
La humillante derrota de Rusia en la guerra ruso-japonesa provoca huelgas y protestas contra el poder del zar Nicolás II, considerado el culpable del desastre.

1914-1918
Durante la Primera Guerra Mundial, Rusia sufre unas pérdidas catastróficas combatiendo contra Alemania. Una vez más, se echa la culpa al zar.

Marzo 1917
Tras una serie de protestas públicas por la falta de alimentos y las pésimas condiciones de vida, el zar Nicolás II se ve forzado a abdicar.

Octubre 1917
Los bolcheviques toman el poder del gobierno provisional, que había mandado desde marzo. En julio de 1918 Nicolás II es arrestado y ejecutado.

1917-1922
La guerra civil entre los bolcheviques y las fuerzas anticomunistas acaba con la victoria bolchevique, lo que les permite consolidar su poder.

1918
Los bolcheviques pasan a denominarse Partido Comunista Ruso. Firman un tratado de paz con Alemania para que Rusia pueda salir de la Primera Guerra Mundial.

30 de diciembre de 1922
El Partido Comunista Ruso funda la Unión Soviética (URSS), el primer país comunista del mundo.

A partir de 1924
El político soviético Iósif Stalin llega al poder. Ha eliminado a sus oponentes con violencia; ocupa militarmente algunos países europeos.

Líder revolucionario
Vladimir Lenin (1870-1924) fue el fundador y líder de los bolcheviques. Sus discursos públicos eran muy apasionados y le gustaba arengar a las multitudes de obreros, soldados y campesinos para que mostraran su apoyo a los ideales de la revolución.

LOS FELICES AÑOS VEINTE

Los años veinte fueron la época de la diversión, la moda y el ocio. Las chicas jóvenes conocidas como *flappers* revolucionaron el panorama con sus faldas cortas, pelo corto y actitud rebelde. Aunque el gobierno de Estados Unidos prohibió el alcohol entre 1920 y 1933, aparecieron bares ilegales, conocidos como *speakeasies*, donde los jóvenes iban a socializar y disfrutar de los nuevos bailes, como el charlestón. El jazz, nuevo estilo musical afroamericano, cobró tanta popularidad que la década pasó a conocerse como la «era del jazz».

La era del jazz
El trompetista y cantante Louis Armstrong, aquí tocando con la Creole Jazz Band de King Oliver, fue una de las mayores estrellas del jazz.

Auge y declive de Estados Unidos

Terminada la Primera Guerra Mundial en 1918, muchos norteamericanos recibieron con optimismo la década de 1920. La economía creció y las personas tenían dinero para gastar en productos de lujo y entretenimiento. Sin embargo, los buenos tiempos no duraron: al final de la década la economía se desplomó y sumió en la pobreza a muchos estadounidenses.

A principios de la década, Estados Unidos se recuperó rápidamente del consumo de recursos de la guerra y experimentó un período de crecimiento económico. Las fábricas dejaron de trabajar para la guerra y produjeron bienes de consumo, como electrodomésticos y coches. Periódicos y revistas se llenaron de anuncios que prometían un estilo de vida glamuroso. Tras las miserias de la guerra, los supervivientes volvieron decididos a pasarlo bien, y acudieron en masa a pruebas deportivas, salas de baile y cines. Pero entre el 24 y el 29 de octubre de 1929 la fiesta terminó de pronto cuando la economía se desplomó. La década siguiente llegó con la Gran Depresión, período de desempleo y penurias para millones de personas.

BIENES DE CONSUMO

Durante la década de 1920 las fábricas empezaron a producir en masa dispositivos para ahorrar tiempo en las tareas domésticas, como aspiradoras y lavadoras. Los bancos dejaban pagar a plazos, así estos nuevos bienes eran más asequibles.

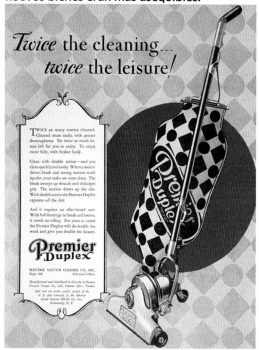

¡Compre ahora!
Los llamativos anuncios persuadían a los consumidores de que tenían que comprar nuevos productos. En este, la aspiradora prometía más tiempo libre a las amas de casa.

GRANDES RASCACIELOS

El boom económico de Estados Unidos trajo consigo la necesidad de tener más espacio de oficinas. La solución fue construir edificios altos, o «rascacielos». Gracias a los nuevos avances en tecnología, especialmente en acero, los rascacielos pudieron llegar a alturas sin precedentes; los arquitectos competían para ver quién era capaz de erigir el edificio más alto. Durante la década de 1920 estas altísimas estructuras simbolizaban la confianza de Estados Unidos, y durante los turbulentos tiempos de la década posterior se convirtieron en una importante fuente de trabajo.

Carrera hasta la cima
Cada día 3400 trabajadores construían el edificio; completaban, de promedio, cuatro plantas y media por semana. El edificio se acabó en tan solo 410 días.

Nuevas alturas

La construcción del icónico Empire State Building, con sus 102 plantas, en Nueva York empezó el 17 de marzo de 1930, seis meses después del crac del 29 y pese al deplorable estado de la economía. Abrió al público el 1 de mayo de 1931, 45 días antes de lo previsto.

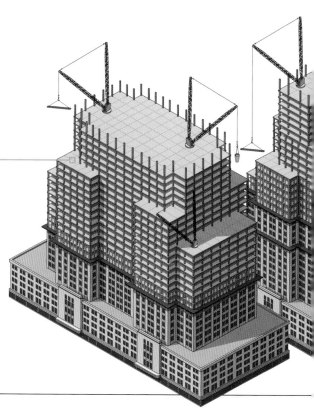

12 millones de **norteamericanos** estaban **sin empleo en 1932**.

El presidente Franklin D. Roosevelt se dirigía a la población de Estados Unidos cada semana en sus **«charlas informales»** transmitidas **por la radio nacional**.

171

LA GRAN DEPRESIÓN

Los estadounidenses llevaban años comprando acciones de empresas, con la esperanza de enriquecerse con sus beneficios. Pero entre el 24 y el 29 de octubre de 1929 la bolsa de Nueva York se desplomó. El precio de las acciones cayó y en un abrir y cerrar de ojos dejaron de tener valor. Esto se conoce como el «crac del 29», y produjo la Gran Depresión, que duró hasta finales de la década de 1930.

Hoovervilles

Más de dos millones de personas no pudieron pagar los créditos bancarios y perdieron su casa en la Gran Depresión. Aparecieron grandes barrios de barracas en muchas ciudades, llamados «Hoovervilles», por el presidente Herbert Hoover, según muchos el culpable del colapso económico.

El Dust Bowl

Durante la década de 1930 Estados Unidos se vio afectado por graves sequías y tormentas de polvo que afectaron 4000 km² de tierra entre Texas y Nebraska. El suelo fértil se convirtió en polvo árido y murieron los cultivos y el ganado. 200 000 granjeros, incapaces de cultivar nada, migraron hacia California.

El New Deal

En 1933 Franklin D. Roosevelt se convirtió en presidente y prometió un «New Deal» (nuevo trato) para ayudar al país a recuperarse. Se comprometió a asistir a los pobres y ejecutó enormes proyectos públicos para promover la economía y crear más empleos para los parados.

La torre más alta
Para asegurarse su posición como el edificio más alto del mundo, los arquitectos coronaron el rascacielos con una antena.

Escalonado
El edificio se diseñó de forma escalonada para que la calle continuara recibiendo la luz solar.

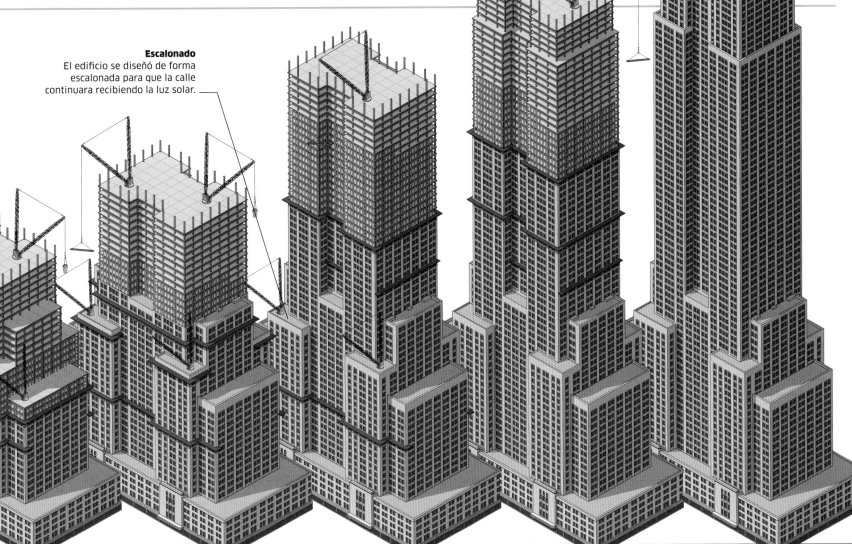

Extremos políticos
A finales de la década de 1930 la democracia estaba bajo amenaza. Los dictadores, ya fueran comunistas o fascistas, ocupaban el poder de diversos países de Europa. Los dictadores comunistas creían en el control gubernamental de la economía y los recursos, mientras que los líderes fascistas eran extremadamente nacionalistas, rechazaban la democracia y el comunismo.

Tiempo de dictadores

La década de 1930 fue una época difícil; muchas personas eran pobres, no tenían trabajo y estaban desesperadas. Algunos líderes se hicieron con el control en Europa, a veces por la fuerza: eran los dictadores.

A pesar de que muchos de estos dictadores prometían un futuro mejor a sus ciudadanos, sus implacables políticas fueron responsables de millones de muertes. Rechazaban la democracia, glorificaban la guerra, usaban la violencia para aplastar a sus oponentes políticos y atizaron las divisiones raciales.

ALEMANIA

FRANCIA

La guerra civil española
El general Franco dirigió a las fuerzas nacionalistas hasta la victoria en la guerra civil española, venciendo a las tropas republicanas y derrocando al gobierno democrático.

ESPAÑA

MADRID

PORTUGAL

LISBOA

Antonio de Oliveira Salazar
Antonio Salazar pasó a ser primer ministro en 1932. Formó una dictadura conservadora y nacionalista por medio de la censura y con la ayuda de su policía secreta.

General Francisco Franco
En España el general Franco se sublevó contra el gobierno legítimo y se convirtió en dictador en 1939 tras tres años de guerra civil. El franquismo ostentaría el poder durante los siguientes 40 años.

13 planes quinquenales se desarrollaron entre **1928 y 1991** para **modernizar la economía de la Unión Soviética.**

Stalin se llamaba **Iósif Vissariónovich Dzhugashvili**, nombre que se cambió por el de Stalin, u «**hombre de acero**».

173

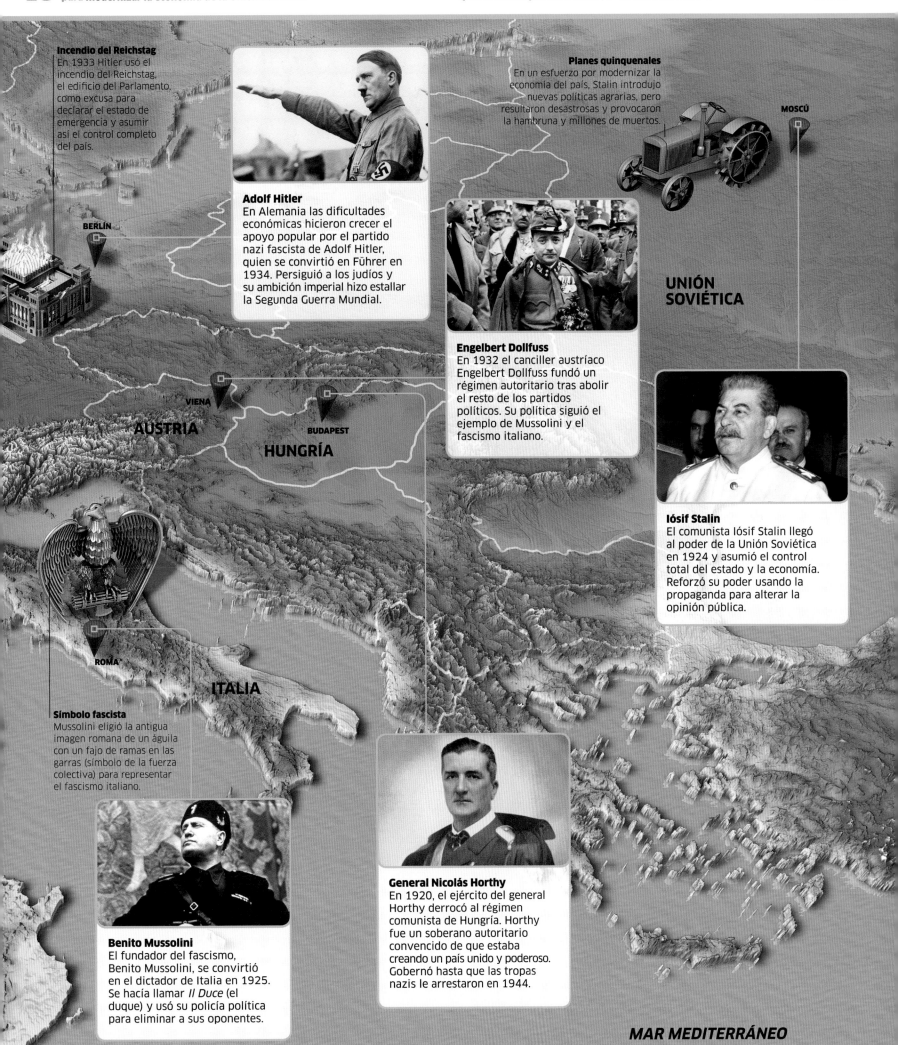

Incendio del Reichstag
En 1933 Hitler usó el incendio del Reichstag, el edificio del Parlamento, como excusa para declarar el estado de emergencia y asumir así el control completo del país.

Planes quinquenales
En un esfuerzo por modernizar la economía del país, Stalin introdujo nuevas políticas agrarias, pero resultaron desastrosas y provocaron la hambruna y millones de muertos.

MOSCÚ

BERLÍN

Adolf Hitler
En Alemania las dificultades económicas hicieron crecer el apoyo popular por el partido nazi fascista de Adolf Hitler, quien se convirtió en Führer en 1934. Persiguió a los judíos y su ambición imperial hizo estallar la Segunda Guerra Mundial.

VIENA

AUSTRIA

BUDAPEST

HUNGRÍA

Engelbert Dollfuss
En 1932 el canciller austríaco Engelbert Dollfuss fundó un régimen autoritario tras abolir el resto de los partidos políticos. Su política siguió el ejemplo de Mussolini y el fascismo italiano.

UNIÓN SOVIÉTICA

Iósif Stalin
El comunista Iósif Stalin llegó al poder de la Unión Soviética en 1924 y asumió el control total del estado y la economía. Reforzó su poder usando la propaganda para alterar la opinión pública.

ROMA

ITALIA

Símbolo fascista
Mussolini eligió la antigua imagen romana de un águila con un fajo de ramas en las garras (símbolo de la fuerza colectiva) para representar el fascismo italiano.

General Nicolás Horthy
En 1920, el ejército del general Horthy derrocó al régimen comunista de Hungría. Horthy fue un soberano autoritario convencido de que estaba creando un país unido y poderoso. Gobernó hasta que las tropas nazis le arrestaron en 1944.

Benito Mussolini
El fundador del fascismo, Benito Mussolini, se convirtió en el dictador de Italia en 1925. Se hacía llamar *Il Duce* (el duque) y usó su policía política para eliminar a sus oponentes.

MAR MEDITERRÁNEO

174 El mundo moderno ○ **LA EDAD DE ORO DEL CINE**

90% Porcentaje de películas **hechas** antes de **1929** que se han **perdido**.

La edad de oro del cine

¡Luces! ¡Cámara! ¡Acción! En 1895 los hermanos Lumière desarrollaron en Francia el cinematógrafo, un dispositivo para capturar imágenes en movimiento. A finales de la década de 1920, al inicio de la edad de oro del cine, su invento había inspirado una industria decidida a entretener al público.

Con la mejora de la tecnología, las películas pasaron de ser creaciones mudas en blanco y negro de pocos minutos de duración hasta largometrajes sonoros y a todo color de aventuras épicas, historias de gánsteres, musicales y comedias. En la década de 1930 los estudios producían tantas películas como podían para el público, desesperado por dejar de pensar por un rato en la Gran Depresión, un período de penuria económica para mucha gente de todo el mundo. Hollywood, un antiguo barrio residencial tranquilo de Los Ángeles, se convirtió en la meca de la industria del cine de Estados Unidos, gracias a su climatología, perfecta para filmar al aire libre todo el año.

Focos
Gracias a los focos móviles era posible filmar en interiores.

Soportes en el estudio
El montador de estructuras era el encargado de organizar e instalar el equipo para tener cámaras y focos en su posición.

Iluminador
El electricista encargado de la iluminación general de la película se conocía como «iluminador».

Operador de cámara
Muchos operadores de cámara pasaban 20 o 30 años en el mismo estudio y le daban un estilo único.

Visión creativa
Los directores se ocupaban de todo lo creativo y se hacían muy famosos si sus películas tenían éxito.

Plató de película de 1930

Los estudios cinematográficos dieron empleo a miles de personas que realizaban todo tipo de trabajos, desde actores y directores a diseñadores de vestuario y editores de películas. Trabajaban sin reposo en grandes platós construidos para reflejar la vida real.

Sonido sincronizado
Hasta 1927 las películas eran mudas; ese año el estudio Warner Brothers estrenó *El cantante de jazz*, el primer film sonoro que abrió una nueva era en el cine. Para sincronizar la acción de una escena con el sonido registrado por separado, se daba un golpe con la claqueta para hacer un ruido cuando la cámara empezaba a rodar.

Horas extras
Para que los estudios pudieran producir películas a la mayor velocidad posible, los actores llegaban a trabajar 18 horas al día, 6 días por semana.

Día eterno
Los actores a veces tenían que esperar horas para grabar su escena.

7500 películas **lanzaron** los estudios de Hollywood entre 1930 y 1945.

80 millones de personas **iban al cine** en Estados Unidos cada semana durante la década de 1930.

175

Animación

Una de las primeras películas sonoras de animación fue *Willie y el Barco de Vapor*, de Walt Disney, de 1928. Con solo ocho minutos de duración, llevó al protagonista de Disney, Mickey Mouse, al estrellato e inició la edad de oro de la animación.

Pionero de la animación
El artista y productor estadounidense Walt Disney (1901-1966) creó varias películas animadas clásicas, como *Blancanieves y los siete enanitos* (1937) y *La Cenicienta* (1950).

Bollywood

La industria india del cine, conocida como Bollywood, tiene su base en Bombay (Mumbai) y es famosa por sus películas de elevado presupuesto, increíbles números de baile y canto, y superestrellas que los fans adoran. La primera película de Bollywood fue *Raja Harishchandra*, que apareció en 1913.

BAILARINES DE BOLLYWOOD

Efectos especiales

Con los avances en la tecnología, Hollywood atrajo a las personas a los cines con grandes efectos especiales. En 1977, se estrenó la película *La guerra de las galaxias* de George Lucas. Estaba llena de efectos increíbles, dejó al público impresionado y marcó una nueva pauta para las películas de acción.

Croma
Hoy la tecnología permite añadir fondo a una escena después de filmarla.

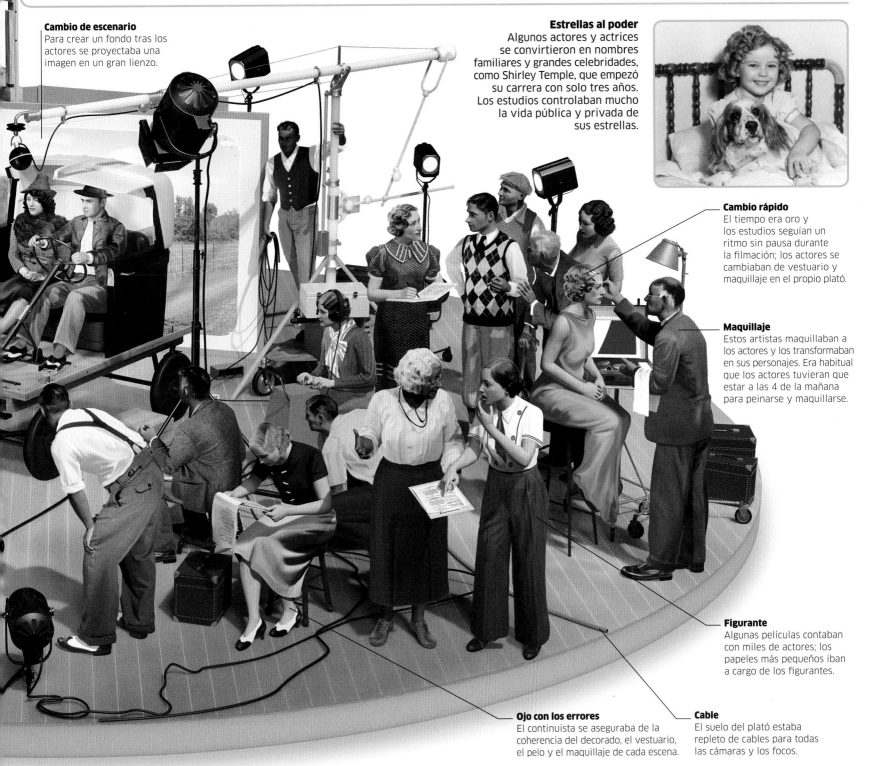

Cambio de escenario
Para crear un fondo tras los actores se proyectaba una imagen en un gran lienzo.

Estrellas al poder
Algunos actores y actrices se convirtieron en nombres familiares y grandes celebridades, como Shirley Temple, que empezó su carrera con solo tres años. Los estudios controlaban mucho la vida pública y privada de sus estrellas.

Cambio rápido
El tiempo era oro y los estudios seguían un ritmo sin pausa durante la filmación; los actores se cambiaban de vestuario y maquillaje en el propio plató.

Maquillaje
Estos artistas maquillaban a los actores y los transformaban en sus personajes. Era habitual que los actores tuvieran que estar a las 4 de la mañana para peinarse y maquillarse.

Figurante
Algunas películas contaban con miles de actores; los papeles más pequeños iban a cargo de los figurantes.

Ojo con los errores
El continuista se aseguraba de la coherencia del decorado, el vestuario, el pelo y el maquillaje de cada escena.

Cable
El suelo del plató estaba repleto de cables para todas las cámaras y los focos.

Estalla la Segunda Guerra Mundial

En 1939 estalló una guerra en Europa que acabaría propagándose por casi todo el globo. Con cientos de millones de personas atrapadas en el conflicto, se convirtió en la guerra más letal de la historia.

Aunque algunos países se declararon neutrales, gran parte del mundo quedó dividido en dos bandos opuestos: el Eje (liderado por Alemania, Italia y Japón) y los Aliados (primero liderado por Gran Bretaña y Francia, y después con la Unión Soviética, Estados Unidos y China). Cuando la Alemania de Adolf Hitler invadió Polonia en 1939, el mundo quedó atónito por la brutalidad del ataque. Esta afrenta marcó el inicio de una guerra de seis años que costó millones de vidas.

La batalla de Inglaterra

Durante toda la guerra se usaron aeronaves para bombardeos, combates aéreos y como apoyo para las batallas terrestres. Alemania planeaba dominar los cielos británicos antes de lanzar la invasión terrestre, pero recibió su primer revés en la batalla de Inglaterra. La Luftwaffe (las fuerzas aéreas de Alemania) se enfrentó a la Real Fuerza Aérea británica (RAF) en combates aéreos cerrados sobre el sudeste de Inglaterra; la RAF acabó haciéndose con el control.

Hawker Hurricane
El Hawker Hurricane fue el mejor avión de la RAF durante la batalla de Inglaterra. Era capaz de causar daños graves al enemigo con sus ocho ametralladoras de calibre 7,7 mm. Parte de la cubierta de las alas del Hurricane era de lona y no de metal para que los ingenieros pudieran repararlas rápidamente cuando estaba dañada.

Cañones letales
El Hurricane tenía cuatro líneas de ametralladoras en cada ala.

Supermarine Spitfire
Rápido, ligero y potente, este legendario caza desempeñó un papel decisivo en la batalla de Inglaterra.

Piloto
Los pilotos británicos solían ser jóvenes y poco entrenados.

22 años de media tenían los **pilotos británicos** de la **batalla de Inglaterra**.

En **Polonia**, unos **5,5 millones de personas murieron** durante la guerra, **una sexta parte de la población**.

177

Heinkel He 111

El bombardero Heinkel He 111 de Alemania fue todo un éxito al principio de la guerra, ya que era capaz de recibir muchos daños y continuar volando; sin embargo, no era rival para los cazas modernos de la RAF y quedó obsoleto antes de acabar la guerra. Tras la batalla de Inglaterra, los pilotos alemanes de los Heinkel He 111 pasaron a atacar ciudades y centros industriales británicos.

Piloto experimentado

En general, los pilotos alemanes tenían más experiencia en combate que los británicos.

Messerschmitt Bf 109

Estos cazas alemanes eran pesados y tenían poca autonomía de vuelo, lo que les hacía poco eficaces.

Radar en el suelo

El radar era vital para los británicos: permitía a la RAF detectar cuándo se acercaban aviones enemigos y despegar a tiempo para interceptarlos.

CRONOLOGÍA

Avances de Alemania

Tras la Primera Guerra Mundial los líderes europeos no querían combatir más, pero la política exterior de Adolf Hitler hizo el conflicto inevitable. Con el objetivo de crear un Gran Reich Alemán en Europa, Hitler amplió su ejército, se anexionó la Austria de habla alemana en 1938 e invadió Checoslovaquia en marzo de 1939.

01/09/1939 — Invasión de Polonia

Los tanques de Hitler penetraron hasta el interior del territorio polaco. Los aliados de Polonia, Gran Bretaña y Francia, declararon la guerra a Alemania pero no consiguieron lanzar un ataque; Polonia cayó en poco más de un mes.

1939-1945 — Batalla del Atlántico

A lo largo de la guerra, Hitler intentó matar de hambre a los británicos atacando naves cargadas de víveres y armas de Estados Unidos. Las aeronaves y los U-boats (submarinos alemanes) bombardeaban de manera constante todos los barcos de carga.

Mayo-junio 1940 — Blitzkrieg

En mayo de 1940 las fuerzas alemanas atacaron Bélgica, Países Bajos y Francia con bombarderos en picado, tanques e infantería para cruzar los puntos débiles de las defensas aliadas. Esta agresiva táctica, la Blitzkrieg o «guerra relámpago», sorprendió y superó a los Aliados.

26/05-4/06/1940 — Evacuación de Dunkerque

El avance alemán dejó atrapados a 380 000 soldados aliados en la costa norte de Francia. La mayoría fueron rescatados y devueltos a Gran Bretaña con la ayuda de naves de civiles voluntarios.

Septiembre 1940-mayo 1941 — El Blitz

Tras perder la batalla de Inglaterra, Hitler inició una campaña de bombardeos nocturnos de ciudades y puertos británicos conocida como el Blitz; las defensas británicas se mantuvieron firmes. Se evacuó a los niños hacia el interior del país, lejos de los bombardeos.

Junio 1941 — Operación Barbarroja

Hitler ordenó a sus tropas que invadieran la Unión Soviética con la intención de capturar territorios que sirvieran como Lebensraum («espacio vital») para la población alemana.

1 500 000 niños judíos murieron durante **el Holocausto**.

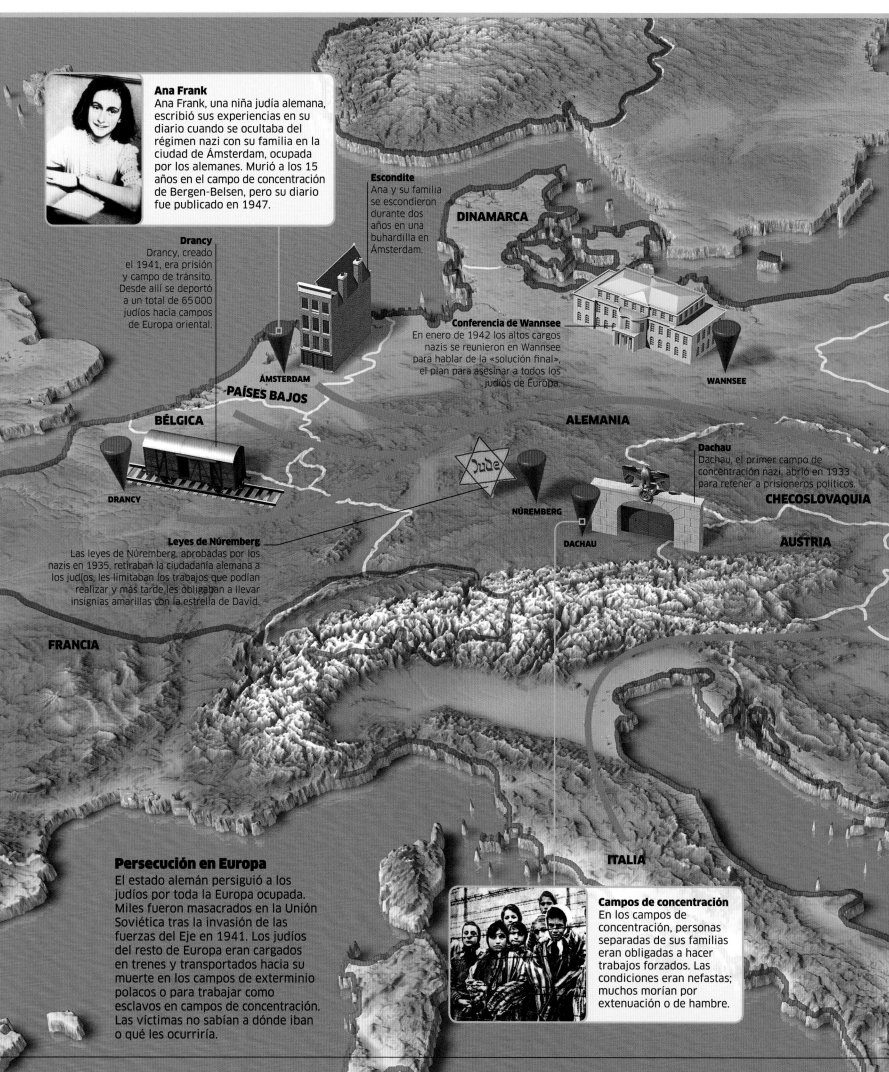

Ana Frank
Ana Frank, una niña judía alemana, escribió sus experiencias en su diario cuando se ocultaba del régimen nazi con su familia en la ciudad de Ámsterdam, ocupada por los alemanes. Murió a los 15 años en el campo de concentración de Bergen-Belsen, pero su diario fue publicado en 1947.

Drancy
Drancy, creado el 1941, era prisión y campo de tránsito. Desde allí se deportó a un total de 65 000 judíos hacia campos de Europa oriental.

Escondite
Ana y su familia se escondieron durante dos años en una buhardilla en Ámsterdam.

DINAMARCA

Conferencia de Wannsee
En enero de 1942 los altos cargos nazis se reúnen en Wannsee para hablar de la «solución final», el plan para asesinar a todos los judíos de Europa.

WANNSEE

ÁMSTERDAM

PAÍSES BAJOS

BÉLGICA

ALEMANIA

Dachau
Dachau, el primer campo de concentración nazi, abrió en 1933 para retener a prisioneros políticos.

DRANCY

NÚREMBERG

CHECOSLOVAQUIA

DACHAU

AUSTRIA

Leyes de Núremberg
Las leyes de Núremberg, aprobadas por los nazis en 1935, retiraban la ciudadanía alemana a los judíos, les limitaban los trabajos que podían realizar y más tarde les obligaban a llevar insignias amarillas con la estrella de David.

FRANCIA

ITALIA

Persecución en Europa
El estado alemán persiguió a los judíos por toda la Europa ocupada. Miles fueron masacrados en la Unión Soviética tras la invasión de las fuerzas del Eje en 1941. Los judíos del resto de Europa eran cargados en trenes y transportados hacia su muerte en los campos de exterminio polacos o para trabajar como esclavos en campos de concentración. Las víctimas no sabían a dónde iban o qué les ocurriría.

Campos de concentración
En los campos de concentración, personas separadas de sus familias eran obligadas a hacer trabajos forzados. Las condiciones eran nefastas; muchos morían por extenuación o de hambre.

15 000 campos de concentración se abrieron en la Europa ocupada por los alemanes.

10 000 criminales de guerra nazis fueron encarcelados tras la Segunda Guerra Mundial.

179

Gueto de Varsovia
Cuando Alemania invadió Polonia en 1939, se obligó a los judíos a vivir en guetos, áreas restringidas bajo el control de los nazis. Más de 300 000 personas vivían en condiciones penosas en el gueto de Varsovia.

LETONIA

LITUANIA

PRUSIA ORIENTAL

TREBLINKA

CHELMNO

VARSOVIA

SOBIBOR

POLONIA

AUSCHWITZ

MAJDANEK

BELZEC

UNIÓN SOVIÉTICA

Auschwitz
El mayor campo de exterminio nazi; más de 1 millón de personas murieron tras sus muros.

HUNGRÍA

YUGOSLAVIA

Campos de exterminio
En los campos de exterminio de Polonia, los nazis asesinaron a millones de judíos en cámaras de gas. Esta imagen muestra un almacén con miles de zapatos de personas asesinadas en las cámaras de gas del campo de exterminio de Belzec.

RUMANÍA

BULGARIA

El Holocausto

Durante la Segunda Guerra Mundial (1939-1945), el partido nazi alemán, dirigido por el dictador Adolf Hitler, encarceló y asesinó de manera sistemática a los judíos de Europa en lo que se conoce como el «Holocausto».

En 1945 los nazis habían matado a unos 6 millones de judíos, y a 5 millones de gitanos, prisioneros de guerra soviéticos, presos políticos, homosexuales y discapacitados. Millones de personas fueron retenidas en campos de concentración (prisiones descomunales). El Holocausto finalizó oficialmente tras la victoria de las fuerzas aliadas sobre Hitler y el ejército alemán en 1945. Cuando los soldados aliados liberaron los campos, se encontraron con víctimas enfermas y traumatizadas.

Clave

▼ Campo de exterminio

Ruta de deportación

▦ Extensión del dominio del Eje, diciembre de 1941

La Segunda Guerra Mundial en África

Durante la Segunda Guerra Mundial, el enfrentamiento en el norte de África hizo que ambos bandos hiciesen avanzar y retroceder las tropas entre sí por el desierto entre 1940 y 1943.

Tras la entrada de Italia en la guerra en el bando alemán en junio de 1940, el primer ministro británico Winston Churchill despachó tropas al norte de África para apoyar a las que ya estaban destinadas en Egipto, donde esperaba expulsar a los italianos de Libia, su colonia. Las fuerzas británicas y sus colonias obtuvieron una victoria decisiva contra los italianos, pero el dictador alemán Adolf Hitler envió al brillante general Erwin Rommel a África. Rommel recuperó algunos de los avances británicos y alargó dos años más la campaña del norte de África.

Septiembre 1940
Benito Mussolini, dictador de Italia, ordenó la invasión de Egipto, ocupado por los británicos. En cuestión de meses las fuerzas aliadas habían superado a sus tropas.

Febrero 1941
Hitler envió al general Erwin Rommel al norte de África. Sus fuerzas empujaron a Gran Bretaña a través de Libia hasta Egipto.

Desde abril 1941
Las tropas australianas capturaron Tobruk, al este de Libia, y resistieron los intentos alemanes de volver a conquistarla durante ocho meses de asedio.

Noviembre 1942
El teniente general Bernard Montgomery, comandante del Octavo Ejército británico, derrotó a Rommel en El Alamein, en Egipto. Supuso un punto de inflexión en la guerra del norte de África.

Noviembre 1942
Bajo el mando del general estadounidense Dwight D. Eisenhower, una serie de asaltos y desembarcos británicos y norteamericanos trajeron refuerzos, incluidos tanques estadounidenses.

Mayo 1943
Las tropas de Estados Unidos ayudaron a forzar la rendición alemana e italiana en Túnez tras una larga lucha. Casi 250 000 tropas cayeron prisioneras y el norte de África acabó en manos aliadas.

General Erwin Rommel
Rommel recibió el apodo de «zorro del desierto» por su excepcional liderazgo de las fuerzas alemanas e italianas en la campaña norteafricana. Rommel, todo un héroe nacional en Alemania, se ganó un gran respeto por parte de sus homólogos del ejército británico.

De isla en isla

La armada de Estados Unidos siguió la estrategia de avanzar isla por isla para capturar y controlar rápidamente islas estratégicas siguiendo un camino hasta llegar a tierras japonesas para que los bombarderos estadounidenses estuvieran lo bastante cerca del país para ejecutar una invasión.

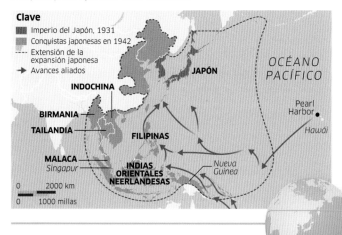

Clave
- Imperio del Japón, 1931
- Conquistas japonesas en 1942
- --- Extensión de la expansión japonesa
- → Avances aliados

JAPÓN
INDOCHINA
BIRMANIA
TAILANDIA
FILIPINAS
MALACA
Singapur
INDIAS ORIENTALES NEERLANDESAS
Nueva Guinea
OCÉANO PACÍFICO
Pearl Harbor
Hawái

0   2000 km
0   1000 millas

Guerra global

La Segunda Guerra Mundial empezó en Europa, pero a finales de 1941 el conflicto ya había adquirido escala global. Mientras las fuerzas aliadas luchaban por sobrevivir contra el ejército de Hitler en Europa, Japón empezó a ampliar su imperio en el sudeste asiático.

En diciembre de 1941 Japón atacó territorios del sudeste asiático controlados por Europa y Estados Unidos, pero a mediados de 1942, Estados Unidos frenó el avance de Japón, ya que era el único país con la fuerza suficiente para doblar las ambiciones imperiales niponas.

Centro de control
La isla, el centro de control principal del buque, tenía la base estrecha para ahorrar espacio en la cubierta de vuelo. Allí se encontraban el puente de navegación y la torre de control de la cubierta, encargada de controlar despegues y aterrizajes.

A punto para todo
Los aviones podían despegar o aterrizar en ambos lados del barco por si alguna parte de la cubierta de vuelo quedaba dañada.

Arsenal a bordo
Las ametralladoras del portaaviones estaban blindadas y servían para defender el barco de bombardeos en picado.

Casco camuflado
El USS *Enterprise* (CV-6) estaba pintado en varios tonos de azul para que los aviones y barcos enemigos tuvieran más complicado avistarle en el mar.

Protección submarina
Los mamparos (paredes transversales) del interior del casco eran de acero de hasta 4 cm de grosor para limitar los daños de los torpedos enemigos.

Espacio para la tripulación
Más de 2000 personas, entre marineros, pilotos, mecánicos, cocineros y demás, vivían a bordo. La nave tenía reservas suficientes para pasar meses en el mar.

Cronología

Los Aliados contraatacan

A finales de 1941 Hitler dominaba casi toda Europa, pero tras una serie de victorias durante los dos primeros años de la guerra, los militares alemanes empezaban a mostrar signos de debilidad. Cuando Estados Unidos se unió a la lucha en diciembre de 1941, la balanza empezó a inclinarse a favor de los Aliados.

7 de diciembre de 1941

Pearl Harbor

Con la esperanza de destruir la flota del Pacífico de la armada de Estados Unidos con un único golpe devastador, Japón lanzó un ataque sorpresa contra la base naval estadounidense de Pearl Harbor, Hawái. La respuesta de Estados Unidos fue rotunda: declaró la guerra a Japón y Alemania. Se convirtió en un potente nuevo aliado para Gran Bretaña y la Unión Soviética.

4-7 de junio de 1942

Batalla de Midway

Japón sufrió una estrepitosa derrota en la batalla de Midway tras perder cuatro portaaviones y 3500 marineros y aviadores. El único portaaviones perdido por Estados Unidos fue el USS *Yorktown*. La armada japonesa nunca se recuperó de las pérdidas de la batalla de Midway.

Agosto de 1942-febrero de 1943

Batalla de Stalingrado

La ambición de Hitler por crecer hacia Europa oriental recibió un gran revés cuando el ejército soviético atrapó a sus tropas en la ciudad de Stalingrado, Rusia. El ejército alemán, diezmado por la congelación y la falta de víveres y munición, se vio obligado a rendirse. Un total de 2,2 millones de soldados murieron en la batalla de Stalingrado.

36 días necesitaron **las fuerzas de Estados Unidos para capturar la isla de Iwo Jima de manos japonesas** en 1945.

8:15 Hora en que la **bomba atómica arrasó** la ciudad de **Hiroshima** el 6 de agosto de 1945.

183

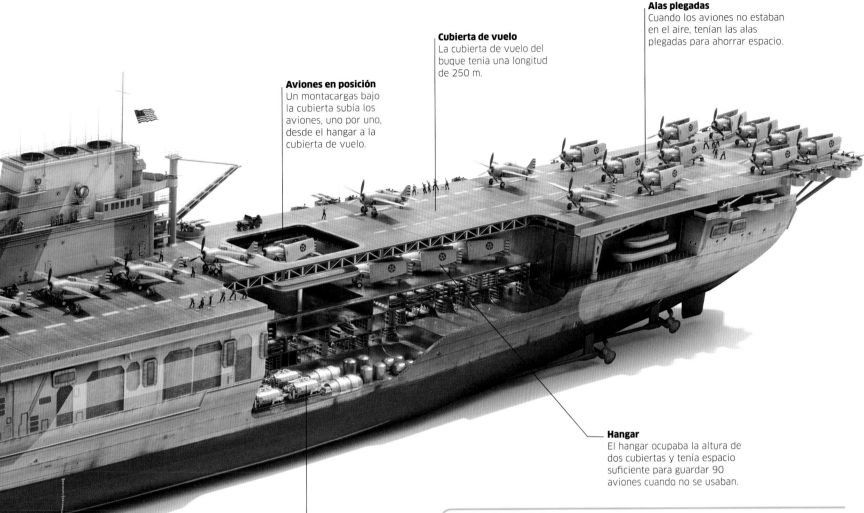

Alas plegadas
Cuando los aviones no estaban en el aire, tenían las alas plegadas para ahorrar espacio.

Cubierta de vuelo
La cubierta de vuelo del buque tenía una longitud de 250 m.

Aviones en posición
Un montacargas bajo la cubierta subía los aviones, uno por uno, desde el hangar a la cubierta de vuelo.

Hangar
El hangar ocupaba la altura de dos cubiertas y tenía espacio suficiente para guardar 90 aviones cuando no se usaban.

Sala de máquinas
La sala de máquinas daba una potencia suficiente para hacer que el barco se desplazara a 32,5 nudos, unos 60 km/h.

El fantasma gris

Durante la Segunda Guerra Mundial, Estados Unidos y Japón emplearon portaaviones, enormes bases aéreas flotantes, para llevar sus aviones a las batallas. El USS *Enterprise* (CV-6) participó en más batallas contra Japón que cualquier otro barco estadounidense. En tres ocasiones la armada japonesa creyó haberlo hundido y anunció su hundimiento, lo que le valió su apodo: «el fantasma gris».

Kamikazes

Cuando Japón se vio obligado a retirarse, los militares optaron por tácticas extremas: llenaban los aviones de bombas y los estrellaban contra los barcos de guerra estadounidenses y británicos. Estos ataques kamikaze japoneses hundieron 34 barcos de guerra de Estados Unidos.

Mujeres trabajadoras

En Estados Unidos, con todos los hombres fuera del país, surgieron nuevas oportunidades de trabajo para las mujeres. Muchas norteamericanas aportaron mano de obra al país. Se las animaba a trabajar en granjas, astilleros, empresas ferroviarias y fabricantes de aviones para colaborar en el esfuerzo de guerra.

Campaña de alistamiento
Se animaba a la mujer a ocupar puestos que antes hacían los hombres.

6 de junio de 1944

Desembarcos del día D
Tras dos años de planificación se lanzó la «operación Overlord», el operativo aliado en Europa occidental. Casi 200 000 tropas cruzaron el canal de la Mancha para ocupar cinco playas de Normandía, Francia.

Febrero de 1945

Dresde
Con Alemania al borde de la derrota, Gran Bretaña y Estados Unidos lanzaron una serie de devastadores bombardeos aéreos sobre las principales ciudades alemanas para desactivar la resistencia militar y minar la moral de la población civil. El bombardeo de Dresde en febrero de 1945 creó una tormenta de fuego que se calcula que acabó con 25 000 personas, la mayoría civiles o refugiados.

Abril de 1945

Caída de Alemania
Las fuerzas soviéticas entraron en Berlín y tomaron el control de la ciudad tras una feroz lucha contra las tropas alemanas. Tras el suicidio de Hitler, Alemania se rindió.

6 y 9 de agosto de 1945

Bombas atómicas
En Europa ya había acabado la guerra, pero Japón se negaba a rendirse. El 6 de agosto de 1945, se lanzó sobre Hiroshima, Japón, la primera bomba atómica en una guerra de la historia, apodada «Little Boy». Al cabo de tres días le tocó el turno a otra bomba atómica, «Fat Man», esta vez sobre Nagasaki. Decenas de miles de personas murieron al instante; miles más murieron más adelante por los efectos de la radiación. Japón acabó claudicando el 14 de agosto de 1945.

Descolonización

La Segunda Guerra Mundial fue el golpe de gracia para el colonialismo. Tras años de conflicto los imperios habían perdido fuerza y no pudieron controlar los territorios de ultramar cuando los habitantes de Asia, África y el Caribe reclamaron la independencia.

En 1945 cayeron los imperios japonés, italiano y alemán, y sus colonias fueron ocupadas por otras potencias, o la población autóctona recuperó el control. Pero muchas otras colonias, sobre todo bajo dominio británico, francés u holandés, también querían gobernarse solas. Algunas obtuvieron la independencia de manera pacífica, pero a menudo las potencias europeas no querían irse. El proceso de descolonización también coincidió con la Guerra Fría entre Estados Unidos y la Unión Soviética. Ambas potencias interfirieron en los primeros pasos de algunos estados independientes.

○ SUR DE ASIA

La campaña para acabar con el dominio británico en el enorme subcontinente indio empezó mucho tiempo antes de la Segunda Guerra Mundial. El Congreso Nacional Indio, fundado en 1885, era el principal movimiento de oposición al dominio británico. En 1906 se formó la Liga Musulmana para proteger los derechos de los musulmanes indios. En 1947 India consiguió la independencia y se dividió en dos estados independientes: la India y Pakistán.

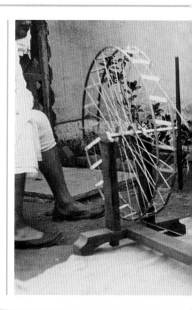

○ ÁFRICA

A partir de la década de 1950 muchos países africanos consiguieron independizarse del dominio colonial. Para algunos de ellos el paso a la independencia estuvo marcado por la oposición violenta de los colonizadores, como pasó en Argelia cuando Francia decidió que quería conservarla bajo su control. En la década de 1970 Portugal también libró crudas guerras para mantener el control de Angola y Mozambique.

Salida en falso

Egipto había conseguido la independencia de Gran Bretaña en 1922, pero esta seguía interfiriendo en el gobierno y controlaba el canal de Suez (una importante vía marítima para el comercio). El año 1956 el presidente egipcio, Gamal Abdel Nasser, declaró que el canal de Suez era propiedad de Egipto. Gran Bretaña, Francia e Israel respondieron con la fuerza, pero se retiraron tras las presiones de Estados Unidos, la Unión Soviética y Naciones Unidas.

GAMAL ABDEL NASSER

Independencia de Ghana

La Costa de Oro, colonia británica de África occidental, pedía la independencia desde 1947. En 1949 el nacionalista Kwame Nkrumah formó el Partido de la Convención Popular, una organización que luchaba por el autogobierno. Nkrumah inició una campaña de oposición no violenta. El 6 de marzo de 1957 se proclamó la independencia de Ghana, el nuevo país; Nkrumah se convirtió en primer ministro.

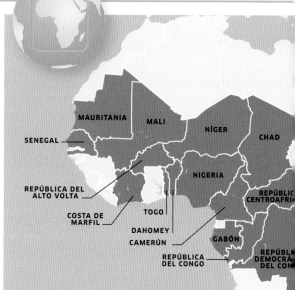

Kwame Nkrumah
Como primer ministro, Nkrumah mejoró la educación, las carreteras y la sanidad.

Año de África

En 1960 17 países, incluidas 14 antiguas colonias francesas, declararon su independencia durante el que se conoció como el Año de África. En 1990 todos los países de África eran independientes.

Cronología

Sudeste asiático

Japón había invadido el sudeste asiático durante la Segunda Guerra Mundial y expulsado a las antiguas potencias coloniales. Tras la guerra, estas potencias volvieron, pero muchos países ya no las iban a aceptar. Los movimientos nacionalistas, alentados por la ocupación japonesa, pidieron su libertad.

1946
Filipinas
Filipinas había presionado por su independencia desde la década de 1930, pero la Segunda Guerra Mundial interrumpió su lucha por la libertad. Filipinas fue el primer país del sudeste asiático en conseguir ser libre tras la Segunda Guerra Mundial, cuando Estados Unidos le concedió la independencia formal el 4 de julio de 1946.

1949
Indonesia
En 1945 el líder del movimiento nacionalista de Indonesia proclamó la república independiente de Indonesia. En 1949 los Países Bajos reconocieron su independencia tras cuatro años de guerra.

GUERRILLERO INDEPENDENTISTA INDONESIO

1954
Indochina francesa
A finales de la década de 1940 los franceses tenían problemas para controlar sus colonias de Indochina: Vietnam, Laos y Camboya. Los levantamientos nacionalistas contra el poder francés empezaron a pasar factura y tras una derrota militar francesa en Dien Bien Phu, en Vietnam, se iniciaron las negociaciones de paz. Un acuerdo de 1954 puso punto final a la historia de la Indochina francesa.

1957
Malasia
Parte del Partido Comunista de Malasia declaró la guerra a Gran Bretaña en 1948. La Federación Malaya no obtuvo la independencia hasta 1957. En 1963 las colonias británicas de Sabah, Sarawak y Singapur se unieron a la Federación para acabar formando Malasia. En 1965 Singapur se convirtió en estado independiente.

SELLO MALAYO DE 10 CÉNTIMOS SOBRE LA INDEPENDENCIA.

21 días duró la **huelga de hambre más larga** de Gandhi en protesta pacífica.

54 **nuevos países** aparecieron en **África** tras la descolonización.

150 000 **muertos** hubo en la **guerra de Independencia de Argelia**.

185

Desobediencia civil

Mohandas Gandhi lideró el proceso por la independencia de la India, con una campaña de desobediencia civil conocida como *satyagraha*. Desde 1917 organizó protestas, pronunció inspiradores discursos, desobedeció las leyes británicas e hizo una llamada a los indios para que dejaran de comprar bienes británicos. Acabó varias veces en la cárcel; su insistencia en no usar la violencia le valió el nombre «Mahatma», «gran alma».

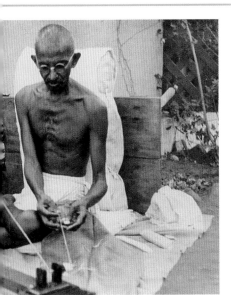

Mohandas Gandhi
Gandhi animaba a los indios a tejer sus propias telas hilando ellos mismos el algodón en lugar de comprar productos británicos.

Campo de refugiados en Delhi, India
Durante la «gran migración», decenas de miles de personas acabaron en campos de refugiados.

Partición de la India

Tras la independencia en 1947, los británicos partieron la India en dos: Pakistán, de mayoría musulmana, y la India, de mayoría hindú. Además, el propio Pakistán estaba dividido en dos regiones a ambos lados de la India: Pakistán Occidental y Pakistán Oriental (este último acabó convirtiéndose en Bangladés). Millones de hindúes, sijs y musulmanes quedaron atrapados en el lado incorrecto de las nuevas fronteras. Durante la «gran migración», 6 millones de musulmanes cruzaron hacia Pakistán Occidental, y 4,5 millones de sijs e hindúes, hacia la India.

EL CARIBE

Estados Unidos ejerció una fuerte influencia política, militar y económica por todo el Caribe a lo largo del siglo XX. Tras la guerra de Cuba en 1898, España perdió el control de Cuba y Puerto Rico ante Estados Unidos; este último país se convirtió en territorio norteamericano. En 1915 Estados Unidos invadió Haití y se quedó en el país durante casi 20 años. En Cuba la revolución comunista de 1959 derrocó al presidente Fulgencio Batista, apoyado por los americanos, y acabó con la interferencia directa de Estados Unidos en los asuntos del país.

Clave
■ Países que consiguieron la independencia en 1960

EL LÍDER DE LA REVOLUCIÓN CUBANA FUE FIDEL CASTRO, QUE GOBERNÓ CUBA HASTA 2008.

Independencia jamaicana
Norman W. Manley fundó el Partido Nacional del Pueblo jamaicano; aquí aparece en las celebraciones del primer día de la independencia de Jamaica.

Caribe británico

En 1962 Jamaica y Trinidad y Tobago declararon su independencia, lo que dio pie a un período de descolonización de las colonias británicas del Caribe, incluidas Barbados, Granada, Bahamas, Dominica y Santa Lucía. Muchos países caribeños se unieron a la Commonwealth y se convirtieron en países autónomos, aunque con el monarca británico como jefe de estado.

Septiembre de 1975

Noviembre de 1975

1997

Nueva Guinea

Durante la Segunda Guerra Mundial las fuerzas japonesas ocuparon Nueva Guinea, pero los Aliados las expulsaron. Tras la guerra, Australia tomó el control de la región. En 1975 Papúa y Nueva Guinea se convirtieron en el estado independiente de Papúa Nueva Guinea, una de las últimas colonias del mundo en obtener la independencia.

Timor Oriental

En 1975, los portugueses dejaron Timor Oriental, pero este fue ocupado por Indonesia al cabo de poco. Más de 100 000 timorenses murieron en las siguientes décadas de conflicto. En un referéndum auspiciado por Naciones Unidas en 1999, los timorenses votaron ser independientes. En 2002, la ONU supervisó la transición hacia el autogobierno.

Hong Kong y Macao

Tras 150 años, Gran Bretaña devolvió el control de Hong Kong a China en 1997, aunque el gobierno de Hong Kong continuó separado del de la China continental. En 1999, China se hizo también con el control de Macao, la última colonia de Asia.

Celebraciones de traspaso
El puerto Victoria en Hong Kong se llenó de fuegos artificiales para celebrar el traspaso del poder a China.

Tiempo de tensión

Pese a luchar en el mismo bando en la Segunda Guerra Mundial, la relación entre Estados Unidos y la Unión Soviética no tardó en crear rivalidad y desconfianza. Evitaron el conflicto directo, pero participaron en las «guerras de poder» que estallaban en el mundo.

Cronología

OTAN y Pacto de Varsovia

1949

Europa occidental y Estados Unidos formaron la OTAN, a lo que la Unión Soviética y sus aliados respondieron en 1955 creando un tratado similar: el Pacto de Varsovia.

INSIGNIA DEL PACTO DE VARSOVIA

Guerra de Corea

1950-1953

Con el apoyo de Estados Unidos, Corea del Sur luchó contra la invasión de Corea del Norte, comunista. La Unión Soviética y China apoyaban al norte. El conflicto acabó en empate.

Guerra de Vietnam

1955-1975

Estados Unidos ayudó con tropas a Vietnam del Sur en su lucha contra Vietnam del Norte, que tenía el apoyo de la Unión Soviética y China. La guerra se prolongó hasta acabar en una derrota de Estados Unidos.

Levantamiento de Hungría

1956

El pueblo húngaro se rebeló contra el gobierno controlado por los soviéticos, cuyas tropas causaron miles de muertes por la inacción de Estados Unidos.

El muro de Berlín

1961

Ante la emigración a gran escala, Alemania Oriental levantó el muro de Berlín para dividir Berlín Oriental, comunista, de Berlín Occidental, capitalista.

Crisis de los misiles en Cuba

1962

El mundo se acercó mucho a la guerra nuclear cuando la Unión Soviética instaló misiles nucleares en la isla de Cuba, cerca de la costa de Norteamérica.

Primavera de Praga

1968

Checoslovaquia vivió un período de libertad con la llegada de un nuevo líder: Alexander Dubček. En pocos meses se produjo una invasión de tropas soviéticas.

Caída del muro de Berlín

1989

Las relaciones entre las superpotencias empezaron a suavizarse en la década de 1980 y culminaron en la caída del muro de Berlín y la reunificación alemana.

El telón de acero

La Unión Soviética situó regímenes comunistas en Europa oriental, a veces por la fuerza. En 1950 quedó tras una muralla de estados comunistas que la separaban del capitalismo. Winston Churchill la bautizó como el «telón de acero». Sus 6800 km partían Europa en dos.

Clave

■ Área bajo control soviético

── Telón de acero

0   250   500 km

0   250 millas

Franja de la muerte
La barrera se componía de dos muros de hormigón: el externo, en la frontera, y el interno. El área entre ambos se conocía como la «franja de la muerte».

Torre de vigilancia
El muro contaba con más de 300 torres de vigilancia a lo largo de su recorrido.

Luces de alta intensidad
Gracias a los focos, los guardias eran capaces de detectar cualquier intento de fuga nocturno.

Plataforma de observación
Los turistas occidentales subían a plataformas de observación para ver la «franja de la muerte».

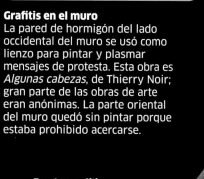

Grafitis en el muro
La pared de hormigón del lado occidental del muro se usó como lienzo para pintar y plasmar mensajes de protesta. Esta obra es *Algunas cabezas*, de Thierry Noir; gran parte de las obras de arte eran anónimas. La parte oriental del muro quedó sin pintar porque estaba prohibido acercarse.

Frontera política
La parte occidental del muro estaba compuesta por 45 000 paneles de hormigón armado.

Fosa contra vehículos
Toda la frontera alemana oriental contaba con una fosa en forma de V, a veces reforzada con hormigón, para detener cualquier vehículo.

8 países formaban parte del Pacto de Varsovia.

5000 personas se cree que huyeron de Alemania Oriental cruzando el muro.

187

Guardia en el muro
Los guardias fronterizos armados de Alemania Oriental controlaban el muro en todo momento por si alguien intentaba escapar hacia Berlín Occidental. Estos guardias tenían permiso para disparar a cualquiera que intentara fugarse; más de 130 alemanes orientales murieron intentándolo.

Muro interno
El lado oriental contaba con un muro interno de hormigón armado con alambre de espino.

Patrullas
Los guardias fronterizos iban en parejas. Solo guardias de plena confianza eran asignados a la «franja de la muerte».

Perros
Perros adiestrados alertaban a los guardias de todo intento de fuga.

Suelo de pinchos
Los pinchos afilados en la base del muro disuadían a posibles fugitivos.

Aviso en la valla
Al tocar la valla se activaba una alarma silenciosa que avisaba a los guardias.

Erizos checos
Estas aspas de acero eran una barrera para los vehículos.

La Guerra Fría

Tras la Segunda Guerra Mundial, las dos superpotencias, Estados Unidos y la Unión Soviética, rivalizaron por la supremacía militar, cultural y política.

Ambas estaban enfrentadas en cuanto a filosofía política: el sistema soviético se basaba en el comunismo mientras que Estados Unidos estaba a favor del capitalismo. Ambos países compitieron por el dominio en muchos campos, desde la exploración espacial hasta el deporte y la tecnología. Se enzarzaron en una carrera para desarrollar armas nucleares más efectivas, hasta el punto de llegar a acumular una ingente cantidad, suficiente para destruir el planeta entero. La amenaza de la guerra nuclear evitó la batalla directa, pero su rivalidad desembocó en una «Guerra Fría» de propaganda y miedo que afectó a todo el mundo.

El muro de Berlín

El símbolo más visible de la Guerra Fría fue el muro de Berlín, en Alemania. Los 156 km de esta barrera, erigida por Alemania Oriental en 1961, evitaban que los habitantes de Alemania Oriental, controlada por los soviéticos, se fugaran hacia el democrático Berlín Occidental. El muro dividió familias y amigos hasta su caída en 1989.

Lucha por la influencia

Estados Unidos quería evitar que Vietnam del Sur cayera bajo control de Vietnam del Norte, comunista, pero a pesar de la superior potencia militar de Estados Unidos, acabó claudicando.

Cronología

Fin del colonialismo

1954

Las tropas del líder comunista Ho Chi Minh derrotaron al ejército francés en Dien Bien Phu y acabaron con 67 años de control francés. El país acabó dividido en dos zonas: Vietnam del Norte, controlado por los comunistas, y Vietnam del Sur, anticomunista.

Declaración de guerra

Marzo 1959

Ho Chi Minh declaró la «guerra popular» en Vietnam del Sur con la intención de acabar reunificando las dos zonas del país bajo su liderazgo.

Ruta Ho Chi Minh

Mayo 1959

Las fuerzas de Vietnam del Norte empezaron a crear la ruta Ho Chi Minh, una red de caminos desde Vietnam del Norte, Laos y Camboya hacia Vietnam del Sur que servía para transportar soldados y armas.

Ataque naval

1964

En el golfo de Tonkín, un choque entre el destructor de Estados Unidos USS *Maddox* y barcas torpederas de Vietnam del Norte hizo que Estados Unidos prometiera más apoyo militar a Vietnam del Sur.

«Rolling Thunder»

1965

En marzo, el presidente de Estados Unidos Lyndon Johnson lanzó la operación «Rolling Thunder», una campaña de bombardeos contra Vietnam del Norte y el envío de marines. Unos meses más tarde se les unirían tropas de infantería.

Ofensiva del Tet

1968

Durante el festival del Tet, las fuerzas comunistas atacaron pueblos y ciudades de Vietnam del Sur. Las tropas de Estados Unidos aplastaron la ofensiva, pero a cambio de un elevado número de bajas.

Cambio de política

1969

La opinión pública de Estados Unidos se oponía a la guerra y el presidente Nixon anunció el refuerzo del ejército de Vietnam del Sur, a fin de reducir las tropas norteamericanas desplazadas en el país.

Masacre de Kent State

1970

Cuatro estudiantes de la Universidad de Kent State en Ohio, murieron cuando la Guardia Nacional abrió fuego contra los manifestantes contrarios a la guerra.

Retirada de Estados Unidos

1973

En enero, las negociaciones en París entre Estados Unidos y el gobierno de Vietnam del Norte acabaron con un acuerdo para la retirada de las tropas.

Reunificación de Vietnam

1975

Las tropas del norte entraron en Saigón, reunificaron el país y acabaron con la guerra.

Guerra de Vietnam

En 1959 estalló un conflicto en Vietnam del Sur entre las fuerzas procomunistas y el gobierno anticomunista. Estados Unidos acabó entrando en el conflicto, que se convirtió en la guerra más larga del siglo XX.

El gobierno comunista del Norte alentaba el malestar en Vietnam del Sur aumentando paulatinamente su apoyo con el envío de las fuerzas armadas de Vietnam del Norte. Estados Unidos estaba atrapado en la Guerra Fría contra la Unión Soviética y temía que el comunismo se apoderara de todo el sudeste asiático. Se unió a la lucha apoyando a Vietnam del Sur, anticomunista, y envió más y más tropas; el resultado al final de la guerra fue de más de 50 000 vidas norteamericanas perdidas. Estados Unidos se retiró del conflicto en 1973, antes de su final en 1975.

Cabina
La cabina tenía asientos para el piloto y el copiloto.

Artillero frontal y del flanco
Siempre había un artillero con una ametralladora M60 a punto para abrir fuego.

> **«Vietnam se perdió** en los salones de América, no en los campos de batalla de Vietnam»

Marshall McLuhan, *Montreal Gazette*, 16 de mayo de 1975

En 1970, **18 000 toneladas de suministros** se transportaban **por la ruta Ho Chi Minh** cada mes.

23 **años** **de edad** tenían de media los **soldados de Estados Unidos muertos** en Vietnam.

189

Chinook CH-47 estadounidense

Estable, ágil y rápido: el helicóptero estadounidense CH-47 Chinook transportaba soldados, vehículos, munición y bajas de manera rápida por la jungla de Vietnam. Disponía de un cable colgante que le permitía transportar artillería pesada a posiciones de montaña inaccesibles a pie e incluso para recoger y desplazar aeronaves ligeras.

Cuidado diseño
Con sus dos rotores, delante y detrás, el Chinook tenía un vuelo más estable que otros helicópteros diseñados con un único rotor.

Ventana del habitáculo
En caso de emergencia se podían hacer saltar las ventanas del habitáculo para que pudieran escapar los soldados a bordo.

Tropas norteamericanas
El personal que servía en la guerra era de todo tipo de procedencias étnicas y sociales.

Motor
El Chinook contaba con dos motores de turbina de gas. Era uno de los helicópteros más rápidos del ejército de Estados Unidos: su velocidad máxima era de 315 km/h.

Rampa de carga
Esta rampa móvil permitía que las tropas pudieran subir y bajar la carga.

Transporte de tropas
El Chinook podía llevar hasta 33 soldados y sus equipos completos.

Vehículo a bordo
El Chinook tenía espacio suficiente para llevar un todoterreno a bordo, un vehículo idóneo para el complicado terreno de la jungla vietnamita.

Guerra de guerrillas

El ejército del Norte y el Vietcong, una fuerza procomunista del sur, aplicaban tácticas de guerrilla: se ocultaban en la jungla, escondían bombas o atacaban a los norteamericanos desde la distancia y desaparecían al instante. A diferencia de los estadounidenses, conocían el terreno y les ayudaba parte de la población local.

En guardia
Miles de mujeres de Vietnam del Sur lucharon a favor del Vietcong.

Protestas públicas

La guerra de Vietnam fue el primer conflicto televisado; muchos norteamericanos se enojaron por las imágenes. Se organizaron enormes manifestaciones contra la guerra por todo el país y algunos jóvenes no fueron al servicio militar cuando el gobierno les obligó.

Manifestaciones contra la guerra
En Berkeley, California, las mujeres se manifestaban contra la guerra.

190 el mundo moderno ∘ **DERECHOS CIVILES**

Por culpa de la segregación, solo 1 de cada **40 afroamericanos** obtenían un **título universitario** en la década de 1950.

Derechos civiles

Durante la década de 1950 los afroamericanos de Estados Unidos sufrían la discriminación a diario, por ejemplo estaban obligados a usar áreas separadas de los blancos en sitios públicos y en el transporte público.

Un número cada vez mayor de grupos a favor de los derechos civiles de los afroamericanos se mostraron en contra de la segregación (separación de personas según el color de su piel). Muchos adoptaron una política de no violencia y protestaban pacíficamente. Estos activistas soportaron ataques de los que se oponían a acabar con la segregación. En la década de 1960 se aprobaron leyes que ilegalizaban la discriminación, pero muchos afroamericanos continuaron teniendo problemas para que se respetaran sus derechos básicos y para poder votar.

⊙ LEYES DE JIM CROW

«Jim Crow» era un término despectivo para referirse a una persona negra. Las leyes de Jim Crow fueron una serie de normativas de algunos estados para legalizar la segregación de blancos y negros en escuelas, bibliotecas, restaurantes, hospitales y transporte público. Las leyes también dificultaban el voto de los negros.

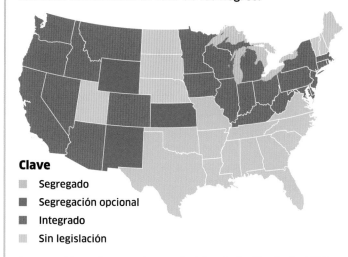

Clave
- ▨ Segregado
- ■ Segregación opcional
- ▤ Integrado
- ▢ Sin legislación

Segregación en las escuelas a principios de la década de 1950
Cada estado tenía su propia legislación sobre si blancos y negros podían ir a la misma escuela.

⊙ MARTIN LUTHER KING, JR.

Martin Luther King, Jr. nació en 1929 en Atlanta, en el estado de Georgia. Fue un pastor baptista y activista por los derechos civiles. Organizó muchos actos de protestas no violentas y pronunció inspiradores discursos; fue una pieza clave para acabar con la segregación en Estados Unidos. King obtuvo el Premio Nobel de la Paz en 1964, pero en abril de 1968 fue asesinado.

Cronología

Lucha por la igualdad

En las décadas de 1950 y 1960, blancos y negros se unieron para exigir la igualdad. El movimiento por los derechos civiles desafiaba la discriminación con demandas y protestas no violentas. La lucha por los derechos políticos y la libertad fue larga y dura. Muchos participantes a menudo sufrían ataques violentos de personas que querían un país solo para blancos.

Mayo 1954
Brown contra el Consejo de Educación de Topeka
Linda Brown, de nueve años, intentó entrar en una escuela para blancos de Topeka, Kansas, pero se le bloqueó la matrícula. Sus padres interpusieron una demanda contra el Consejo de Educación de Topeka. El Tribunal Supremo falló a favor de los Brown y prohibió la segregación en las escuelas públicas.

1957
Martin Luther King, Jr. y la SCLC
Martin Luther King, Jr. fue el fundador y presidente de una nueva organización para los derechos civiles, la Conferencia Sur de Liderazgo Cristiano (SCLC, por sus siglas en inglés). Junto con la NAACP, su objetivo era unir a las iglesias afroamericanas del sur para promover la causa de los derechos civiles mediante la acción no violenta.

1957
Los nueve de Little Rock
Nueve afroamericanos se matricularon en el instituto Little Rock Central de Arkansas, cuyos 1900 estudiantes eran blancos. Se encontraron con una hostil multitud blanca; iban acompañados a clase por efectivos del ejército. Se hicieron famosos como los nueve de Little Rock.

1960
Sentada de Greensboro
Cuatro universitarios negros se sentaron en una mesa exclusiva para blancos de un restaurante en un centro comercial de Greensboro, Carolina del Norte, y no les quisieron atender. Se quedaron sentados hasta la hora de cerrar y volvieron al cabo de pocos días con 300 estudiantes más. Este acto de protesta no violenta inspiró otras sentadas por todo el sur del país.

21 000 personas se calcula que fueron **arrestadas en los disturbios** posteriores a la muerte de **Martin Luther King, Jr.**

1970 Año en que **se celebró por primera vez** el mes de la Historia Negra.

191

Discurso de Washington

Al final de una marcha de 250 000 personas en Washington D. C., Martin Luther King, Jr. pronunció un discurso en las escaleras del monumento Lincoln sobre las esperanzas del futuro de los afroamericanos.

«Tengo un sueño

que mis cuatro pequeños hijos algún día vivirán en una nación donde no sean juzgados por el color de su piel»

Martin Luther King, Jr., en un discurso en Washington D. C., 1963

ROSA PARKS

La costurera afroamericana Rosa Parks hizo historia en 1955 al desobedecer las leyes de segregación de Alabama cuando se negó a ceder el asiento del autobús a una persona blanca. Formaba parte de la Asociación Nacional para el Progreso de las Personas de Color (NAACP, por sus siglas en inglés), organización de derechos civiles fundada en 1909. Su arresto provocó un año de boicot al sistema de autobuses locales, liderado por Martin Luther King, Jr. La protesta puso la discriminación que sufrían los afroamericanos en el centro de atención de todo el mundo.

Tocando el piano
Rosa Parks fue arrestada tras negarse a ceder el asiento del autobús a un pasajero blanco.

DERECHO A VOTAR

El presidente Lyndon Johnson aprobó la Ley de Derecho al Voto de 1965; Martin Luther King, Jr. estaba presente cuando la firmó. Esta ley garantizaba el derecho de voto a los negros sin restricciones ni intimidación y fue uno de los logros más importantes del Movimiento por los derechos civiles. Tras aprobarse, el número de afroamericanos que acudieron a las urnas subió de manera espectacular, especialmente en los estados del sur.

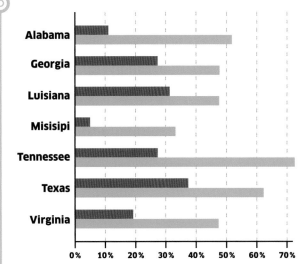

Registro de votantes negros

■ 1956 ■ 1966

1961

Viajes de la libertad

Tras la aprobación de las nuevas leyes que prohibían la segregación en los buses interestatales, los estudiantes pusieron esta legislación a prueba haciendo «viajes de la libertad» por el sur. Se encontraron con mucha violencia al entrar en salas de espera y cafeterías exclusivas para blancos, pero al final las empresas de autobuses y trenes se vieron obligadas a prohibir la segregación.

3 de abril de 1964

«El voto o la bala»

Malcolm X era un líder musulmán negro. En un discurso justo antes de las elecciones de 1964 afirmó que los derechos civiles se iban a conseguir «por el voto o la bala» para animar a los afroamericanos a votar, aunque avisaba de que la violencia era una opción si el gobierno continuaba evitando la igualdad. Malcolm X murió asesinado en 1965.

2 de julio de 1964

Ley de Derechos Civiles de 1964

Tras años de protestas y gran presión internacional, el Senado estadounidense acercó un poco el país hacia la igualdad aprobando la Ley de Derechos Civiles de 1964, que acababa con la segregación en autobuses, escuelas y cualquier otro lugar público; además, ilegalizaba la discriminación racial en la educación y el empleo.

Marzo de 1965

Marcha de Selma a Montgomery

Los negros de los estados sureños solían tener problemas para registrarse y votar. Hicieron una marcha de 80 km desde Selma hasta Montgomery, capital del estado de Alabama, para pedir que se protegiera su derecho de voto. Sufrieron ataques brutales de la policía.

1968

Ley de Derechos Civiles

Tras el asesinato de Martin Luther King, Jr. estallaron disturbios en 125 ciudades de Estados Unidos. El presidente Johnson conminó al Congreso a aprobar con urgencia la Ley de Derechos Civiles. A menudo referida como la Ley de Vivienda Justa, buscaba la igualdad de oportunidades para los que intentaban comprar o alquilar una vivienda, al margen de su raza, religión o nacionalidad.

192 el mundo moderno ○ LOS AÑOS SESENTA

1966 Año en que **Mary Quant empezó a vender sus icónicas minifaldas** en Londres, Inglaterra.

Década de protestas

Inspirándose en el Movimiento por los derechos civiles de Estados Unidos, nacieron otros movimientos de protesta. Los manifestantes hicieron marchas por la igualdad de género y raza, los derechos humanos, la mejora de las condiciones laborales, el entorno y el final de la guerra de Vietnam. La turbulenta década acabó con disturbios y malestar social.

Protestas femeninas por la paz

Las mujeres de Estados Unidos se manifestaron en un día de protesta contra las armas nucleares de Estados Unidos y la Unión Soviética; esta manifestación llevó a la formación de una organización nacional, Mujeres en Huelga por la Paz (WSP, por sus siglas en inglés), que hacía campaña contra las armas nucleares.

Marcha sobre Washington

Casi 250 000 personas viajaron hasta Washington D. C. para exigir la igualdad de los derechos civiles para los afroamericanos. La marcha por el trabajo y la libertad fue una de las mayores manifestaciones de la historia; también fue donde el líder de los derechos civiles Martin Luther King, Jr. pronunció su influyente discurso «Tengo un sueño».

Flower power

Apareció el movimiento hippie en San Francisco, Estados Unidos. Sus miembros, reconocibles por llevar el pelo largo y ropa colorida, se oponían de manera pacífica a la guerra de Vietnam y por eso daban flores a los soldados y la policía.

Verano del amor

Miles de jóvenes se acercaron a San Francisco para experimentar la cultura hippie. Influidos por las religiones orientales como el budismo, protestaban contra la violencia y abogaban por la paz y el amor.

Mayo francés

Estallaron en París los disturbios estudiantiles y se les unieron 10 millones de trabajadores descontentos con el gobierno en una enorme huelga general de dos semanas.

Disturbios de Stonewall

El movimiento por los derechos de los homosexuales de Estados Unidos nació tras los disturbios provocados por una redada policial en el Stonewall Inn, un bar gay del Greenwich Village de Nueva York. Protestaba contra la discriminación social y política de los homosexuales.

Cronología

1961
1963
1965
1967
1968
1969

Los años sesenta

Tras las penurias de la Segunda Guerra Mundial y la recuperación posterior, la década de 1960 fue en Europa una época de optimismo; los jóvenes encontraron nuevas formas de expresarse con la moda, la música y el arte.

La inspiración vino de nuevos grupos británicos de pop y rock, como los Beatles, The Who y los Rolling Stones; innovadoras diseñadoras de moda, como Mary Quant, y modelos con estilo, como Twiggy y Jean Shrimpton. Empezó a aparecer un «salto generacional» entre jóvenes y mayores, ya que los jóvenes se rebelaron contra sus padres desafiando sus gustos en moda y música y también sus opiniones políticas.

Moda de la era espacial
La tecnología espacial inspiró a los diseñadores de moda que crearon piezas que empleaban colores futuristas y materiales modernos.

Patrones de color
Algunas boutiques tenían llamativo arte urbano en las paredes de la calle.

Corte de cinco puntas
Las mujeres trabajadoras necesitaban un corte de pelo con pocos cuidados. El peluquero Vidal Sassoon revolucionó el pelo femenino con su icónico corte de pelo de cinco puntas.

Minifalda
La minifalda, popularizada por la diseñadora británica Mary Quant, se convirtió en un símbolo de la cultura joven rebelde.

Jaguar E-Type	**Sesiones de fotos**	**Modelo de moda**
Este deportivo británico era muy divertido de conducir y se hizo muy popular.	Los fotógrafos de moda solían fotografiar a las modelos en cargados entornos urbanos.	Los fotógrafos de moda convirtieron a las modelos adolescentes en estrellas.

600 millones de **discos** se calcula que han vendido los **Beatles** en total.

32 **actuaciones** tuvieron lugar en **el Festival de Woodstock** en **1969**.

193

Arte pop

El arte pop, abreviatura de «arte popular», apareció en la década de 1950, pero se popularizó en la década posterior. Los artistas empezaron a dejar atrás los cuadros tradicionales en favor de colores atrevidos e imágenes cotidianas simples. Se inspiraron en la cultura de masas, los cómics y la publicidad. Los artistas pop más famosos fueron Andy Warhol y Roy Lichtenstein, ambos de Nueva York.

Andy Warhol
Las estrellas de Hollywood fascinaban al artista pop estadounidense Andy Warhol. Varias de sus obras mostraban actrices famosas.

Woodstock

En 1969 tuvo lugar el festival de música y arte de Woodstock en una pequeña granja del estado de Nueva York, Estados Unidos. Su cartel promocional prometía «Tres días de paz y música». Medio millón de personas acudieron al festival para escuchar a los músicos más famosos del momento, como Jimi Hendrix, The Who y Janis Joplin.

Jimi Hendrix
Famoso por sus grandes solos de guitarra, Jimi Hendrix actuó la última noche del festival.

Swinging London

Durante la década de 1960, Londres era el epicentro de los efímeros gustos en moda, música y arte; la revista estadounidense *Time* afirmó que era «the swinging city» (la ciudad más de moda). Los jóvenes iban en tropel a las bulliciosas calles comerciales de Londres para ver y comprar las últimas tendencias.

Pelo afro
Inspirados en el Movimiento por los derechos civiles de Estados Unidos, algunos negros británicos se dejaron el pelo al natural como símbolo de orgullo.

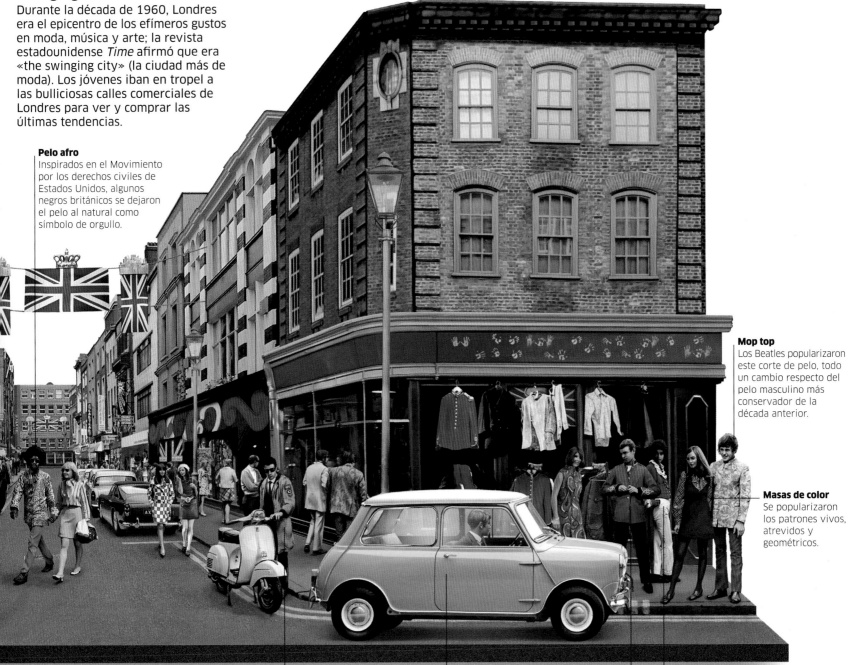

Mop top
Los Beatles popularizaron este corte de pelo, todo un cambio respecto del pelo masculino más conservador de la década anterior.

Masas de color
Se popularizaron los patrones vivos, atrevidos y geométricos.

Mods y rockers
Los *mods* llevaban parkas y polos, e iban con escúteres. Se peleaban con las bandas de motoristas de los *rockers*.

Mini
El primer Mini se vendió el 1959. Se convirtió en un icono de la Gran Bretaña de la época.

Ropa militar
Las famosas chaquetas cruzadas de Yves Saint Laurent lanzaron en la moda una tendencia de inspiración militar.

Ropa unisex
Los diseñadores de moda desafiaron los conceptos tradicionales de feminidad y masculinidad creando moda apta para ambos sexos.

194 el mundo moderno ○ **CONFLICTO EN ORIENTE MEDIO**

Arabia Saudita produce **10 millones** de barriles de petróleo diarios.

Conflicto en Oriente Medio

A lo largo de todo el siglo XX y a principios del XXI en Oriente Medio se han experimentado una serie de guerras entre países de dentro y de fuera de la región y entre diferentes grupos religiosos.

En Oriente Medio encontramos distintos grupos religiosos, aunque la mayoría de sus habitantes son árabes musulmanes. En 1948 se creó el estado de Israel en Palestina, lo que desató la furia en toda la región e hizo estallar un conflicto que ha llegado a nuestros días. Más recientemente, en 2010, una serie de levantamientos por la democracia, conocidos como la Primavera Árabe, sacudieron la zona, y las guerras civiles en Siria y Yemen han empeorado la división.

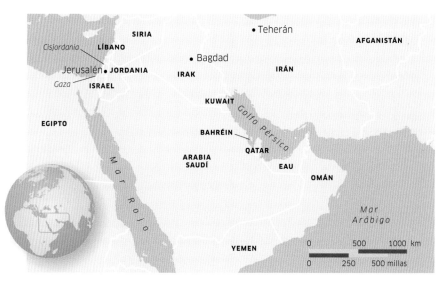

Oriente Medio en la actualidad
Oriente Medio es el término habitual para referirse a la región compuesta actualmente por los países de Asia occidental y también por Egipto, en el norte de África.

IRÁN

Después de Arabia Saudita, Irán es el segundo país más grande de la región. La población de Irán está compuesta casi en su totalidad por musulmanes chiíes, los seguidores de una rama del islam. A lo largo del siglo XX, Irán experimentó altercados políticos y guerras de manera periódica, casi siempre en contra de su vecino, Irak.

La Revolución iraní

En 1941 Mohammad Reza Pahlavi llegó al poder como sha de Irán, con apoyo estadounidense. Introdujo reformas inspiradas por Estados Unidos, lo que enfureció a los conservadores musulmanes chiíes. El principal opositor del sha fue el ayatolá Jomeini, un clérigo musulmán que quería crear un gobierno basado en la fe islámica. En 1979, más de un millón de personas tomaron las calles para mostrar su apoyo a Jomeini, el sha se vio obligado a huir y Jomeini se hizo con el poder.

Clamor popular
En 1979 más de un millón de iraníes se manifestaron a favor del clérigo musulmán y líder ayatolá Jomeini.

Guerra de tanques
Irán usó tanques británicos y estadounidenses, como este Chieftain, en su lucha con Irak.

La guerra Irán-Irak

Con Irán sumido en el caos tras la revolución de 1979, el líder de Irak, Saddam Hussein, invadió el país en 1980; culpó del estallido de la guerra a una disputa por una vía de agua entre los dos estados. Ambos bandos sufrieron terribles pérdidas con la lucha, que se llevó a cabo con tanques, armas químicas y guerra de trincheras. En 1988 se declaró un alto el fuego organizado por Naciones Unidas.

Cronología

Israel y Palestina

Durante el Holocausto, el partido nazi de Alemania asesinó a millones de judíos. Tras la guerra la comunidad internacional estaba decidida a encontrar una patria para los supervivientes y eligió Palestina, bajo control británico, porque los judíos creían que era la tierra prometida por Dios. Sin embargo, a los árabes que ya vivían allí no les pareció muy bien, lo que hizo estallar un conflicto de años de duración.

1948

Creación de Israel en Palestina
Naciones Unidas propuso dividir la región de Palestina en un estado árabe y otro judío. A pesar de la resistencia de los palestinos árabes musulmanes, acabó creándose el estado de Israel.

1948-década de 1960

Desplazamiento palestino
Tras la formación del estado de Israel, más de 700 000 árabes palestinos abandonaron la región. Los palestinos lo denominan la *nakba*, o catástrofe. Los palestinos aseguraban que habían sido expulsados, pero Israel insistió en que nadie les había obligado a irse.

1964

La OLP
Se fundó la Organización para la Liberación de Palestina (OLP) en Jordania con el objetivo de agrupar diversas organizaciones árabes bajo la misma bandera, destruir Israel y crear una Palestina liberada. La OLP llevó a cabo ataques terroristas contra Israel, incluidos atentados y secuestros aéreos.

ANTIGUO LÍDER DE LA OLP, YASIR ARAFAT

1967

La guerra de los Seis Días
Ante el temor de un ataque árabe, Israel lanzó una ofensiva preventiva contra todas las tropas árabes cerca de sus fronteras. Las fuerzas israelíes conquistaron territorios de Egipto, Siria y Jordania.

2010 Año de la **Primavera Árabe**, una **serie de levantamientos a favor de la democracia en diversos países musulmanes** de Oriente Medio.

5,4 millones de personas han **huido de Siria** desde el **inicio de la guerra civil en 2011.**

195

LA GUERRA DEL GOLFO

En 1990 el Irak de Saddam Hussein invadió Kuwait, país rico en petróleo. Desoyó las exigencias de Naciones Unidas para retirarse; las fuerzas militares lideradas por Estados Unidos atacaron y obligaron al ejército iraquí a salir de Kuwait en la operación «Tormenta del desierto». En su retirada, Irak prendió fuego a más de 600 pozos petrolíferos de Kuwait; destruyó así millones de barriles y contaminó el país.

Fuegos en el desierto
Los aviones furtivos estadounidenses, casi invisibles para el radar, sobrevuelan el desierto de Kuwait, donde pozos petrolíferos incendiados ardieron durante más de 10 meses.

Petróleo

Oriente Medio tiene las mayores reservas de petróleo del mundo; muchos países de la región lo producen y exportan. Aunque la demanda global de petróleo ha creado riqueza en Oriente Medio, también ha traído la injerencia de potencias exteriores.

Productor de petróleo
Unas largas tuberías, u oleoductos, transportan el petróleo a través del desierto, ya a punto para exportarlo.

GUERRA AL TERRORISMO

En la década de 1980 se formó en Afganistán Al Qaeda, un grupo terrorista islámico, con el objetivo de propagar la nación musulmana. El 11 de septiembre de 2001 atentaron en Estados Unidos: mataron a casi 3000 personas e hicieron que el país lanzara una «guerra contra el terrorismo»: invadió Afganistán para destruir las bases de Al Qaeda y después también Irak.

Búsqueda de explosivos
En la guerra de 2003 se distribuyeron miles de minas por todo Irak. Un soldado estadounidense comprueba el suelo con un detector de metales.

CAMPOS DE REFUGIADOS

Naciones Unidas calculó que en 2013 unas 30000 personas al día abandonaban sus casas en Oriente Medio por el conflicto y la persecución. Muchas de ellas acaban en campos de refugiados: refugios temporales que ofrecen algo de seguridad mientras esperan su reubicación en otros países.

Espacio seguro
Los campos de refugiados ofrecen ayudas vitales, como comida, agua y medicinas en casos de emergencia, aunque las condiciones suelen ser extremadamente básicas.

1973	1979	1987-1993	1993	2000-2005
La guerra del Yom Kippur Siria y Egipto lanzaron un ataque sorpresa en las tierras controladas por Israel coincidiendo con el día sagrado judío del Yom Kippur con la esperanza de recuperar el territorio que habían perdido durante la guerra de los Seis Días, pero Israel paró el avance.	 **Reconocimiento mutuo** El presidente de Estados Unidos Jimmy Carter medió para mejorar las relaciones entre Israel y Egipto. Israel retiró sus fuerzas del Sinaí y devolvió la tierra a Egipto, que fue el primer país árabe en reconocer oficialmente la existencia de Israel.	**La primera intifada** A principios de la década de 1980 se fundaron asentamientos judíos en tierra palestina y empeoró la tensión de las áreas ocupadas. Los árabes palestinos de Cisjordania y Gaza lanzaron la intifada («levantamiento popular») contra la ocupación israelí con disturbios, atentados, boicots y manifestaciones. Se acusó a Israel de responder de manera excesiva.	**Acuerdos de Oslo** Con Bill Clinton como anfitrión, Israel y Palestina firmaron el primero de los acuerdos de Oslo, diseñados para llegar a un acuerdo de paz permanente con el reconocimiento mutuo entre Israel y la OLP. 	**La segunda intifada** Tras la controvertida visita del primer ministro israelí Ariel Sharon al Monte del Templo, un lugar sagrado de Jerusalén, las manifestaciones palestinas escalaron hasta convertirse en disturbios y, más tarde, atentados suicidas, lanzamientos de cohetes y ataques con francotiradores contra soldados y ciudadanos israelíes. La respuesta de Israel fue letal. La segunda intifada costó más de 4000 vidas de israelíes y palestinos.

África poscolonial

Durante las décadas de 1950 y 1960, los países africanos se independizaron de sus colonizadores. Para algunos supuso la aparición de nuevas libertades y oportunidades al instante, pero la mayoría de los países se enfrentaron a enormes retos en las décadas siguientes.

Muchos países experimentaron guerras civiles, con el enfrentamiento de grupos étnicos. Algunos dictadores ocuparon el poder y no quisieron abandonarlo, así que gobernaron durante décadas de violencia y terror. En Sudáfrica el gobierno favoreció a la minoría blanca en un sistema conocido como *apartheid* («separación»), con el que los negros sufrían muchas restricciones y tenían menos derechos políticos que los blancos. No obstante, en el siglo XXI el futuro de África es un poco mejor, y muchos países han logrado una mayor estabilidad política y económica.

1960-1965
La violencia extrema explotó en el Congo (hoy la República Democrática del Congo) cuando el país obtuvo la independencia de Bélgica.

1963
La Organización para la Unidad Africana se fundó para alentar la cooperación entre países africanos y para luchar contra el colonialismo por todo el continente.

1971-1979
Idi Amin, el presidente de Uganda, lideró ocho años de reinado de terror con violencia generalizada hasta que fue derrocado.

1975-2002
La República de Angola se independizó de Portugal, pero quedó sumida en una guerra civil que duró varias décadas.

Abril-julio 1994
En Ruanda, los hutus, un grupo étnico, acabaron con un millón de tutsis, otro grupo étnico vecino.

Mayo 1994
Nelson Mandela se convirtió en el primer presidente negro de Sudáfrica y acabó así con 300 años de dominio blanco.

2004
Wangari Maathai, una feminista keniana, ganó el Premio Nobel de la Paz por su trabajo para empoderar a las chicas.

2018
Etiopía se convirtió en la economía de crecimiento más rápido de África.

Primeras elecciones libres en Sudáfrica
En un mitin electoral las masas muestran su apoyo a Nelson Mandela, que se convertiría en el primer presidente negro de Sudáfrica en 1994. La elección de Mandela significó el fin del *apartheid*.

Asia moderna

Desde la Segunda Guerra Mundial varios países asiáticos han desarrollado prósperas economías. Por primera vez en la historia moderna, algunas partes de Asia son más ricas que Europa y se acercan a Estados Unidos.

Tras la devastación de la Segunda Guerra Mundial, muchos países asiáticos tuvieron que reconstruirse. Reforzaron su economía apoyando sectores que aprovecharan los recursos naturales propios, como el carbón y el petróleo, en lugar de los que dependían de importaciones exteriores. Los gobiernos invirtieron en la mejora de las infraestructuras (los sistemas de comunicaciones, electricidad y transporte) y después se centraron en el sector de la alta tecnología.

ECONOMÍAS EN EXPANSIÓN

Entre principios de la década de 1960 y la década de 1990 muchos países asiáticos experimentaron un rápido crecimiento económico y una veloz mejora en los niveles de vida. Exportaban bienes de producción barata y de alta tecnología al resto del mundo y atrajeron inversión del exterior. En 1997 el continente sufrió un revés con la crisis económica asiática, cuando bajó la inversión exterior; sin embargo, consiguió recuperarse rápidamente.

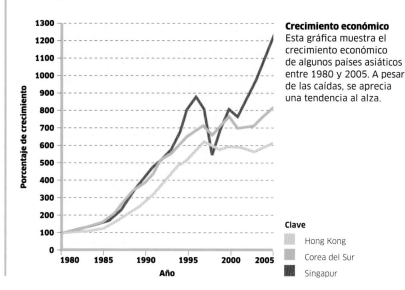

Crecimiento económico
Esta gráfica muestra el crecimiento económico de algunos países asiáticos entre 1980 y 2005. A pesar de las caídas, se aprecia una tendencia al alza.

Clave
▨ Hong Kong
▨ Corea del Sur
▨ Singapur

SINGAPUR

Singapur obtuvo su independencia en 1965 tras separarse de su vecina Malasia. Desde entonces este diminuto país se ha transformado de manera espectacular: ha atraído inversión exterior y se ha convertido en un centro económico global.

El puerto de Singapur
El puerto de Singapur, resguardado del océano y con profundidad suficiente para que fondeen grandes barcos, es uno de los más transitados del mundo. Cada año lo visitan más de 130 000 naves; cada dos o tres minutos entra o sale un buque del puerto.

JAPÓN

Tras la Segunda Guerra Mundial, Japón se concentró en la producción de algodón, carbón y acero para tener fondos para la recuperación y la reconstrucción económica. El sistema de educación japonés producía trabajadores muy cualificados y el país empezó a especializarse en la producción de alta tecnología. Japón sufrió una recesión durante la década de 1990 y desde entonces su crecimiento económico ha frenado, aunque sigue siendo uno de los países más ricos del mundo.

Walkman de Sony
La empresa japonesa Sony vendió 200 millones de estos reproductores portátiles de cintas de casete por todo el mundo desde su salida al mercado en 1979.

Tecnología moderna
Japón es líder mundial en tecnología y pionero en robótica. Muchas marcas reconocidas, como Sony y Nintendo, y las empresas de automoción Mitsubishi y Toyota, cuyos productos gozan de gran popularidad entre los consumidores de todo el mundo, son de este país.

Honda Asimo
El Honda Asimo (acrónimo inglés de «paso avanzado en movilidad innovadora»), creado el año 2000, fue el primer robot bípedo.

Nintendo Game Boy
Nintendo vendió más de 18 millones de unidades de su consola de videojuegos, que salió al mercado en 1989.

2008 Año en que **Pekín organizó** los **Juegos Olímpicos de verano**, vistos por **4700 millones de personas** de todo el mundo.

6 m/s Velocidad **de los ascensores de las torres Petronas** en Malasia.

199

COREA DEL SUR

Corea del Sur es uno de los mayores exportadores del mundo. Entre sus productos destacan los coches Hyundai y la electrónica de Samsung, además de tendencias culturales, como K-Pop (música pop) y K-Beauty (cosmética).

Expedición en el puerto de Ulsan
La empresa Hyundai produce un nuevo vehículo cada 10 segundos Desde este puerto, cercano a sus factorías, envía los coches a clientes de todo el mundo.

CHINA

En 1978 el líder chino Deng Xiaoping aprobó nuevas políticas para abrir la economía de China, muy controlada, al mundo. Invitó a las empresas extranjeras a invertir en el país por primera vez en muchos años. Con la mano de obra de su gigantesca población, China producía y vendía más bienes que cualquier otro país del mundo, lo que la convirtió en una superpotencia económica.

Fábricas modernas
China modernizó sus fábricas con la introducción de nuevas tecnologías. Sus obreros cobraban salarios menores que en Occidente y eso atrajo la inversión económica de empresas extranjeras.

MALASIA

Malasia obtuvo su independencia de Gran Bretaña en 1957 y pronto se convirtió en uno de los países de desarrollo más rápido del mundo por su abundancia de recursos naturales, como petróleo, estaño, gas y tierra fértil. Para modernizar la economía, el gobierno facilitó el comercio con otros países, invirtió en infraestructuras y reformó la sanidad y educación del país.

Torres Petronas
Con su altura de 452 m, estos rascacielos gemelos de Kuala Lumpur, Malasia, fueron los edificios más altos del mundo hasta 2004 y todo un símbolo de la prosperidad económica de Malasia.

200 el mundo moderno ○ **UN FUTURO MÁS VERDE**

15 000 millones **de árboles se talan** en el mundo **cada año**.

Un futuro más verde

A principios del siglo XXI la actividad humana causa estragos sobre el medio ambiente y los expertos exigen una acción urgente para evitar la crisis global.

Desde la Revolución Industrial hemos dependido de los combustibles fósiles, como el petróleo y el carbón, para generar energía, pero su consumo libera dióxido de carbono en la atmósfera, un gas de efecto invernadero que atrapa el calor del Sol. El aumento de temperatura de la Tierra hace que se fundan los casquetes polares, suba el nivel del mar y los desastres naturales, como huracanes e inundaciones, sean más extremos. Los científicos y los políticos buscan soluciones tecnológicas para evitar estos problemas medioambientales, pero muchos activistas insisten en que la única manera de salvar el planeta es cambiar totalmente nuestro estilo de vida.

Reducir, reutilizar, reciclar
Cada día se producen tres millones de toneladas de residuos, que se entierran, se queman o se reciclan. Los activistas preocupados por la ecología animan a las personas a empezar a limitar la creación de residuos comprando menos y reutilizando productos siempre que sea posible.

Placas solares
Estas placas absorben suficiente energía del Sol para cubrir las necesidades energéticas de los inquilinos.

Tejado verde
Las plantas recogen el dióxido de carbono del aire y lo convierten en el vital oxígeno.

Captación del agua de lluvia
Los canalones captan el agua de lluvia y la acumulan en un depósito para usarla más adelante en el huerto.

Cristal aislante
Las ventanas de triple capa evitan la pérdida de calor durante el invierno y mantienen la casa fresca en verano.

Vida silvestre
Tener distintos tipos de árboles y plantas ayuda a la vida silvestre de la zona, reduce la contaminación acústica y mejora la calidad del aire.

Compostador
Los restos de poda, jardín y comida se dejan pudrir para que se conviertan en compost y aporten valiosos nutrientes al jardín.

Colmena
Una única colmena contiene, de promedio, 40 000 abejas. Las abejas ayudan a las plantas a reproducirse transfiriendo el polen entre ellas, pero su número está cayendo por la destrucción de su hábitat.

Huerto
Además de ser un espacio para cultivar fruta y verdura, el huerto es un hábitat ideal para muchas especies de insectos.

Alimentar a la población
Un tercio de la tierra del planeta está ocupado por granjas, pero con una población en expansión a la que alimentar, hará falta más tierra para plantas y animales. Con el clima extremo y los desastres naturales, la producción de las granjas es menos previsible cada vez; además, la sobrepesca oceánica ha reducido las reservas de peces.

Depósito del agua de lluvia
Un gran depósito subterráneo almacena agua de lluvia y la envía al hogar, donde se usa para lavar la ropa y vaciar el inodoro.

Separación de residuos
Los residuos de vidrio, papel, plástico y aluminio se separan para reciclarse en nuevos materiales.

2 °C Límite del **aumento de temperatura** que, si se supera, **hará irreversible el cambio climático**, según los científicos.

1600 era la población **global** al **principio del siglo XX**. **Actualmente** supera los **7000 millones**.

201

Turbina doméstica
Las turbinas eólicas verticales funcionan bien en zonas urbanas.

Energía renovable
Los avances tecnológicos han hecho posible obtener grandes cantidades de energía a partir de recursos naturales. En el mar sopla mucho el viento, y es gratis. Al contrario que el petróleo y el carbón, el viento es un recurso renovable, es decir, que nunca se acabará. La energía del viento, o eólica, hace girar las aspas de esta turbina, conectada a un generador que convierte esta energía en electricidad para casas, escuelas y despachos.

Subida del nivel del mar
Con el aumento del nivel del mar, los países más bajos corren el riesgo de quedar negados de agua. Casi todas las islas Marshall, 12 000 islas en el océano Pacífico, están pocos metros por encima del nivel del mar. Las inundaciones cada vez son más frecuentes y amenazan casas, cultivos y reservas de agua dulce.

Bajo el agua
Si el nivel del mar sigue subiendo, es posible que los habitantes de las islas Marshall se vean obligados a abandonar sus casas.

Vida silvestre en peligro
Desde los corales de Australia hasta los pingüinos de la Antártida, la vida silvestre de todo el mundo desaparece a enorme velocidad. La destrucción del hábitat por la actividad humana es el motivo principal por el que muchas especies están en riesgo de extinción.

Bajo amenaza
Cada vez hay menos orangutanes salvajes.

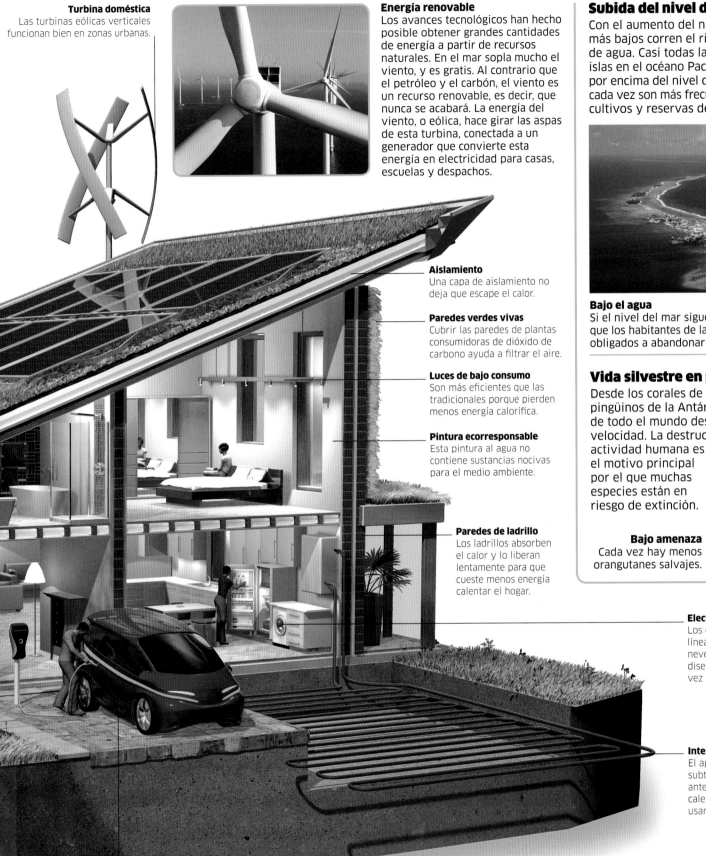

Aislamiento
Una capa de aislamiento no deja que escape el calor.

Paredes verdes vivas
Cubrir las paredes de plantas consumidoras de dióxido de carbono ayuda a filtrar el aire.

Luces de bajo consumo
Son más eficientes que las tradicionales porque pierden menos energía calorífica.

Pintura ecorresponsable
Esta pintura al agua no contiene sustancias nocivas para el medio ambiente.

Paredes de ladrillo
Los ladrillos absorben el calor y lo liberan lentamente para que cueste menos energía calentar el hogar.

Electrodomésticos
Los electrodomésticos de línea blanca, como lavadoras, neveras y lavavajillas, se diseñan para que gasten cada vez menos agua y electricidad.

Intercambiador de calor
El agua fría pasa por unos tubos subterráneos y absorbe el calor antes de volver a la vivienda para calentar los radiadores o para usarse en la ducha o la bañera.

Coche eléctrico
El coche eléctrico no emite gases de efecto invernadero como los de gasolina o diésel.

> «Nos enfrentamos a un desastre global, creado por el hombre. Nuestra **mayor amenaza** en miles de años. El cambio climático»
>
> David Attenborough, presentador británico en la Cumbre del Clima de la ONU, 2018

Casa verde
Las casas del futuro tendrán el máximo de características ecorresponsables para reducir su «huella de carbono», la cantidad de dióxido de carbono que liberan en la atmósfera. El Sol y el viento producen la electricidad de la casa. El tejado está cubierto de plantas que absorben el dióxido de carbono del aire, además de aislar bien la casa para evitar la pérdida de calor.

Glosario

ABDICACIÓN
Cesión formal del poder o la responsabilidad a otra persona.

ABOLICIÓN
Acto de erradicar algo por completo.

a. C.
Antes de Cristo. Los años antes del 1 d. C. (después de Cristo).

ÁFRICA SUBSAHARIANA
Parte de África al sur del desierto del Sahara.

ALIADOS / FUERZAS ALIADAS
Personas o países que colaboran. En la Primera y la Segunda Guerra Mundial, los Aliados o las fuerzas aliadas fueron los países que lucharon contra Alemania.

ALTA TRAICIÓN
Delito consistente en traicionar al propio país.

ANTISEMITISMO
Prejuicios y hostilidad contra el pueblo judío.

APARTHEID
En Sudáfrica, política del gobierno de segregación racial entre 1948 y 1994.

ARMISTICIO
Acuerdo al que se llega para cerrar un conflicto.

ASEDIO
Acto de rodear una ciudad o fortaleza para capturarla.

AUTORITARIO
Aplicado a líderes o gobiernos que ejercen el poder sin respetar la democracia u otras limitaciones.

BAJAS
Personas muertas o heridas en la guerra o en un accidente.

BÁRBARO
Nombre que daban los romanos a las tribus que no formaban parte del Imperio romano.

BOLCHEVIQUE
Facción del Partido Obrero Socialdemócrata de Rusia que acabó convirtiéndose en el Partido Comunista en 1918.

BOLSA
Organismo para el comercio de acciones de empresas y valores.

BUDISMO
Una de las religiones principales del mundo, basada en las enseñanzas de Buda.

CABALLERÍA
Tropas militares a caballo.

CALIFA
Título de un líder político y religioso de un imperio islámico, o califato.

CAMPESINO
Trabajador de la tierra; mano de obra agrícola.

CAMPO DE CONCENTRACIÓN
Cárcel de campo para prisioneros no militares. Entre los prisioneros de los campos de concentración nazis había judíos y otros grupos considerados como enemigos del estado.

CAPITALISMO
Sistema económico basado en la propiedad privada y la libre competencia entre empresas.

CIUDAD ESTADO
Ciudad y territorio a su alrededor con gobierno independiente propio.

CIUDADANO
Persona que pertenece a una ciudad o a una comunidad mayor, como un estado o un país.

CIVILIZACIÓN
Cultura y estilo de vida de personas que viven juntas en una sociedad organizada y desarrollada.

COLONIA
Área bajo el control político de otro país, normalmente en el extranjero. Las personas ocupantes se denominan colonos.

COLONIZACIÓN
Acto de enviar colonos para fundar una colonia en otro país, a veces quitando el control político a los habitantes autóctonos.

COMUNISMO
Creencia política de una sociedad en la que la propiedad y la riqueza son compartidas.

CONFUCIANISMO
Religión china basada en las enseñanzas de Confucio, que animan a sus fieles a respetar a las personas de mayor rango.

CONQUISTADOR
Cualquiera de los colonos españoles que conquistaron las civilizaciones nativas americanas.

CONSTITUCIÓN
Conjunto de leyes que determinan los principios políticos de un país.

CONTRARREFORMA
Período de cambio de la Iglesia católica tras la Reforma protestante; incluyó una reforma interna y la oposición al protestantismo.

CRUZADAS
Expediciones militares entre los siglos XI y XIII en las que los caballeros cristianos intentaron capturar la ciudad de Jerusalén de los musulmanes.

CULTURA
Costumbres, creencias y conducta compartidas por una sociedad.

DAIMIO
Señor del Japón medieval que prometía fidelidad al sogún.

d. C.
Después de Cristo. Años desde el 1 d. C. hasta el día de hoy.

DEMOCRACIA
Sistema político en el que las personas pueden controlar su gobierno, normalmente eligiendo políticos que representen sus puntos de vista.

DERECHOS CIVILES
Derechos de los ciudadanos equitativos a nivel social y político.

DESCOLONIZACIÓN
Proceso de devolver el control político a una antigua colonia que resulta en su independencia.

DICTADOR
Líder que gobierna en solitario un país, sin restricciones sobre su poder.

DINASTÍA
Familia real que gobierna un país durante varias generaciones seguidas.

DOMESTICACIÓN
Acto de domar animales salvajes para que sean útiles para los seres humanos.

ESCLAVO
Persona que es propiedad de otra.

ESCRITURA
Caracteres escritos que componen un sistema de escritura, como por ejemplo un alfabeto.

ESPECIE
Grupo de organismos parecidos y que pueden aparearse entre sí.

ESTADO
País, o región de un país, y sus habitantes. Los estados son soberanos y tienen su propio gobierno.

EXTINTO
Adjetivo para describir una especie sin miembros vivos.

FARAÓN
Título que recibía el rey del antiguo Egipto. La gente creía que los faraones tenían poderes sagrados.

FASCISMO
Movimiento político que refuerza el nacionalismo y que prima la fuerza del estado por encima del bienestar de sus ciudadanos.

FEUDALISMO
Sistema social desarrollado en la Europa y Japón medievales, en el que los siervos (como los obreros y los campesinos) prometían apoyo a su señor, a cambio de protección.

FILOSOFÍA
Conjunto de ideas o creencias.

GRAN DEPRESIÓN
Período de drástico declive en la actividad económica, marcado por una gran falta de empleo y penuria, durante la década de 1930.

GUERRA CIVIL
Guerra en la que se enfrentan habitantes del mismo país.

GUERRA DE GUERRILLAS
Guerra librada por personas que no forman parte de ejércitos regulares uniformados y con tácticas como la emboscada y el sabotaje.

GUERRA FRÍA
Período de hostilidades entre Occidente y los países comunistas dominados por la Unión Soviética desde poco después de la Segunda Guerra Mundial hasta 1989.

HEREJÍA
Creencias consideradas en conflicto con las creencias establecidas de un grupo religioso.

HOLOCAUSTO
Asesinato en masa de judíos por parte del estado alemán en la Segunda Guerra Mundial.

HOMININO
Miembro del grupo biológico que incluye a los humanos, sus antepasados y parientes extintos.

IGLESIA CATÓLICA ROMANA
El grupo más grande de la fe cristiana, liderado por el Papa y con sede en Roma.

IGLESIA ORTODOXA
Variante del cristianismo, muy arraigada en Europa oriental y Asia occidental, que se escindió de la Iglesia católica romana el 1054 d. C.

IMPERIO
Conjunto de tierras o pueblos bajo un único gobierno o persona.

INDÍGENA
Aplicado a personas, describe a los habitantes originales de un país o región.

INMIGRANTE
Persona que se va a otro país para quedarse a vivir de una manera permanente.

ISLAM
Religión basada en las enseñanzas escritas en el Corán. Sus seguidores creen en un único dios, que reveló su mensaje al profeta Mahoma el siglo VII d. C.

MAGNICIDIO
Asesinato de alguien importante mediante ataque sorpresa, por motivos políticos o religiosos.

MAUSOLEO
Gran tumba; también un edificio muy grande con varias tumbas.

MESOPOTAMIA
Región del actual Irak entre los ríos Tigris y Éufrates, cuna de las primeras civilizaciones.

MISIONERO
Persona religiosa que intenta convencer a otros de que adopten su religión.

MONARQUÍA
Tipo de gobierno que reconoce a un rey o una reina como jefe de estado, tenga o no poder real.

MUSULMÁN
Seguidor del islam.

NACIÓN
País independiente; también grupo de personas que comparten lazos históricos o culturales.

NACIONALISMO
Lealtad y devoción por una nación y la creencia política de que los intereses del país deben ser el objetivo principal de la política.

NACIONES UNIDAS
Organización global compuesta por los países del mundo creada tras la Segunda Guerra Mundial para mantener la paz, la seguridad y la cooperación internacional.

NEANDERTAL
Especie extinta de hominino muy cercana a nuestra propia especie.

NÓMADA
Persona que se mueve de sitio en sitio sin establecer un asentamiento permanente.

OCCIDENTE
Europa y Norteamérica o sus ideales y cultura en comparación con otras civilizaciones.

PEREGRINO
Persona religiosa que viaja a un lugar sagrado.

PERSEGUIR
Oprimir o molestar a una persona o a un grupo por su origen o creencias.

POTENCIAS DEL EJE
Países del bando de Alemania en la Segunda Guerra Mundial, incluidos Italia y Japón.

PREHISTÓRICO
De la prehistoria, época anterior a la invención de la escritura.

PROPAGANDA
Método usado para cambiar y controlar el comportamiento y la opinión de las personas. Puede aparecer en forma de carteles, retransmisiones por radio o televisión o folletos, por ejemplo.

PROTESTANTISMO
Variante del cristianismo resultante de la Reforma y separada de la Iglesia católica romana.

PUNTO MUERTO
Situación en la que parece imposible cualquier movimiento por parte de cualquier bando de un conflicto.

RECONOCIMIENTO
Inspección preliminar de un área antes del envío de tropas, normalmente para localizar al enemigo.

REFORMA
Movimiento religioso del siglo XVI por el que muchos cristianos de Europa abandonaron las tradiciones y doctrina de la Iglesia católica romana.

RENACIMIENTO
Período de la historia europea que empieza en el siglo XIV en el que el redescubrimiento del conocimiento del mundo antiguo influyó sobre el arte y la literatura.

REPÚBLICA
País sin monarca ni emperador. Las repúblicas modernas suelen tener presidentes.

REVOLUCIÓN
Cambio repentino y fundamental en la sociedad causado por un grupo organizado de personas. También se puede usar para indicar un gran cambio en la manera que las personas actúan o piensan.

REVUELTA
Levantamiento organizado con el objetivo de derrocar a la autoridad del momento.

SAMURÁI
Guerrero japonés que jura fidelidad a un daimio y sigue un estricto código de honor.

SEGREGACIÓN
Separación, especialmente entre razas dentro de un sistema social racista.

SIERVO
Campesino obligado a realizar tareas agrícolas en la tierra de su señor.

SOGÚN
Líder militar que gobernaba Japón en nombre del emperador.

SUBCONTINENTE
Gran masa de tierra que forma parte de un continente mayor. Normalmente se usa para referirse al subcontinente indio.

SULTÁN
Título que recibe el soberano de algunos imperios y reinos islámicos.

SUPERPOTENCIA
País con enorme poder político y militar capaz de influir sobre la política internacional.

TRATADO
Acuerdo oficial y por escrito entre bandos enfrentados para acabar con las hostilidades.

TRIBUTO
Dinero o bienes pagados a un estado o monarca en reconocimiento a su estatus superior.

TRINCHERA
Foso cavado por los soldados para protegerse del fuego enemigo.

ZAR
Título de los soberanos de Rusia desde el siglo XV hasta 1917.

Índice

Agradecimientos

Los editores agradecen a las personas siguientes su colaboración en la edición de este libro:
a Edward Aves, Ben Ffrancon Davies, Abigail Morgan y Mani Ramaswamy, por su asistencia editorial; a Jane Ewart, Govind Mittal y Sadie Thomas, por su asistencia en diseño; a Simon Mumford, por su asistencia con la cartografía; a Stephen Haddelsey, por contribuir con textos adicionales; a Reg Grant, por su consultoría adicional; a William Collins y Lynne Murray, por la documentación iconográfica adicional; a Steve Crozier, de Butterfly Creative Solutions, y Tom Morse, por el retoque de imágenes; a Victoria Pyke, por la corrección; y a Helen Peters, por la elaboración del índice.

Los editores agradecen a quienes se detalla a continuación por su amable permiso para reproducir sus fotografías:
(Clave: a: arriba; b: bajo/abajo (c: centro; e: extremo; i: izquierda; d: derecha; s: superior)

8 Alamy Stock Photo: Artokoloro Quint Lox Limited (crb); robertharding (cda); Georgios Kollidas (cia); Puwadol Jaturawutthichai (ebi). **Bridgeman Images:** Museo Arqueológico, Sarnath, Uttar Pradesh, India / Dinodia (si). **Getty Images:** SSPL (sd). **9 123RF.com:** Daniel Schidlowski / acanthurus (sc). **Alamy Stock Photo:** José Lucas (bd); BibleLandPictures.com (bc); Peter Horree (cdb); Granger Historical Picture Archive (sd). **Bridgeman Images:** National Museums Scotland (ca); Museos y Galerías Vaticanos, Ciudad del Vaticano (cda). **Dreamstime.com:** Xiaoma (cib). **12 Alamy Stock Photo:** The Natural History Museum (bi); Ariadne Van Zandbergen (bc). **Science Photo Library:** Sputnik (sc). **13 Science Photo Library:** S. Entressangle / E. Daynes (bc, bi). **14 Alamy Stock Photo:** Heritage Image Partnership (bd). **15 Getty Images:** CM Dixon / Print Collector (sd). **16 Dreamstime.com:** Irinabelokrylova (bc/cerdo, vaca, caballo, bc/cabra, oveja, bc/llama); just_regress (excluida la silueta del pollo). **iStockphoto.com:** Vectorig (cda). **17 123RF.com:** Coroiu Octavian / taviphoto (ci); Victoriia Parnikova / 21kompot (cda/Sol). **Alamy Stock Photo:** BibleLandPictures.com (sc); Maurice Savage (ca). **Dorling Kindersley:** South of England Rare Breeds Centre, Ashford, Kent (cib). **18 Alamy Stock Photo:** Jerónimo Alba (bi); robertharding (bc); MNStudio (bd). **19 Alamy Stock Photo:** Ian Dagnall (bc); Duby Tal / Albatross (bi). **Getty Images:** Eric Lafforgue / Art in All of Us / Corbis (bd). **20 Alamy Stock Photo:** ibleLandPictures.com (bc). **21 Alamy Stock Photo:** Peter Horree (bi); Graham Mulrooney (ebi). **22 Alamy Stock Photo:** José Lucas (sd); Petr Bonek (bd); World History Archive (cda); Anka Agency International (cd). **23 Alamy Stock Photo:** Artokoloro Quint Lox Limited (esi); Ivy Close Images (sd); Incamerastock (si); Prisma Archivo (sc); World History Archive (bi); Dan Breckwoldt (cda); Loop Images Ltd (bc); Science History Museum (bd). **24 123RF.com:** Tatyana Borozenets (ecia, eci, cib); Vladimir Zadvinskii / zadvinskiy (ecib); Tatyana Borozenets / tatyana (cia). **iStockphoto.com:** Getty Images Plus (ci). **25 Alamy Stock Photo:** Liquid Light (bi); NDP (sd). **26 Alamy Stock Photo:** Artokoloro Quint Lox Limited (sc). **Bridgeman Images:** Metropolitan Museum of Art, Nueva York, Estados Unidos (bd). **26-27 TurboSquid:** 3d_molier International / Dorling Kindersley (toro); macrox / Dorling Kindersley (campo de trigo); SmartCGArt / Dorling Kindersley (granjeros egipcios); 3Dhedgehog / Dorling Kindersley (plantas de papiro, juncos); Dzejsi Models / Dorling Kindersley (lirio de agua); 3dsam79 / Dorling Kindersley (tilapia); Pbr Game Ready / Dorling Kindersley (pozo); Torttuga / Dorling Kindersley (siluro). **27 Alamy Stock Photo:** Artokoloro Quint Lox Limited (si); Oksana Mitiukhina (bi). **29 Dreamstime.com:** Sergio Bertino (bc); Xiaoma (bi). **30 Alamy Stock Photo:** The Picture Art Collection (ca). **Bridgeman Images:** De Agostini Picture Library (cb). **31 Bridgeman Images:** De Agostini Picture Library (esi, ci); Granger (si); Fitzwilliam Museum, University of Cambridge, UK (sc); Louvre, París, Francia (sd); Kunsthistorisches Museum, Viena, Austria (esd). **Dreamstime.com:** Marcorubino (cd). **32-33 CGTrader:** I3production / Dorling Kindersley (barco). **32 Alamy Stock Photo:** Heritage Image Partnership Ltd (bi). **33 akg-images:** Erich Lessing (bc). **Alamy Stock Photo:** Ancient Art and Architecture (bi); BibleLandPictures.com (bd). **34-35 Bridgeman Images:** Museo Estatal del Hermitage, San Petersburgo, Rusia (c). **36 Alamy Stock Photo:** robertharding (bc). **Bridgeman Images:** De Agostini Picture Library / A. De Gregorio (bi, ci); De Agostini Picture Library / G. Dagli Orti (bd). **37 Alamy Stock Photo:** Atlaspix (bi); Hemis (si); Heritage Image Partnership Ltd (cd); James Hadley (bd). **39 Alamy Stock Photo:** Hemis (bi). **Bridgeman Images:** National Museums Scotland (bd). **40 Alamy Stock Photo:** Georgios Kollidas (cib). **Bridgeman Images:** Louvre, París, Francia / De Agostini Picture Library / G. Dagli Orti (bd). **42-43 Getty Images:** Maremagnum (c). **44 Dorling Kindersley:** University of Pennsylvania Museum of Archaeology and Anthropology (cc). **46 akg-images:** (ci). **Alamy Stock Photo:** Hans-Joachim Schneider (bi). **Bridgeman Images:** British Library, Londres, Reino Unido (sd). **Getty Images:** SSPL (c, bc). **47 Alamy Stock Photo:** age fotostock (cdb); View Stock (bd); Art Collection 2 (c). **Bridgeman Images:** Bibliothèque Nationale, París, Francia (bi); Pictures from History (sd); República Popular China (si). **Dorling Kindersley:** The Trustees of the British Museum (sc). **48 Alamy Stock Photo:** GL Archive (cd); Peter Horree (sd). **Bridgeman Images:** Costa (bc). **49 Alamy Stock Photo:** Ruslan Gilmanshin (ecd); Loop Images Ltd (bc); Lautaro (cb). **Bridgeman Images:** Museo Arqueológico Nacional de Nápoles, Nápoles (cd); Ny Carlsberg Glyptotek Museum, Copenhague (ecda). **Dreamstime.com:** Kmiragaya (cdb); Krzysztof Slusarczyk (bi/columna de Trajano). **52 Dreamstime.com:** Floriano Rescigno (sc). **53 Alamy Stock Photo:** Jack Aiello (bi). **54-55 123RF.com:** ermess (bc). **54 123RF.com:** Daniel Schidlowski (cd). **Alamy Stock Photo:** Chronicle (bi); United Archives GmbH (bc). **Getty Images:** Werner Forman / UIG (ci). **55 Alamy Stock Photo:** Falksteinfoto (bd). **Bridgeman Images:** Musée Picardie, Amiens, Francia (sd). **Dorling Kindersley:** Canterbury City Council, Museums and Galleries (bi). **Getty Images:** Universal Images Group (bc). **Rex by Shutterstock:** (sc). **58 Alamy Stock Photo:** Granger Historical Picture Archive (bi); Peter Horree (cdb); Seyed pedram Mireftekhari (cd); George H.H. Huey (sc); Interfoto (c). **Bridgeman Images:** American Museum of Natural History, Nueva York, Estados Unidos / Photo © Boltin Picture Library (si); Photo © Dirk Bakker (bc); Photo © Heini Schneebeli (ca). **59 Alamy Stock Photo:** Frederick Wood Art (cd); John Warburton-Lee Photography (sc); Peter Horree (sd). **Bridgeman Images:** Universitetets Oldsaksamlingen, Universidad de Oslo, Noruega / Photo © AISA (cib). **Dorling Kindersley:** University Museum of Archaeology and Anthropology, Cambridge (si); University of Pennsylvania Museum of Archaeology and Anthropology (bi, c). **60 Bridgeman Images:** Ognissanti, Florencia, Italia (sc). **61 Alamy Stock Photo:** Interfoto (si). **Dorling Kindersley:** Glasgow Museums (sd). **62-63 Alamy Stock Photo:** Susana Guzman (c). **64 123RF.com:** Serhil Borodin / seregasss435 (bc/icono del emperador del panel); Christos Georghiou / Krisdog (bc/icono de la máscara de guerrero del panel); Sergei Vidineev / ss1001 (bc/icono de las armas del panel); Ivan Ryabokon / ylivdesign (bc/icono del hombre con sombrero del panel). **akg-images:** Archives CDA / St-Genès (cib/figura). **Alamy Stock Photo:** The Picture Art Collection (bi). **Getty Images:** Kyodo News (cia). **65 Alamy Stock Photo:** Art Collection 2 (bi); Granger Historical Picture Archive (c/ ambas máscaras). **Bridgeman Images:** American Museum of Natural History, Nueva York, Estados Unidos / Photo © Boltin Picture Library (ci); Pictures from History (bd, bc). **66 Alamy Stock Photo:** Science History Images (bd). **67 Alamy Stock Photo:** age fotostock (esi); World History Archive (sd); Lebrecht Music & Arts (sc). **Bridgeman Images:** Bibliothèque Nationale, París, Francia / Archives Charmet (cb). **Dorling Kindersley:** Ashmolean Museum, Oxford (esd). **69 Bridgeman Images:** Universitetets Oldsaksamlingen, University of Oslo, Norway / Photo © AISA (cd); Werner Forman Archive (bd). **70 Bridgeman Images:** Biblioteca Nazionale, Turín, Italia / Index Fototeca (si). **Dorling Kindersley:** Royal Armouries, Leeds (sc). **71 123RF.com:** Dusan Loncar / Iddesign (cb/corona); Ivan Ryabokon (cdb/espada). **Bridgeman Images:** Kupferstichkabinett, Berlín, Alemania / Pictures from History (sd). **72 akg-images:** Heritage-Images / The Museum of East Asian Art (bc). **Alamy Stock Photo:** Eike Leppert (c). **Avalon:** Craig Lovell (cb). **Bridgeman Images:** Pictures from History / David Henley (bi); Luca Tettoni (cib). **74 Alamy Stock Photo:** Granger Historical Picture Archive (bi); George H.H. Huey (ci). **Bridgeman Images:** De Agostini Picture Library (bc); Photo © Dirk Bakker (bd). **75 Alamy Stock Photo:** age fotostock (bd); George Ward (bc). **76-77 Alamy Stock Photo:** The Picture Art Collection (c). **78 Bridgeman Images:** Pictures from History (bi). **The Trustees of the British Museum:** Château de Versailles (cia). **80 Alamy Stock Photo:** Heritage Image Partnership Ltd (ci); World History Archive (bd). **The Trustees of the British Museum:** (si). **81 akg-images:** Album / NY Metropolitan Museum of Art (bi). **Alamy Stock Photo:** John Warburton-Lee Photography (bd). **Bridgeman Images:** Photo © Heini Schneebeli (sd). **The Trustees of the British Museum:** (bc). **82 Dreamstime.com:** Theo Malings (cib). **Getty Images:** De Agostini / V. Giannella (cdb). **83 Dorling Kindersley:** Rowan Greenwood Collection (bd). **84-85 Bridgeman Images:** Pictures from History. **86 Alamy Stock Photo:** peace portrait photo (si). **Getty Images:** DeAgostini (bd). **87 Alamy Stock Photo:** Konstantin Kalishko (bd); World History Archive (sd). **Getty Images:** Louis Acosta / AFP (cd). **88 Alamy Stock Photo:** Heritage Image Partnership (ci); avada (sd). **89 Alamy Stock Photo:** UK Alan King (ca); trevellinglight (sd); Pictures Now (cia); Peter Horree (ecia). **Dreamstime.com:** Pixattitude (cd). **92 Bridgeman Images:** © Michael Graham-Stewart (si); Yale Center for British Art, Paul Mellon Collection, USA (cb). **Dorling Kindersley:** Durham University Oriental Museum (cd); Board of Trustees of the Royal Armouries (bc). **93 akg-images:** Heritage Images (cia). **Alamy Stock Photo:** Artokoloro Quint Lox Limited (bi); Nick Fielding (bd); The Picture Art Collection (cib). **Dorling Kindersley:** Science Museum, Londres (sc); Whipple Museum of History of Science, Cambridge (cd, sd). **94 123RF.com:** sborisov (bi). **Alamy Stock Photo: Artokoloro Quint Lox Limited (bc). Bridgeman Images:** Nicolò Orsi Battaglini (c). **94-95 The Metropolitan Museum of Art:** (cb). **95 Alamy Stock Photo:** Artexplorer (si). **Bridgeman Images:** Christie's Images (sd). **96 Alamy Stock Photo:** Historic Images (cia). **97 Alamy Stock Photo:** motive56 (sd). **Bridgeman Images:** Pictures from History (cd). **98 akg-images:** Interfoto / Hermann Historica GmbH (bc). **Bridgeman Images:** Lebrecht History (sd); Museo del Palacio Topkapi, Estambul, Turquía / Sonia Halliday (sc, esd). **Dorling Kindersley:** Board of Trustees of the Royal Armouries (bi, cib, cdb, bd). **98-99 Alamy Stock Photo:** Alex Segre (bc). **99 akg-images:** Roland and Sabrina Michaud (bd). **Bridgeman Images:** Topkapi Palace Museum, Istanbul, Turkey (sd, esd); Topkapi Palace Museum, Istanbul, Turkey / Sonia Halliday (esi). **Dorling Kindersley:** Durham University Oriental Museum (eci); University of Pennsylvania Museum of Archaeology and Anthropology (ci). **Getty Images:** Historica Graphica Collection / Heritage Images (si). **101 Bridgeman Images:** Universitatsbibliothek, Gottingen, Germany / Bildarchiv Steffens (sd). **102 akg-images:** Heritage Images / Fine Art Images (ci, ebd). **Bridgeman Images:** Tarker (cdb). **Dreamstime.com:** Vladimir Sazonov / Sazonoff (bd). **103 akg-images:** Heritage Images (bc). **Alamy Stock Photo:** Chronicle (cd). **Bridgeman Images:** Scott Polar Research Institute, University of Cambridge, UK (sc). **Dreamstime.com:** Vasily Pakhomov (bi). **104-105 Bridgeman Images:** Index Fototeca (c). **106 Alamy Stock Photo:** Interfoto (bi). **Bridgeman Images:** Granger (c). **Getty Images:** Print Collector (bd). **107 Alamy Stock Photo:** Lanmas (si); Pictures Now (sd). **Bridgeman Images:** British Library, London, UK / © British Library Board (bc); Universal History Archive / UIG (cd); Tarker (esd); Castillo Chapultepec, Museo Nacional de Historia, México (sc). **Getty Images:** De Agostini / G. Dagli Orti (bi). **108 Alamy Stock Photo:** gameover (bi). **Bridgeman Images:** Germanisches Nationalmuseum, Nuremberg (sd). **109 Alamy Stock Photo:** Archivart (sd); Granger Historical Picture Archive (si). **Bridgeman Images:** Bibliothèque Nationale, Paris, France (bc); Granger (sc). **111 Alamy Stock Photo:** Anders Blomqvist (bd); Historical Images Archive (sc); Dinodia Photos (cd). **112-113 Alamy Stock Photo:** Science History Images (c). **114 Bridgeman Images:** Archives de la Manufacture, Sevres, France / Archives Charmet (bc). **115 Alamy Stock Photo:** National Geographic Image Collection (cd). **116 Bridgeman Images:** Pictures from History (ci). **116-117 Getty Images:** Heritage Images (sc). **117 akg-images:** Historic Images (bc). **Alamy Stock Photo:** Stefano Ravera (cd). **119 Alamy Stock Photo:** Granger Historical Picture Archive (ca, cda); The Picture Art Collection (sd). **120 Alamy Stock Photo:** North Wind Pictures Archives (bc). **121 Alamy Stock Photo:** Chronicle (sd). **Bridgeman Images:** © Michael Graham-Stewart (cia); Werner Forman Archive (si); Granger (bc); Wilberforce House, Hull City Museums and Art Galleries, UK (c, ci). **122-123 akg-images:** (c). **126 akg-images:** (bi). **Alamy Stock Photo:** Harvy Matters (cd). **Dorling Kindersley:** Powell-Cotton Museum, Kent (si); Gettysburg National Military Park, PA (cda); Science Museum, London (bc). **127 Alamy Stock Photo:** Granger Historical Picture Archive (si). **Bridgeman Images:** Musée Carnavalet, Musée de la Ville de Paris, Paris, France (bd). **Dorling Kindersley:** National Railway Museum, York (c); Adrian Shooter (ca). **Dreamstime.com:** Klausmeierklaus (sc). **128 Alamy Stock Photo:** Niday Picture Library (sd). **Bridgeman Images:** (bi); Washington National Gallery of Art, Washington DC, USA (ci). **129 Alamy Stock Photo:** Niday Picture Library (cd); World History Archive (bd). **Bridgeman Images:** Kunsthistorisches Museum, Viena, Austria (si); Schloss Sanssouci, Potsdam, Brandenburg, Germany (esi); Odessa Fine Arts Museum, Ukraine (sc). **130 Alamy Stock Photo:** Archive Pics (bi). **131 Dorling Kindersley:** National Railway Museum, York (bd); Steve Noon (sd). **132-133 Alamy Stock Photo:** World History Archive (c). **134 Alamy Stock Photo:** Granger Historical Picture Archive (si, bi); Pictorial Press Ltd (ci). **136 Alamy Stock Photo:** Historic Collection (bi). **Bridgeman Images:** Natural History Museum, London, UK (bc). **137 Bridgeman Images:** Alexander Turnbull Library, Wellington, New Zealand (bi); The Stapleton Collection (bd); Granger (cd). **138 Bridgeman Images:** Musée Carnavalet, Musée de la Ville de Paris, Paris, France (si, sc). **139 Alamy Stock Photo:** GL Archive (sd, cd); Granger Historical Picture Archive (bd). **Bridgeman Images:** Bibliothèque Nationale, Paris, France (cdb). **140-141 Alamy Stock Photo:** NIday Picture Library (sd). **140 Alamy Stock Photo:** Heritage Image Partnership (bc). **Bridgeman Images:** Walker Art Gallery, National Museums Liverpool (bd). **141 Alamy Stock Photo:** Interfoto (bd). **Bridgeman Images:** Agra Art, Warsaw, Poland (bi); British Library, London, UK / © British Library Board (ebi). **142-143 Getty Images:** DeAgostini (c). **145 Alamy Stock Photo:** Aclosound Historic (sd). **146 Getty Images:** SSPL (bc). **147 Bridgeman Images:** Edinburgh University Library, Scotland / Permiso por cortesía de la Universidad de Edimburgo (bd); National Museum of Damascus, Syria / Photo © Luisa Ricciarini (sd); Granger (cdb). **Getty Images:** Christophel Fine Art / UIG (cd). **148 Alamy Stock Photo:** Archive Images (bi). **Bridgeman Images:** Peter Newark American Pictures (cdb); The Stapleton Collection (cd). **Dorling Kindersley:** Museum of Artillery, The Rotunda, Woolwich, London (cda). **149 Alamy Stock Photo:** Hemis (bd); North Wind Pictures Archives (cb). **Bridgeman Images:** (sd); Massachusetts Historical Society, Boston, MA, USA (bi). **150 Alamy Stock Photo:** GL Archive (bl). **Bridgeman Images:** Peter Newark American Pictures (si). **Getty Images:** Bettmann (cib). **151 Alamy Stock Photo:** Granger Historical Picture Archive (bd). **152-153 TurboSquid:** Next Image / **Dorling Kindersley** (automóvil Benz). **153 Alamy Stock Photo:** Science History Images (cda). **Bridgeman Images:** Michelin Building, London, UK (bd). **154-155 Alamy Stock Photo:** Gado images. **156 Alamy Stock Photo:** M&N (bd). **Bridgeman Images:** Roy Miles Fine Paintings (bc). **Dorling Kindersley:** Adrian Shooter (bi). **162 Alamy Stock Photo:** Mark Scheuern (cda). **Dorling Kindersley:** Bate Collection (bd); Imperial War Museum, London (c). **163 Alamy Stock Photo:** Charles O. Cecil (si); Gunter Kirsch (bi); Design Pics Inc (bd). **Dorling Kindersley:** Board of Trustees of the Royal Armouries (cb). **164 Bridgeman Images:** British Library, Londres, Reino Unido / © British Library Board (sd); Look and Learn (bi, bd); SZ Photo / Scherl (cd). **165 Bridgeman Images:** Buyenlarge Archive / UIG (bd); Universal History Archive / UIG (ebd); Look and Learn (cdb). **Dorling Kindersley:** National Museums of Scotland (cb); Roger Symonds (sd). **166 Alamy Stock Photo:** akg-images (bi). **Bridgeman Images:** Universal History Archive / UIG (bc). **Getty Images:** SSPL (si). **168-169 Alamy Stock Photo:** Pictorial Press Ltd (c). **170 Bridgeman Images:** Granger (bi). **Getty Images:** Stefano Blanchett / Corbis (si); Lewis Hine / National Archive / Newsmakers (bc). **171 Getty Images:** American Stock (ci); MPI (c). **172-173 TurboSquid:** nikopol_c4d / **Dorling Kindersley** (Reichstag). **172 Bridgeman Images:** Granger (bd); SZ Photo / Scherl (bi). **173 Bridgeman Images:** (bi, cr); De Agostini Picture Library (bc); SZ Photo / Scherl (ca, si). **174 Alamy Stock Photo:** Gunter Kirsch (bi). **175 Getty Images:** Leonard Ortiz / Digital First Media / Orange County Register (sd); ullstein bild (si, cda); Taxi (sc). **176-177 TurboSquid:** 3d_molier International / Dorling Kindersley (Hawker Hurricane, Spitfire); machine_men / Dorling Kindersley (casco de aviador); SANCHES_1985 / Dorling Kindersley (caza alemán). **176 Bridgeman Images:** Granger (sc). **177 Alamy Stock Photo:** Nigel J Clarke (si); dpa picture alliance (cd); Granger Historical Picture Archive (cb). **Getty Images:** Express / Archive Photos (bd). **178 Alamy Stock Photo:** Shawshots (bc). **Bridgeman Images:** Granger (si). **179 Bridgeman Images:** Buyenlarge Archive (si); Tallandier (c). **180-181 Bridgeman Images:** Everett Collection (c). **182-183 TurboSquid:** chipbasschao / **Dorling Kindersley** (Grumman TBM-3 Avenger); file404 / **Dorling Kindersley** (SBD-3 Dauntless); PerspectX / **Dorling Kindersley** (Wildcat); xtrusion / **Dorling Kindersley** (tripulación). **182 Bridgeman Images:** Look and Learn (ebd); Peter Newark Military Pictures (bc). **183 akg-images:** (bi). **Alamy Stock Photo:** Shawshots (bc). **Bridgeman Images:** Granger (cdb); PVDE (bd). **184 Alamy Stock Photo:** Everett Collection Inc (bc); RBM Vintage Images (ci); World History Archive (c). **184-185 Bridgeman Images:** SZ Photo / Scherl (sc). **Dreamstime.com:** Neezhom (bc). **185 Alamy Stock Photo:** TAO Images Limited (bd); World History Archive (sc). **Getty Images:** George Freston / Fox Photos (cd). **186 Alamy Stock Photo:** A. Astes (c); FLHC (si). **188-189 TurboSquid:** 3d_molier International / Dorling Kindersley (helicóptero Chinook, FN magazine and stand, Howitzer); SANCHES_1985 / **Dorling Kindersley** (bombardero alemán); HCGremlin / Dorling Kindersley (casco); Glen Harris / Dorling Kindersley (paracaidista); PROmax3D / Dorling Kindersley (c/jeep); Omegavision / Dorling Kindersley (USS *Enterprise*). **188 Alamy Stock Photo:** Everett Collection Inc (ci). **Getty Images:** Keystone France / Gamma-Keystone (cia); STF / AFP (cib). **Rex by Shutterstock:** Sipa (bi). **189 Bridgeman Images:** Pictures from History (bi). **Getty Images:** Ted Streshinsky / Corbis (bd). **190-191 Getty Images:** Central Press (c). **190 Getty Images:** The LIFE Picture Collection / A. Y. Owen (bd). **191 Alamy Stock Photo:** Ian Dagnall (bd); Granger Historical Picture Archive (bi); Everett Collection Historical (sd). **192 Alamy Stock Photo:** History Collection 2016 (ci). **Getty Images:** Reg Lancaster (bi); Harvey Lloyd / Photolibrary (cib). **193 Alamy Stock Photo:** MediaPunch (sd). **Getty Images:** Santi Visalli (sc). **194 Bridgeman Images:** Pictures from History (bd); Tallandier (bi); Universal History Archive / UIG (ebd). **Dorling Kindersley:** Tank Museum, Bovington (cdb). **Getty Images:** Kaveh Kazemi / Hulton Archive (cd). **195 Bridgeman Images:** Everett Collection (sd); Pictures from History (bd, cia). **Getty Images:** Wayne Eastep (cib); Gokhan Sahin (cdb); David Rubinger / The LIFE Collection (bi). **196-197 Getty Images:** Tom Stoddard. **198 Alamy Stock Photo:** Matt Naylor (bc). **Dorling Kindersley:** Museum of Design in Plastics, Bournemouth Arts University, Reino Unido (c). **Getty Images:** Kyodo News (bd); Stone (bi). **199 Getty Images:** AFP (bd); Stone (ci); Bloomberg (sd). **200 Alamy Stock Photo:** BrazilPhotos (bi). **Getty Images:** China Photos (cda). **201 Alamy Stock Photo:** Peter Adams Photography Ltd (sc). **Dorling Kindersley:** Thomas Marent (cd). **Getty Images:** Brandi Mueller (sd).

Resto de las imágenes © Dorling Kindersley
Para más información, véase www.dkimages.com